当代社科研究文库

二语心理词汇发展模式与路径

历时和共时研究

The Developmental Pattern and Route of L2 Mental Lexicon

付玉萍◎著

中国言实出版社

图书在版编目（CIP）数据

二语心理词汇发展模式与路径：历时和共时研究 ／
付玉萍著．－－北京：中国言实出版社，2014.8

ISBN 978－7－5171－0701－9

Ⅰ.①二… Ⅱ.①付… Ⅲ.①英语—词汇—心理语言
学 Ⅳ.①H313

中国版本图书馆 CIP 数据核字（2014）第 170563 号

责任编辑：马晓冉

出版发行 中国言实出版社

地　址：北京市朝阳区北苑路 180 号加利大厦 5 号楼 105 室

邮　编：100101

编辑部：北京市西城区百万庄大街甲 16 号五层

邮　编：100037

电　话：64924853（总编室）64924716（发行部）

网　址：www. zgyscbs. cn

E - mail：zgyscbs@ 263. net

经　　销 新华书店

印　　刷 北京天正元印务有限公司

版　　次 2014 年 9 月第 1 版　2014 年 9 月第 1 次印刷

规　　格 710 毫米×1000 毫米　1/16　14.25 印张

字　　数 222 千字

定　　价 42.00 元　ISBN 978－7－5171－0701－9

前　言

　　本研究旨在通过两个自由词汇联想实验，从历时和共时两个角度考察中国英语学习者心理词汇的组织模式和发展路径。实验 1 是纵向的历时跟踪调查，共持续三个月，于 2006 年下学期在山东某职业学院英语专业二年级两个自然班的 50 名学生中进行，40 个低频刺激词从被试精读课本的两个单元中精心选出。实验 2 是横向的共时调查，于 2008 年上学期在海南进行，包括四组不同英语水平的被试，他们来自三个不同的自然班，第一组被试有 52 人，来自某重点高中二年级，第二、三组被试分别有 57 人和 60 人，来自某大学英语专业一年级和三年级，另外该大学外国语学院的 30 名英语教师也参与了实验。45 个高频刺激词选自著名的 Kent-Rosanoff 词表，在选词过程中尽量避免易引起常规反应的单词。

　　基于两次实验的结果，本研究旨在回答以下四个研究问题：

　　第一，两次实验中被试四种不同的反应类型有何共同发展趋势？语义和非语义联想反应有何共同的发展趋势？

　　第二，新学低频词和常用高频词分别是怎样融入到第二语言心理词汇中的？

　　第三，是否真的存在从组合反应到聚合反应的转变？

　　第四，是否高频刺激词产出更多语义反应，低频刺激词产出更多非语义反应？

　　本研究中使用的统计工具是 SPSS（社会科学统计软件包）11.5 和 Excel 2007。两次实验收集到的所有反应词全部输入电脑。实验 1 共有 4920 个反应词，实验 2 共得到反应词 8100 个。

对这些数据进行的统计分析包括：

第一，计算每种反应类型的频数和百分比。

第二，以反应类型为因变量，用频数分布（FREQUENCIES）和卡方检验（CHI-SQUARES）的方法，比较反应类型在三次测试和四组被试之间及其内部的差异是否显著。

第三，运用柱形图和折线图加工数据，以清楚地显示研究结果。

实验1的数据分析结果证明，三次测试中被试对新学低频词的反应以语音及其他反应为主（占一半左右），但随着被试语言接触和词汇知识的增加，确实存在从语音反应向语义反应的转变。因此，我们可以得出如下探究性的结论：随着更多生词被学得、熟悉并进一步融合，二语学习者的心理词汇逐渐从语音向语义稳步发展。对单个词汇发展路径和单个被试反应表现的分析也证实了这一发展模式，但也有倒退现象发生，即从语义反应倒退回语音反应，因为语言接触和实践的缺乏导致了单词的遗忘。心理词汇的这种动态特征表明"词汇学习是递增的"，"词汇习得需要反复的接触"。

实验2的数据分析结果证明，四组被试对常用高频词的反应以语义反应为主（占三分之二以上），随着被试语言水平的提高和词汇知识的增加，语义反应比例逐渐增大，语音反应比例稳步减少，即被试心理词汇的语义联系愈来愈多，但是语义联系中的聚合知识发展迅速，组合联系（即短语知识）相对较弱。四组被试都产出了语音及其他反应（尽管高水平的教师组被试产出的该类反应较少），这也许表明：语音在二语心理词汇组织中起着一定的作用，即使在语言学习的高级阶段，语音也没有被完全放弃。

本实验研究充实了当前二语心理词汇的理论并为其提供了有力的实证支持，具有一定的理论意义：

第一，本实验研究揭示了二语心理词汇的组织发展模式：随着语言知识的增加和语言水平的提高，二语心理词汇中的联系逐渐从语音向语义稳步发展，但由于遗忘，也有倒退现象存在。也就是说，词汇习得不是一劳永逸的，而是一个终生的过程，第二语言词汇习得的发展路径不是线性的，而是有些∪形或∩形的发展趋势，呈螺旋式上升。

第二，本实验研究的发现向传统所谓的组合→聚合反应转变的发展模式提出了挑战，让我们对成人二语词汇语义关系的建立有了新的理解：二语词汇联想知识有着不同于一语的特有发展路径，即成年二语学习者的聚合知识优先发展，组合知识的发展相对较弱，聚合知识一直强于组合知识。

第三，本实验研究还证实同一词族的单词在一语和二语心理词汇中的储存方式是不同的，即：同一词族的单词在一语心理词汇中大部分储存在同一词条下，而在二语心理词汇中往往分别独立储存。这种储存方式使得二语词汇不能像一语词汇那样被迅速高效地提取，故二语心理词汇需要重组。

第四，本实验研究表明，新学生词的语音和形态在二语心理词汇中占据主导地位。这说明二语心理词汇的组织可能首先是以语音为主，即把不熟悉的词通过发音和别的词建立联系也许是词汇习得过程的第一步。因此，心理词汇组织基于形式的特征不是语言水平的表现，而是每个单词习得必经的基本阶段。

第五，本实验研究进一步证实，二语学习者习得抽象词、低频词以及具有特定文化内涵的单词要比习得具体词、高频词和没有文化内涵的单词困难多一些。

本实验研究对二语词汇教学具有重要的指导意义：

第一，二语词汇学习过程中要尽量减少母语的中介作用。

第二，二语学习者要重组二语心理词汇，以加强二语词汇的联系。

第三，二语词汇学习是一个长期的过程，需要教师和学生制订长期的词汇学习计划。

第四，注意词汇组合知识，即搭配知识的教学与积累，等等。

由于水平有限，疏漏在所难免。恳请同行专家批评指正。

付玉萍

2013 年 12 月

于海南三亚

目　录
CONTENTS

第一章

序　言

本章主要介绍整个研究的主要内容，包括词汇研究的背景和涉及的问题，本研究的目的和要解决的问题，本研究的必要性和本书的框架。

1.1　词汇研究的背景

词汇是语言不可或缺的组成部分，是进行语言交际的先决条件。英国著名语言学家 Wilkins（1972：111）曾指出："如果没有语法，很多东西无法传递；如果没有词汇，什么东西也无法传递。" Celce-Murcia & Rosens-weig（1979：242）指出："掌握了最低量的结构但拥有大量的词汇，比掌握了几乎所有结构但只有少量词汇的人，在阅读理解和最基本的语言交际中更为有利。" Dellar & Hocking（2000）认为，"如果你把大部分时间用于学语法，你的英语不会有太大长进；如果你学会较多的词汇和措词，你会有最大的进步。有了语法，你可以说很少一点，但是有了词汇，你几乎可以说任何事情！"（参见 Thornbury，2002：13）。但长期以来，在语言教学和应用语言学领域，语法教学法（grammar approach）为主导的二语教学使得语法知识得以普及，而词汇教学和研究却受到忽视。第二语言教师逐渐意识到词汇知识对于语法习得、话语理解等的重要性，开始逐步将注意力转向词汇教学，研究者对词汇习得的兴趣也与日俱增。二语词汇习得已成为国内外二语习得研究的重要课题之一，研究者们从理论和实践上，对二语词汇习得的各个方面进行了探讨和研究，出版了不少专著和论文（如Schmitt & McCarthy，1997；Coady & Huckin，1997；Nation，1990，2001；Read，2000；Thornbury，2002 等）。国内研究者二十世纪八十年代初从研究中国学习者的二语词汇量开始（桂诗春，1982），逐渐向二语词汇习得研究的各个方面展开，而且有逐步扩大之势。张萍（2006）对国内近十年的二语词汇习得研究进行了比较广泛的综述。研究者们从二语词汇广度和深度等方面做了一定的研究，取得了一些有益的成果。

1.2　词汇研究涉及的问题

词汇研究包括很多不同的领域，比如词的定义、词汇量的测试、第一语言对第二语言词汇习得的影响、词汇学习策略、词汇教学方法、双语心理词汇、词汇储存、提取及使用，等等。第二语言词汇习得研究在很长一段时间内集中在词汇量或者词汇发展的宽度问题上，部分回答了词汇能力的静态结构，而未能回答二语词汇"深度"习得的关键问题：掌握一个单词意味着什么？词汇"深度"或"质量"是如何发展的？近十年来，研究者将词汇研究的重点从词汇的宽度方面逐渐转移到了深度方面，即从对词汇"量"的研究转移到对词汇"质"的研究，如对单个词各种知识（如发音、拼写、意义、搭配、词性、联想等）习得过程的研究。

1.2.1　词的界定

理论上，人们对词的界定，可以概括为"词是有意义、有一定语音形式、能够独立运用的最小语言单位"。为了使词的分析更具可操作性，语言学家们提出了若干与词有关的术语，包括 token（词形）、type（词次）、

lemma（词目）和 word family（词族）等。词形指在书面语或口语中出现的每个文字符号，无论它们的形式是否相同。当人们说一篇文章有多少词时，他们指的是文章有多少个词形。词次指每一类不同形式的词形，如"word and word family"是 4 个词形，3 个词次。"and"，"word"，"family"是 3 个不同形式的词形，因此它们是 3 个词次。词目是由一组词构成的，包括一个主词（headword）和它的一些屈折变化形式（inflectional forms），如 work，works，worked 和 working 可视为一个词条。词族则是由一个主词、它的屈折变化形式和一些规则的派生形式（derivative forms）组成，如 work，works，worked，working，worker。在二语词汇习得研究领域，人们正在越来越多地使用词族的概念来衡量二语学习者的词汇水平。

1.2.2 词汇的定义

与"词汇"一词相关的表达在英语中有多种不同的表现形式，如 vocabulary，lexis，word，lexeme，lexicon，lemma 等，这些表达之间既有区别，又有联系。首先，"vocabulary"是指一种语言所有单词（words）的集合。Lexis 与 vocabulary 差不多，也可以用来指一种语言中的所有词汇。根据 Lewis（1993）等人的观点，词汇不仅指字典上所列的单个词项，还应包括更大的范围，如词汇短语（lexical phrases）、成语（idioms）等由多个语汇组成但表示整体意思的"语段"（chunks 或者 multi-word chunks）。在他们看来，本族语者大脑长时记忆中存储的不是一个个的单词，而是一块块的语段，使用的时候也不是一个单词一个单词地组织起来，而是将整个语段抽取出来表达相关的意义。

1.2.3 词汇量

对于"二语学习者应该掌握多少词汇？"这个问题，Thornbury（2002：21）指出，阈限（threshold level）词汇量，或者说用于大多数情况的核心词汇（core vocabulary）量是 2,000 词族。核心词汇是最基本和最简单的词汇，这一概念对语言习得理论研究和外语教学实践具有特别重要的意义（汪榕培 2000：3）。2,000 核心词族是大多数本族语者日常会话中使用的词，认识 2,000 英语核心词族可以使读者熟悉大多数文章中将近 90% 的词。有人计算过，用每周 50 个词的速度，学习者可以在 40 周，或者说一个学年的时间里，掌握 2,000 个核心词汇。但是，这是阈限或者说是最低限度词汇量。大多数研究者建议，基础词汇量至少要达到 3,000 词族，更高要求需要超过 5,000 词族。3,000 至 5,000 词族是理解性词汇量，而表达性词汇量是理解性词汇量的一半，即口语和写作需要的基本词汇量大约为 2,000 到 3,000 词族。如果一个词族平均对应 4 个单词的话，二语学习者应该掌握 12,000 至 15,000 个理解性词汇，8,000 至 12,000 个表达性词汇。据此，我国英语教学大纲和英语课程教学要求对不同阶段的学生必须（应该）掌握的词汇量做出了规定。例如《九年义务教育全日制初级中学英语教学大纲》规定，初中英语学习者要熟练掌握 800 左右的单词，还要求扩大掌握 400 至 500 个认读单词，共计掌握 1,200 至 1,300 个单词。《普通高中英语课程标准》的十级要求词汇量为 2,400－2,500 个单词，八级要求是 3,300 词。《大学英语课程教学要求》的一般要求词汇量是 4,800 词，较高要求是 6,400 词，更高要求是 7,600 词。英语专业八级对词汇量的要求是 13,000 词左右。

1.2.4　词汇知识

二语学习者应该掌握什么样的词汇知识，Cronbach 从词汇的多个维度出发（dimensional approach），对组成一个词各方面的知识进行了界定（1942）。他指出，完全了解一个词涉及五个内容：1）概括（generalization），即能给一个词下定义；2）应用（application），即能选择该词的合适用法；3）意思的宽度（breadth of meaning），即知道该词的不同意思；4）意思的准确性（precision of meaning），即能在不同情境下正确使用该词；5）灵活性（availability），即能够产出性地使用该词。Cronbach 的这个定义很明显的一点是没有包括词汇知识的其他层面，如拼写、发音、词借鉴一语心理词汇研究的理论和发现，二语研究者进行了相关调查，但结果还存在很多不一致的地方。有的认为二语心理词汇无论在系统上还是在结构上都不同于一语心理词汇（例如 Meara, 1982, 1983; Read, 1993, 1998 等），其他的认为二语心理词汇的组织和运作与一语很相似（例如 Maréchal, 1995; Singleton, 1999）。有些研究者认为高级二语学习者能够对非常熟悉的刺激词产出更多聚合反应，而组合反应更少并提供了证据（例如 Namei, 2004; Söderman, 1993），Nissen & Henriksen（2006）和 Wolter（2001）等却发现，即使母语者也产出了更多的组合反应。为了解决这些互相矛盾的观点，需要有更多的实证研究。

国内学者为研究中国英语学习者的心理词汇做出了极大努力并取得重大进步，然而关于心理词汇发展模式与路径的实证研究非常有限。国内研究大部分是对心理词汇的介绍，有数据支持的不多，运用词汇联想测试进行调查的更不多（张萍，2009；张淑静，2004），因此不能清楚明白地揭示心理词汇的发展模式。为弥补这一空白，作者从历时和共时两个角度进行了实证调查。

1.5　本书的框架

本书共分为七章：第一章简要介绍词汇研究的背景和涉及的问题、本实验研究的目的和要解决的问题、本研究的必要性以及本书的框架。第二章对心理词汇领域的相关研究进行了文献综述，包括二语词汇教学与研究的简单历史、一语心理词汇研究、二语心理词汇研究、词汇联想测试综述、中国的二语心理词汇研究，最后对文献综述进行了总结并指出相关领域未解决的问题。第三章详细介绍了研究问题、调查对象、研究工具及数据收集、分类和分析方法。第四和第五章分别汇报并讨论本研究两次实验的结果和主要发现。第六章总结本实验研究的主要发现并指出本研究的理论意义和教学启示，同时指出本研究的局限并提出对未来相关研究的建议。第七章进一步探讨英语词汇教与学的相关问题，内容涉及英语词汇教学的重要性、英语词汇教学方法、英语词汇教学内容、英语词典的选择与使用和英语词汇学习策略等五个方面。

第二章

文献综述

本章对一语和二语心理词汇的相关文献进行了全面综述，包括二语词汇教学和研究的历史回顾、一语和二语心理词汇研究和相关结论概括，最后作者总结了主要研究发现并指出相关调查研究的空白或论证不充分的问题。

2.1　二语词汇教学和研究的历史回顾

长期以来，词汇习得一直是第二语言或外语学习者最为关心的问题之一，因为词汇能力是语言交际能力的组成部分，词汇量大小是学习者语言水平高低的重要表现；但是在语言教学与研究的不同阶段，词汇成为备受冷落的"灰姑娘"而没有得到应有的重视。正如下文指出的，词汇在不同的教学方法中有不同的命运。

词汇的从属地位首先要追溯到十九世纪中期到二十世纪中期的传统语法翻译教学法。在这一教学法中，语法是语言的最重要部分，其首要目的是让学生读写古典书籍并通过标准化的考试（Howatt, 1984）。学生要学习大量经过精心挑选的能够解释说明语法规则的文学词汇；只有当某个词能解释某项语法规则时，老师才会用直接词汇教学法（Kelly, 1969）；词汇的教学是用母语以孤立词表的形式呈现的。

语法翻译法受到来自改革家的挑战，Henry Sweet 认为，只有经过完整课文的彻底学习之后才能进行孤立的词汇项教学。与语法翻译法相反，产生于十九世纪末的直接法从不清晰地解释语法。该方法认为，课堂上只能使用目标语，意义的交流应该直接通过把话语与动作、实物、模仿、手势和情形等相联系。词汇不应以分离的单词而是以连贯的故事形式呈现，具体词可以用标签、图画和身体表演的方式解释，而抽象词可以通过思维联想进行教学。

二十世纪二三十年代，阅读法诞生，它强调通过提高词汇技能促进阅读能力的必要性。早期的阅读文章严格控制难度，词汇量以尽可能快的速度扩大，因为词汇习得比语法技能更重要。二十世纪三十年代经历了词汇研究的繁荣发展，这一发展以所谓的词汇控制运动为开端，以两篇最具影响力的著作——C. K. Odgen 与 I. A. Richards 的 *Basic English* 和 Michael West 的 *A general Service list*（Carter & McCarthy，1988）为代表。*Basic English* 提供了系统语言等级入门，详细阐述了词汇大纲并建立了核心英语词汇（Ogdan，1930，转引自 Carter & McCarthy，1988）。West 的著作代表了词汇教学与研究的另一方法，即在语言学习中使用系统的标准选择最有用的词汇，词汇第一次被认为是第二语言教学和学习的最重要方面之一。

二十世纪四十到六十年代，源于美国的结构主义听说教学法在语言教学领域占据了主导地位，把词汇教学推到了次要地位。听说教学法的奠基人 Fries 认为，学习一门语言最重要的是掌握其语音系统和语法结构，而不是词汇习得。学习者最初需要的只是足够多的基础词汇以操练句法结构（1945，转引自 Zimmerman，1997）。六十年代兴起的转换生成语言学更是认为词汇处于边缘地位，相对于有序的语法规则而言，词汇没有规则。Gleason甚至认为词汇没有"内容（content）"或"表达（expression）"（1961：7）。他的观点比较典型地代表了人们在六十年代对于词汇的态度："在第二语言学习中，你会发现词汇相对来说比较容易，尽管看起来学生们最害怕词汇。学习中比较困难的部分是掌握内容和表达方式中新的结构。"难怪 Carter & McCarthy（1988：41）总结说："1945～1970 时期作为语言教学一个方面的词汇处在被遗忘的角落，在美国语言学背景下大量教授句法的辩论没有受到挑战。"

　　词汇在语言教学中的地位在二十世纪七十年代晚期和八十年代早期有所改善，研究者们对词汇教学的兴趣开始复苏。意念功能大纲的开发者Wilkins（1972：111）悲叹听说教学法年代对词汇的忽略并指出，如果不学词汇，即使学会了所有的语言结构都是徒劳无益的。Widdowson（1978）发现，母语者可以较好地理解不太合乎语法但用词较为准确的话语，而对那些语法正确但用词不当的话语则不能很好地理解，也就是说，词汇错误往往会导致交际障碍，其严重程度超过语法错误。"以英语为母语的教师在给外国学生作文评分时，往往会对语法错误忽略不计，而给词汇错误较多的作文较低的分数，因为这样的作文让人读不懂，从而产生交际障碍"（汪榕培，2002：434）。这表明，词汇教学在二语教学中应该给予突出的地位。Krashen和Terrell于1983年共同倡导的自然教学法强调可理解的意义输入而不是语法上正确的产出，他们强调词汇的重要性，指出一门语言的核心是词汇，语法在决定词汇怎样用来传达意义方面只是起着无关紧要的作用。词汇教学强调有趣和相关输入的重要性，阅读是习得生词的最有效方法。

　　二十世纪八十年代以来，词汇教学在语言教学领域受到越来越多的关注，计算机分析大型语料库的出现使得更准确地对语言进行描述成为可能，成为交际大纲设计和语言教学的转折点。基于语料库的研究推出大量的词频、搭配、语义韵和词块（即词汇短语）等语言信息，因此，Lewis（1993：89）宣称，词汇项是语言应用的中心，应该成为语言教学的中心，"语言包括语法化的词汇，而不是词汇化的语法"。这一时期针对二语教师培训和课程设计出版的刊物和书籍层出不穷（如 Carter, 1998；Carter & McCarthy, 1988；Gairns & Redman, 1986；Hatch & Brown, 1995；Lewis, 1993, 1997；Nation, 1990, 2001；Read, 2000；Schmitt & McCarthy, 1997；Singleton, 1999；Wallace, 1982）。词汇研究的主题涵盖了词汇量（如 Laufer, 1998；Laufer & Paribakht, 1998；Meara & Jones, 1990；Nation, 1990, 2001）、词汇学习策略（如 Brown & Perry, 1991；Fraser, 1999；Hogben & Lawson, 1994；Moore & Surber, 1992；Sanaoui, 1995）、词汇附带习得（如 Laufer & Hulstijn, 2001；Li Xiaolong, 1988；Mason, 1997）、心理词汇（如

Aitchison，1987；Bock & Levelt，1994；Carroll，2000；Levelt，1989，1992）和一语语义与概念系统对二语词汇习得的影响等方面（如 Jarvis，2000；Jiang，2000，2002，2004）。

总之，二语词汇教学与研究的中心地位几经曲折，最后终于得以确立，目前正值繁荣发展时期。

2.2　一语心理词汇

2.2.1　心理词汇的概念

心理词汇一词源自心理语言学，意指大脑中对词汇知识的长期永久记忆，这是心理语言学、神经语言学和认知语言学共同关注的问题，也是语言学和其他认知科学领域一个越来越重要的组成部分，研究的主要问题涉及各种词汇信息音、形、义在大脑中的表征和提取。人们对心理词汇的关注至少从十九世纪对失语症问题进行研究的时候就已经开始了，但是一般认为心理学家 Treisman 在 20 世纪 60 年代首次提出了心理词汇（mental lexion）这个概念。

心理词汇是看不见摸不着的，在某种意义上是处在一个"黑箱"中，因此心理语言学家绞尽脑汁，提出了很多类比，试图让人们对心理词汇有一个更为清楚直观的了解。Aitchison（1994）把心理词汇比喻为心理词典，或一个巨大的蜘蛛网。McCarthy（1990）认为心理词汇就像一本词典、百科全书，或像一个大图书馆。Brown（2006）眼中的心理词汇就像现在的电脑系统或无线网络。Murphy（2003）则用词典和同义词典来隐喻心理词汇。不管何种比喻，心理词汇从根本上来说应该是大脑中所有关于词形、词义及其用法的一个巨大仓库（Singleton，1999；Richards & Schmidt，2002；Navracsics，2007）。

应该明确的是，心理词汇（也释为心理词典和心理词库）与普通词典在很多方面都有很大不同。首先，普通词典的词汇量有限，总是落后于语言的发展，而心理词典是非固定的，伴随着新词、新意甚至新发音的不断出现。第二，普通词典是按照字母顺序排列词项的，而心理词典即使部分地显示出以起始音组织词项的特点，也并不是直接按字母顺序排列词项的，其他的语音结构，如词的末尾部分、重音模式等都有可能在心理词汇组织中担任重要角色。另外，心理词汇也并不仅仅建立在语音或字母拼写的基础上去组织词项，词义也是心理词汇组织词项的一个重要基础，层次极为复杂。至于词条内容，普通词典只包括可数的固定的词项，而心理词典则可不断增加新的词项，并增改已有词项的读音或意义，从而具有易变性的特点。就词汇提取而言，心理词典和普通词典的主要区别在于频率效应，即频繁使用的单词能更快地从心理词典中提取出来。但在普通词典中查询高频词所用时间并不比低频词少，而词汇判断实验不断证实高频词的反应时更快。

2.2.2　心理词汇储存的信息

在讨论心理词汇（心理词典）所储存的信息之前，有必要先来看看普通词典中常常提供什么信息。例如，朗文当代英语词典（*Longman Dictionary of Contemporary English*）中的 screech 这一词条信息如下：

> screech /skriːtʃ/ 1 [intransitive and transitive] to shout loudly in an unpleasant high voice because you are angry, afraid, or excited [= shriek, scream]. screech at. 2 [intransitive] if a vehicle screeches, its wheels make a high unpleasant noise as it moves along or stops. — screech *noun* [countable]

可以看到，除了单词的拼写、发音和最常用的意思外，词条还提供了语法范畴（及物和不及物动词、可数名词）、同义词(= shriek, scream)和常用搭配(screech at)。

和普通词典一样，我们的心理词典也包括语音、拼写、语义和句法，这些不同信息分为两大部分：词名层（lexeme）和概念层（lemma）（Levelt, 1989, 转引自 Radford et al, 1999：233）。其中，词名层包含了一个单词的形态（不同的形态变体）、拼写和发音信息，概念层包含了一个单词的语义和句法信息。我们的心理词典比普通词典所包含的信息要多得多，除了上面提到的之外，Aitchison（1987：13）注意到二者之间更多的差别，涉及隐含意义、句法信息、搭配信息、语音信息、与其他词的关系以及百科知识。我们将逐个讨论。

　　首先，除了词汇的普通词典意义外，心理词典也包括隐含意义。例如，bachelor 和 spinster 在普通词典中都是指从未结婚的成年人，而其他方面的意义普通词典定义中并没能捕捉到。Spinster 隐含超过了社会公认的标准结婚年龄的老女人之意，而 bachelor 则意味着年轻的单身汉（Carroll，2000）。第二，心理词典的句法信息比普通词典多。朗文当代英语词典中 eat 和 resemble 都是及物动词，但却没提到我们可以说 "A hen was eaten by my aunt" 但不能说 "A hen was resembled by my aunt"。Wide 和 main 都是形容词，都可以用来修饰 "road"，但词典没显示我们可以说 "The road is wide"，但却不能说 "The road is main"。第三，心理词典包含的搭配信息更多。第四，普通词典一般一个单词只标注一种发音，而母语者在日常生活中能听懂不同地区人们的不同发音，他们自己可能会根据不同场合和说话速度使用不同的发音。第五，普通词典很少包括某些词的使用频率信息。例如，朗文当代英语词典中没标出 blossom 和 vegetation 比 flower 和 plant 更少使用，而母语者似乎知道哪些词更常用，哪些词不常用。第六，在普通词典中，词语大部分是被分别单独处理的，例如，在朗文当代英语词典中将 red 定义为 having the color of blood。但要真正理解这个词，我们就要将其与其他表示颜色的词如 blue, green, orange, pink 等相联系，而这类信息是心理词汇的固有部分。另外，普通词典由于词典释义原则和篇幅等的限制，所给信息往往加以简化，有的甚至不合逻辑。如它可能标出苹果、梨、香蕉、椰子等都是水果，却不对它们进行等级分类。而心理词典则可能判断出苹果和梨是北方水果，香蕉和椰子则是南方水果。最后，心理词典不仅包含各种语言信息，还包含一些百科知识。例如，朗文当代英语词典中把 "mandarin duck" 解释为 "一种有华丽羽毛和头饰的亚洲鸭"，但却没说它们总是成对出现，如果一只被抓或死了，另一只就会因思念难过而死亡。同样，词典中把大象描述为四条腿的有长长鼻子的现存最大动物，而我们还知道大象的记忆力特别强。这些都是我们头脑中的百科知识。

简而言之，尽管心理词典与普通词典会有重叠，但心理词典包含的信息多得多。这么多的信息是如何提取的？这正是下一节要回答的问题。

2.2.3 心理词汇的提取

由于心理词库是看不见摸不到的，在某种意义上是处在一个"黑箱"中，我们只能通过对心理词库的提取这一动态过程，来推测心理词库的组织状况，因此，心理词库提取是研究心理词库组织的前提。词汇提取研究人们从记忆中辨认和产出词汇时所涉及的机制，对这一问题的研究主要涉及在心理词库中提取词汇的过程。

2.2.3.1 单语心理词汇的提取模型

词汇提取（lexical access）是心理语言学中的一个重要课题。在以英语为研究对象的早期文献中大致出现了三种具有代表性的理论：1）直通理论（direct access theory）认为词义通过词形表征直接提取，语音不起任何作用；2）语音中介理论（phonological mediation theory）认为词义的提取必须经过语音中介才能完成，是一个由词形到语音码，再由语音码提取词义的过程；3）双通道理论（dual-route model）是 1980 年以后研究者倾向于接受的一种理论，它认为对词汇的加工是通过词形和语音两条通道进行的，不同提取方式适用于语言中不同类型的词汇，对于高频词的加工可以直接通过词形通道完成，而语音中介则被看作一种备用通道。现在的研究者们大多认为，虽然不能像语音中介理论那样绝对地把语音编码看作词义提取的唯一路径，但是大量研究结果表明，语音表征的确在词义提取过程中发挥重要作用。

认知心理学家和心理语言学家提出了不同的词汇提取模型。从理论上讲，词汇提取模型试图对那些影响词汇提取的关键因素进行概括。根据提取方式，词汇提取模型主要分为两类，一类属于串行搜索模型（serial search models），另一类属于并行提取模型（parallel access models）（Singleton，1999）。

词汇的串行搜索模型认为，心理词库中的词汇提取要借助一部内部词典的作用，该词典的内部结构用于辅助词汇提取过程。这一过程有两个步骤，即检索和提取。此类模型中最具代表性的是 Forster 于 1976 年提出的自动搜索模型（the autonomous search model）。该模型由两部分组成，即外围文件（peripheral files）和主文件（master file）。该模型表明，心理词库中的词汇提取首先是通过外围文件中的词形提取文件（orthographical access file）、语音提取文件（phonological access file）或句法（语义）提取文件（syntactic/semantic access file）中的任意一个，之后才能在主文件中获取所需的信息。在词汇的识别过程中，词汇使用频率的高低决定了词汇的检索速度。该模型的优势在于，它解释了心理词库中信息储存的单一性以及词汇提取途径的多元化。而且由于串行搜索模型假设词表是按照词频从高到低进行排列的，理解过程中的词汇提取是按某个次序在词表中逐个词项地进行的，所以可以解释词频效应。其不足之处在于它对词汇提取中其他现象的解释比较弱，而且它认为外围文件中的三种提取方式是互不关联的，这恐怕不那么绝对，因为学习者在认知加工中有可能会同时使用其中的两种或三种方式。同时由于该模型忽视了词汇认知与使用时语境的作用，所以也不能很好地解释主文件信息提取过程中语义关联的词汇之间可能出现的直接语义启动（semantic Priming）。

并行提取模型主要有 Morton（1969）的词汇发生模型（the logogen model）和 Marslen-Wilson（1987）的交股模型（the cohort model）。并行提取模型认为，词汇的知觉输入可以同时激活多个候补词，而储存在心理词库中和输入词共享特征最多的词被最终选定。前者有四个组成部分：1）认知系统（cognitive system）；2）词汇发生系统（logogen system），包括听觉词汇发生系统（auditory logogen system）和视觉词汇发生系统（visual logogen system）；3）词汇发生输出（output logogens）；4）反应缓冲器（response buffer）。该模型的一个关键概念是词汇激活的阈限。Morton

（1969）认为，每一个词都有它的词汇发生器（logogen），它起着一个记分板的作用，记下该词项和输入刺激共享的特征数目。这些特征可以是视觉的或听觉的，也可以是其他认知系统的，比如语境信息。该模型强调，心理词库中的词汇及其意义的生成来自外部的词汇听觉分析（auditory word analysis）、词汇视觉分析（visual word analysis）以及语境等信息的输入。多个渠道的输入特征一起输入词汇发生器，哪个词发生器达到词激活的阈限，哪个词就被提取，如果多个词都达到激活的阈限，那么哪个词的特征数目最高，哪个词就会最终被辨认。词汇发生模型可以解释词汇提取的频率效应。一个词的使用频率越高，它的辨认阈限就越低；相反，一个词的使用频率越低，它的辨认阈限就越高。但是，该模型的局限性在于，它否认这些不同的外部因素在激活心理词库中的相互作用。而 Marslen-Wilson 的交股模型主要用于听觉词汇的辨认。交股模型认为，听觉词汇的辨认需要经过三个阶段：1）激活与刺激词的声学－语音特征相符的一系列候选词汇，这就是起始交股（initial cohort）。这一阶段严格按照自下而上的方式进行处理；2）对起始交股进行筛选。这是一个自上而下和自下而上的处理过程同时起作用的阶段，因为帮助筛选的信息不仅包括进一步的语音输入，而且包括词频及语境信息。与各种输入信息高度一致的词项继续处于激活状态，而不一致的词项则被排除；3）被确认的词项融入到它的语境中。可以说，交股模型吸取了串行搜索模型和词汇发生模型的优点，认为词汇及其意义的识别是一个动态的排除选择的过程。当外界刺激出现后，心理词库中的许多词汇可能会同时被激活。之后，随着相关言语信息的增加，先前被激活的词汇有些因为不符合语境要求而逐个被排除，直到确定真正需要的词汇。很显然，在这一动态的排除选择过程中，起主导作用的是语境。从这些模型中我们可以看出，心理词库中的词汇提取离不开相关信息的刺激与激活，更离不开词库内在网络联系的启动，起主导作用的是认知主体的认知加工机制。

以上两类模型各有其优缺点，对其优劣的评价取决于它们在多大程度上符合人类心理词库的真实情况。具体来说，我们必须看这些模型能够如何解释影响词汇提取的因素，如词频、语音变体、句法范畴、形态复杂性、语义启动以及词汇歧义等（Carroll, 2000）。以上两类模型都可以解释词频效应。在词汇发生模型中，高频词的阈限要低一些，因此其提取也就方便快捷。由于串行搜索模型假设词表是按照词频从高到低进行排列的，理解过程中的词汇提取是按某个次序在词表中逐个词项地进行的，因此对高频词的提取更快捷一些。在交股模型中，在初始交股阶段尽管很多候补词被激活，但是在随后的选择阶段高频词依然被优先选择。

除了词频效应之外，词汇发生模型和交股模型还能解释语义启动效应。而串行搜索模型的语义启动效应就困难一些。尽管两类模型都还不完善，但在 Carroll（2000）看来，交股模型最适合解释影响词汇提取的因素。

2.2.3.2　影响词汇提取的因素

影响词汇提取的因素很多，其中第一个因素是词频。词频是词汇认知中的一个重要变量。提取总量多、频率高的词汇逐渐发展成为自主词汇，其特点是在信息加工过程中被自动加工，无需投入大量注意力资源；提取少、频率低的单词则构成联想词汇，其特点是在信息加工过程中得到受控加工，需要大量注意力资源。前者提取速度快，后者提取慢。Morton 的词汇发生模型认为，高频词认知的阈限低，容易被激活，检索起来就比较容易，所需时间较短；而低频词的认知阈限高，激活需要更多的信息和时间，这种由词频引起的不同反映就是词频效应（frequency effect）。Forster 的自动搜索模型甚至认为心理词库中的词条就是按照词的频率排列的，高频词在前，低频词在后，所以高频词认知时间短。高频词比低频词容易提取的另一个原因是语音中介的作用。低频词需要经过语音中介，即由文字转变为语音再进入理解的程序，而高频词则不需要通过语音中介，可以由视觉表征直接到达心理词库中的词条。这就是说高频词认知快是因为它认知过程的中间环节少。

影响词汇提取的第二个因素是词汇歧义（lexical ambiguity）。语言中存在很多一词多义现象，研究者对于词汇不同意义的提取有不同的看法：考虑到多义词意义提取时语境的作用，认为词汇的多个意义可能是被同时提取的，意义的选择取决于语境的作用。另外，不同词义的频率也会影响词汇意义的提取，当语境需要提取词汇的中心意义时，词义提取较快；当语境需要提取词汇出现频率较少的次要意义时，提取就较慢。当词汇的多个义项出现频率没有区别时，即使语境明显偏向该词的某一义项，该词的其他义项也被同时提取，如果语境明显偏向词汇的中心词义，词汇的次要意义就没有明显被激活的证据。

影响词汇提取的第三个因素是词素结构复杂性（morphological complexity）。在认知心理学中，对于词汇储存模式有三种不同的假设。1）词的整体储存表征（holistic representation）认为词的认知和储存是以整词为基本单位的（word primitive）。Rubin（1979）称之为词汇提取模式（word access model），并认为，每一个词，无论其词素有多少个，在心理词库中都是一个独立的词条（或词位），单词的每一个变体，包括其屈折变化和派生形式都有各自的表征。当理解或使用多词素词时，我们是直接提取该词的整体形式。如 child, children, childish, childishness, childbearing, childhood, childbirth, childlike, childproof 等词，它们虽然是一个词的不同变体，但人们在学习这些词时，都以一个个互不影响的独立整词在心理词库中加以储存，而不是将它们分解为 child 加上其他成分分别储存。2）词的分解储存表征（de-compositional representation）假设。一个词可能是由两个以上的词素组成的，如 unlovely 由三个词素组成，其中 un-和-ly 是词缀（affix），love 是词根（root/base）。研究发现，被试对带有词缀的词的反应慢于对没有词缀的词的反应，说明被试可能是先将带词缀的词进行分析后分别提取了词缀和词根，然后进行比较才做出决定，而不带词缀的词是直接提取的，所以时间较快。从词汇储存的角度看，这说明词缀和词根可能是独立储存的。Taft（1981）认为这是词素提取模式（morpheme access model）。他主张，词汇是由词素成分构成的，构成词汇的词素就是词的基本单位，词汇以词素的形式储存。接受信息时，我们会把词汇分解为词素，以便理解目标词。词的分解储存模式假设，执行任务时，我们首先"剥离"（strip）词汇的所有词缀，然后再激活词干和相关的词素。同样，产出信息时，我们先提取个别的词素，再把它们结合为合成词。3）扩大的处理词素模式（augmented addressed morphology model）认为，就学习者而言，对于熟悉的高频词如 impossible 来说是整词储存整词提取的；但对于不熟悉的低频词，则是以词素作为储存单位，词根词缀分别储存的（Carroll，2000：122）。

影响词汇提取的第四个因素是词汇性（lexicality）因素。词汇性也叫真词（非词）效应。词汇判断任务要求被试判断一个字符串是真词还是非词，是真词就接受，是非词就拒绝。研究发现，被试拒绝合法非词比接受真词的时间要长，而拒绝不合法非词比接受真词的时间要短。也就是说，和英语真词相比，拒绝一个看起来像词的非词更难一些，而拒绝一个根本不像词的非词就比较容易，这就是词汇性效应或真词（非词）效应。英语实验中的这种对比说明，语音是英语词汇提取过程中的一个重要因素。

2.2.4　心理词汇组织

词汇提取是研究心理词汇组织的基础。到目前为止，人们对心理词典的认识逐渐深入，但是对心理词典的类型及其组织方式等还没有形成完全一致的看法。关于心理词汇到底是怎么储存和相互联结的，研究者们一致认为，母语者认识的词汇有成千上万，词汇提取的速度也相当快，表明心理词汇的组织绝非简单地堆积或按字母表顺序排列，而是有关联有组织的。经过数十年研究和探索，心理学家们采用各种方法对心理词汇中词与词之间的相互关系提出了很多理论，也有不少有价值的发现和争议。对一语词汇来说，意见相对统一，因为一语者大脑里的语言系统不存在外来语言的干扰；而对二语者甚至多语者来说，心理词汇的结构就比较复杂，研究者非常关注的是学习者的二语词汇与已有的母语词汇间的关系，不同的词类是否对它产生影响，储存模式是否与一语相似，是否如一语一样遵循相同的发展路径，等等。

心理词汇研究的最大困难在于，我们不能进入人脑中去看个究竟，所能做的只是观察在正常语速下人们的言语行为，从观察中捕捉人脑尽可能多的特征。来自口误（slip of the tongue）和词在唇边（TOT = tip of the tongue）现象的分析表明，心理词汇的组织可能是语义和语音的：词义在语义系统中表征，词音在语音系统中表征。下面我们就来回顾一下心理词汇语义和语音储存的几种网络模型。

2.2.4.1 语义网络：分层网络模型和扩散激活模型

多数研究者同意心理词汇以某种语义网络的形式储存在我们大脑中，但就这种网络是以何种方式组织的还没有一致的看法。目前，分层网络模型和扩散激活模型是最重要的词汇组织模式。

分层网络模型是 Collins & Quillian（1969）针对言语理解的计算机模型提出的一语心理词汇研究领域最具影响的语义网络表征模型，这个模型中的基本单位是概念，表示为"节点（nodes）"，每个概念都具有各自不同的特征。覆盖性最强的概念处于模型的顶部，同等级别的概念处于该网络的同一层面上，在模型的底部则为具体的下层概念。这样就构成了一个层次分明、有节点连接起来表示概念之间关系的分层网络。例如，在图2.1中，动物、鸟、老鹰等都是一个分层网络模型中的节点，各节点具有不同的特征。动物的概括性最强，因此位于模型的顶部；居中的是基本层面范畴，如鸟和鱼；模型的底部则为老鹰、燕子和百灵等一些更为具体的概念。

分层网络模型具有如下特点：1）分层和连接是分层网络模型中的重要因素。在图2.1中，上层与下层概念之间的关系可以用"包括"来表示。如动物包括鸟、鱼，鸟又包括老鹰、燕子和百灵等。同样，下层的概念可以用"是"表示与上层概念之间的关系。如老鹰是鸟，鲨鱼是鱼。2）底层概念之间的区分清晰。对于底层具体的、语义容易混淆的节点用各自鲜明的、易于区分的特征表明。如老鹰的特征为"目光敏锐"，而鲨鱼的特征则表述为"有危险"。这样，两个概念之间的区别就一目了然了。3）模型从整体上强调认知经济性。上层的节点包含了下面同一层次上不同节点的共同概念特征，下面层次中的节点则各具有自身的特征。如鲨鱼和鲑鱼除了自身的特征以外，还同时具有所有鱼的特征，即会游泳，而鸟和鱼也同时分享了动物要呼吸的共同特征。

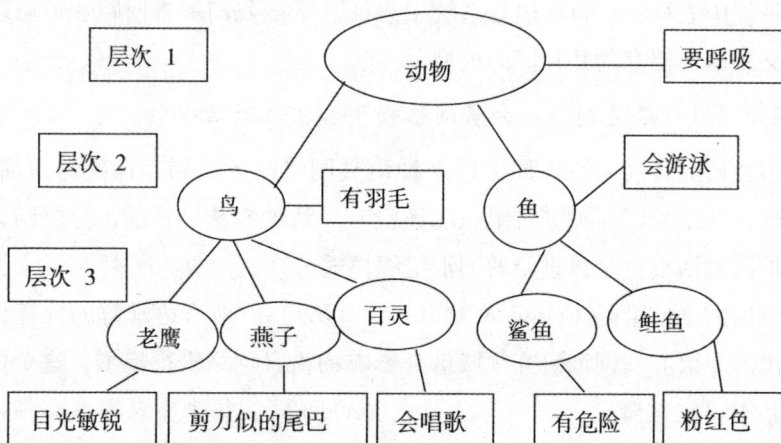

图 2.1　与动物相关的分层网络模型语义信息

　　扩散激活模型是 Collins & Quillian（1975）基于分层网络模型提出的另一个语义表征网络模型。笔者通过对英语专业 156 名学生进行词汇联想实验，让学生在看到 red 这个词后 5 分钟内写出与其有语义联系的单词，把出现频率在前 21 位的单词列出来（频率 = 5），模仿扩散激活模型的原型作出图 2.2。从图中可以看出：同分层网络模型相比，该模型放弃了概念的层次性和特征，而以语义联系和语义的相似性将词汇连接起来。在该模型中，每个概念都是一个节点。如在图 2.2 中，red 、fire truck 和 apple 等概念都是网络中的节点。具有语义联系和语义相似性的节点连接起来，组成复杂的网络。节点之间连线的长短表明了概念之间的关系，连线越短，表明两个概念之间具有更多的相似性。例如，apple 和 pear 之间的连线明显比其与 red 之间的连线距离短，说明 apple 和 pear 比 apple 和 red 之间具有更多的语义特征相似性，因此联系更紧密。

　　扩散激活模型具有如下特点：1）节点之间的扩散激活。一旦一个节点被激活，刺激就会传递给相连概念的节点。如 red 被激活，就会将刺激传递给 fire truck，而 fire truck 将有可能激活其他表示交通工具的词如：truck，car，ambulance 等等，而 car 又可能继续激活 bus，street，vehicle 等和交通相关的词。2）扩散激活网络模型的复杂性和可扩展性。节点之间通过相互连接组成了复杂的网络，在此模型中，概念还可以作进一步扩展和引申。例如：apple 可以和 pear, banana, orange 等概念连接；street 可以和 car, bus, vehicle, ambulance 等概念连接；red 还可以和 rose, flower, violet 以及 green, blue, yellow 等概念连接，等等。因此网络中的任何一个节点都可以和与之具有语义相似性的概念相连。3）节点之间连接的合理性。节点之间的连接是通过概念之间的相似性程度建立的，节点之间的连线越短，概念之间的相似性程度越高，节点之间的阈限也就越低。反之，节点之间的连线距离越长，概念之间的相似性程度越低，节点之间的阈限也就越高。由于激活节点能量是有限的，在节点之间的扩散激活过程中，能量不断被消耗，到达某一节点时，能量已不足以超过此节点的阈限，此节点就不能被激活。扩散激活模型的灵活性也是相对分层网络模型来说的，"它能够解释各种词汇和概念研究中的实验效果；能够解释提取概念和它们特征的多重路径"（桂诗春 2001：337）。

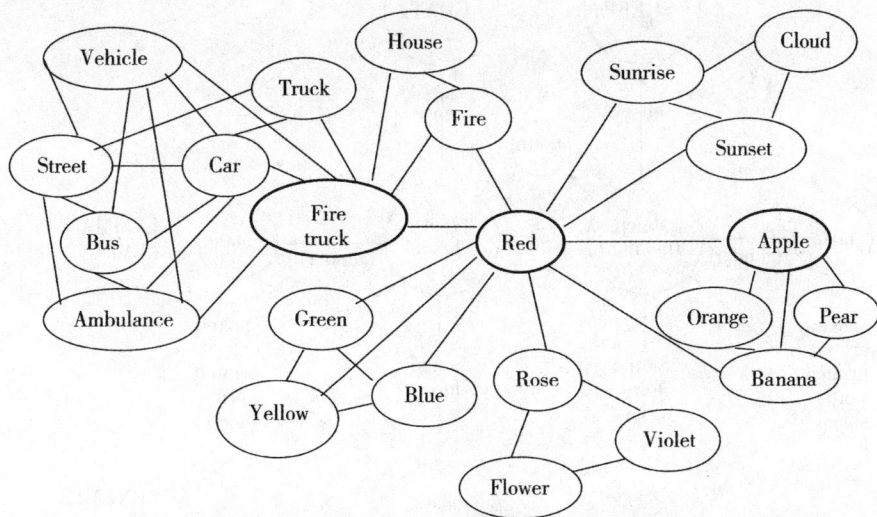

图 2. 2 扩散激活模型示意图（据 Collins & Loftus，1975：412）

扩散激活模型从某种意义上来说是一种概念而不是词汇模型，它很少关注词汇的语音、句法和形态方面。例如，绵羊这一概念诱发许多其他的概念联想，正如绵羊这一单词诱发许多其他的词汇联想一样。其区分在于，绵羊这一单词是个自由语素，包括三个音素，任何不包括语音、句法和形态这三个方面的描述都是不完整的。

Bock & Levelt 提出了包括词汇和概念两个方面的扩散激活语义模型（见图2.3），该模型假设我们的心理词汇知识有三个不同的层次。概念层（Conceptual Level）包括代表概念的节点，这些节点通过不同的关系与其他节点相联系，这一点与 Collins & Quillian 的模型类似。词目层（Lemma Level）指词汇知识的句法层面（Bock & Levelt, 1994：950），如图2.3 所

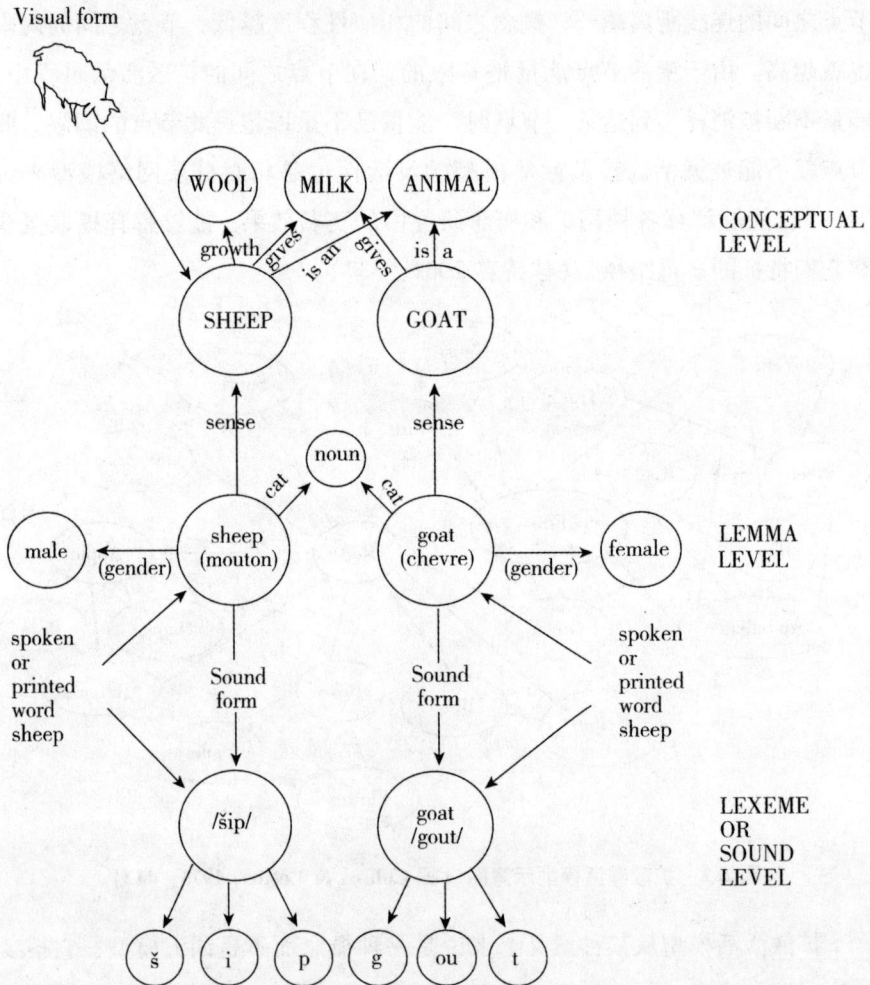

图 2.3 Bock & Levelt 词汇网络的一部分

示，英语单词 sheep 是名词，法语单词 mouton 也是名词，但性别是雄性，这些句法特征具体表现在词目层。最后词位或语音层（Lexeme or sound level）捕捉词汇的语音特点。这些不同层面的区分具有理论意义。例如，词在唇边现象的研究表明虽然被试没能回忆起正确的单词却仍然提取语音相似的单词（Brown & McNeil, 1966）。根据 Bock & Levelt 的模型，被试能够存取词汇的意义（概念）和句法范畴（词目）。然而，词位或语音特征却不能完全提取。由此看来，该模型在理解词汇组织和存取方面格外有益。

2.2.4.2 语音网络

证据表明，不像普通词典那样，人脑采用不同方式处理不同音素。人们往往特别容易记住一个单词的开头和结尾部分，就像一个正在浴缸中的人，头部和下肢总是伸出水面，而且头部伸出水面的高度总是略高于下肢，这就是"浴缸效应"，即词首和词尾在词语语音结构中比中间部分占据更为重要的地位（Aitchison, 1987: 119）。Brown & McNeil 在对学生进行的词在唇边现象研究中首先发现了浴缸效应的存在。在词在唇边现象测试中，被试对单词首音和尾音的记忆成绩明显高于中间语音的记忆。在以语音相似词替代目标词的口语替代性错误中，浴缸效应更为明显。Cutler & Fay（1978）等人的研究表明，超过 80% 的错选单词首音与目标词相同或相近，70% 多的尾音与目标词相同或相似，而中间部分则没有这么高的比率。浴缸效应显示，单词的首音和尾音，尤其是首音在心理词汇中占有突出地位。

Aitchison 进一步指出：心理词汇中有一种总体韵律模式，越是弱音节越难被回忆，而重音节则容易记忆。词在唇边现象或替代性错误中，遗漏和增加的经常是单词的弱音节。总体韵律模式是同语音流紧密结合的。首音节常常最易回忆，但如果是弱音节则易出现问题。单词的中间段与开头和结尾相比不易回忆，但如果是重音节则易回忆。总之，单词的开头、结尾以及总体韵律模式在心理词汇中的储存比其他部分更为突出，因而具有相同和相似开头、结尾和韵律的单词在心理词汇中的联系较密切。

从以上回顾可知心理词汇组织的两个方面：大脑中的词汇是基于意义

和语音储存在一起的。这一结论对本研究至关重要，因为学者们有的认为一语心理词汇是基于意义的，而二语心理词汇是语音驱动的。下面就先来回顾一下二语心理词汇相关的理论和研究。

2.3 二语心理词汇

研究者们试图从不同角度考察二语心理词汇的性质和组织方式，有些提供了理论框架，有的给出了实证数据。这一节首先回顾 Jiang 的词汇发展三阶段理论框架，然后描述二语心理词汇组织的相关实证研究。

2.3.1 Jiang 的词汇发展三阶段模型

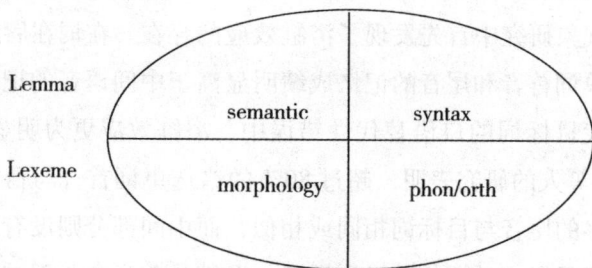

图 2.4　Levelt 的一语词汇表征模型（1989）

心理语言学家 Levelt（1989）在口语理解和产出处理过程图式表征式中，将一语心理词汇区分为两大部分：词名层（lexeme）和概念层（lemma）。其中，词名层包含了一个单词的形态、拼写和发音信息，概念层包含了一个单词的语义和句法信息（见图 2.4）。Aitchison（1987）在论述一个单词的信息结构时，把一个单词比喻成一枚硬币，认为它的这些信息分别储存在这枚硬币的两面，一面储存的是一个单词的拼写和发音信息，另一面储存的是该单词的语义和句法信息。

Jiang（2000）借鉴这一提法，提出了二语心理词汇发展的三阶段模型

（图2.5）：词形发展阶段，一语概念层中介阶段和二语整合阶段。第一，在词形发展阶段，学习者注重的是一个单词的形式。在学习二语单词时，学习者首先注意的是单词的拼写和发音形式，而不是它的意思和用法。故二语心理词条中只有词形内容，概念层信息因未整合进词条而空缺。第二，在一语概念层中介阶段，随着二语学习者对某个单词的不断使用，其二语词形与一语译词之间的联系强度也在增加，结果是在二语词项的内部结构中，与其对应的一语译词的概念层正逐渐地被复制过来，或者说，二语词项有了与其对应的一语翻译词的概念层。学习者二语词项的词形信息以相应的一语翻译词概念层为中介组成了二语词项的内部结构。第三，二语整合阶段，随着语言接触和使用的增加，二语词项的四类知识都被习得，这是二语词汇习得的理想状态。Jiang 指出，大多数二语学习者的词汇发展在第二个阶段就中止了，即出现了词汇僵化（Jiang，2000：54），因此很难达到理想的词汇发展第三阶段。即便是高水平的英语学习者，包括那些在目的语国家生活了若干年的人，其二语词汇的发展大多数仍处在一语概念中介阶段。也就是，二语学习者未能习得全部二语语义和句法，这也是二语心理词汇不同于一语心理词汇的主要地方。

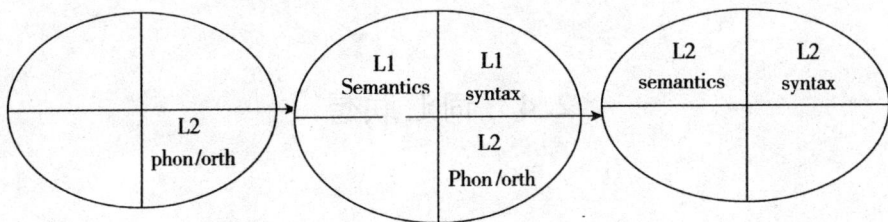

图2.5　Jiang 的二语词汇发展模型：从形式阶段到整合阶段（2000）

2.3.2　二语心理词汇组织

词汇习得的研究者对一语与二语心理词汇的异同进行的考察研究结论可以概括为"异质说"和"词汇深度知识说"两种观点。"异质说"认为，二语心理词汇中词与词之间是形式关系，而一语心理词汇中词与词之间是语义关系。Meara（1983）基于 Birkbeck 词汇工程的研究结果，得出以下结论：第一，与本族语者相比，二语学习者心理词汇间的联系缺乏稳定性；第二，语音在二语心理词汇组织中起主导作用；第三，二语心理词汇间的语义联系呈现一种系统性变化的趋势（1983：30）。Channel（1988）在回顾了一语和二语心理词汇的相关文献后指出，没有证据表明二语心理词汇与一语心理词汇相似，张淑静（2004）在其博士论文研究中证明二语心理词汇中的联系本质是语音的。

其他一些学者认为二语心理词汇间的联系主要是语义的。O'Gorman（1996）为了证实 Meara 的观点进行了调查研究，但结果相反，她发现二语心理词汇主要是语义而不是语音联系。Singleton（1999）的实验表明，高级二语学习者的大部分被测单词很好地整合在了心理词汇中。Wolter（2001）的发现显示，一旦二语学习者熟悉了某些单词，语音在其心理词汇中将不再起重要作用。

总之，有关二语心理词汇的组织形式还没有一致的看法。正如 Aitchison（1987）指出的，二语心理词汇的组织还需要进行更多的调查和研究。从方法论来说，二语心理词汇组织的实证研究常常采用词汇联想测试。

2.4　词汇联想

心理词汇研究最大的困难在于，我们无法打开一个人的大脑，进去看个究竟。即使我们真的打开了，也不一定能弄明白大脑是如何运作的。由于心理词汇肉眼不可见的属性，研究者采用各种办法来假设和推论其内在结构，这里主要列举四种研究方法：第一，词在唇边现象。这是指我们日常生活中的一种体验，只能提取出单词的一部分，但却提取不出整个单词。词在唇边现象的研究能就心理词汇的组织给出一些合理的线索。第二，口误。Aitchison（1987：18）指出，口误的价值在于：通过观察口误者，我们可以见证正常的提取过程；口误是一种很普遍的现象，每个人都会有，因此这些失误反应了大脑的正常运作；口误常常遵循可以预测的模式，通过这些模式我们能得出一些关于心理词汇组织的结论。第三，心理语言学家对失语症等大脑受损伤患者的研究。对失语症的研究表明病人的问题只不过是对困难的夸大，这一点正常人也会经历（Aithcison，1987：21）。第四，心理实验法。很多心理语言学家采用多向翻译和词图命名任务（Potter et al.，1984；Chen & Leung，1989；Kroll & Stewart，1994）、Stroop 实验（Chen & Ho，1986；Altarriba & Mathis，1997）、词汇判断任务（Dijkstra et al.，1998；Sunderman & Kroll，2006）、语义启动实验（de Groot & Nas，1991；Forster & Jiang，2001；董燕萍等，2005）等，并借助于各种实验范式，如正电子发射层描（positron emission topography，简称 PET）、事件相关电位（event-related potentials，简称 ERP）、功能核磁共振（functional magnetic resonance imaging，简称 FMRI）等脑成像分析手段比较语言间和语言内心理词汇的双语表征和语义加工方式，从神经生理学角度为心理词汇的认知本质提供更加明晰和科学的依据。由于这些认知语言学和脑科学研究需要专门的实验设备和实验场所，且费用昂贵，一般的研究者很难获取，因此词汇联想测试便成了心理词汇研究最常用的方法之一。词汇联想实验为心理词汇研究做出了巨大贡献，通过分析联想反应词，我们可以了解心理词汇组织的特点与模式。

在心理词汇组织结构的众多研究方法中，词汇联想测试是最古老、相对直接、操作简单且被广泛运用的一种，因为词汇联想反应了心理词汇之间联系的基本特征（Nissen & Birgit，2006：389）。同传统的研究方法相比，词汇联想测试能提供给我们大量更丰富的信息（Schmitt，1998a：389）。一个最基本的词汇联想测试就是，给被试呈现一个刺激词，然后让他尽快说出或写出他所想到的第一个词。其潜在假设是，这种没有经过深思熟虑所给出的反应词是被试心理词汇中与刺激词联系最强的那些词。通过分析联想反应词，我们能够得到关于心理词汇中单词与单词之间联系的线索，即心理词汇的组织结构，虽然这些反应词不一定都能像语言其他方面的问题那样用既定的规则来解释，但在经历了一个多世纪的研究之后，学者们对此已经有了较为合理的解释。

　　词汇联想测试主要区分三类反应词：聚合反应、组合反应和语音反应。聚合反应通常指那些与刺激词词性相同并能在一个句子里执行相同语法功能的词。聚合反应主要有四种类型：并列词，如刺激词 dog 引发反应词 cat；上义词，如 dog → animal；下义词，如 dog → terrier；同义词，如 dog → canine。与聚合反应相反，组合反应与刺激词有一种修饰、搭配联系，一般不属于同一词性，比如 dog → bite，dog → bark。语音反应则只在语音上与刺激词相似，没有任何明显的语义联系，如 dog → bog。

　　词汇联想研究最早可以上溯到古希腊，当时的亚里士多德就提出三条基本的"联想定律"，即观念在空间上或时间上的相似、对比和接近（Entwisle，1966）。到了十八和十九世纪，关于联想的问题开始有了充分的实验研究。英国心理学家 Francis Galton（1880 转引自 Jung 1918）首次使用词汇联想测试以自己为被试，用 75 个刺激词先后进行了四遍联想，对反应结果加以记录和分类并将之出版。在冯特（Wilhelm Wundt 1832～1920）实验室里，M. Trautscholdt 和 J. Mck. Cattell 通过改进实验工具，也对联想作了进一步的实验研究。这激发了当时许多其他用词汇联想进行的实验。1910 年，Carl Jung 使用 100 个单词来辨别非正常的反应模式，以区别心理复杂性及其"智力和感情缺陷"（Steven，1994），他的结果在 1918 年正式出版。十九世纪末二十世纪初，这一范式在心理学界受到广泛关注并应用在对异常思维、犯罪行为以及教育心理等的临床诊断上（Stevens，1994），其中最著名的应该算心理学家 Kent 和 Rosanoff（1910），他们开创性地用 1000 个不同教育和工作背景的正常成年人为被试进行了大规模的词汇联想实验，并将其所收集的样本作为比较正常人和精神病人心理的依据，来诊断病人病情的严重程度。与 Jung 不同，他们做研究使用的单词都是中性常用词，因此被奉为权威的词汇联想实验材料延用了多半个世纪。该词表由 100 个单词组成，其中大多数是常用的名词和形容词（71 个名词和 29 个形容词）。Woodrow 和 Lowell（1916）把词汇联想研究从成人扩展到儿童，单词依然是沿用 Kent-Rosanoff 词表，但是为了确保四五年级的儿童能认识词表里的所有词，研究者改动了其中的 10 个词。他们将联想结果与 Kent 和 Rosanoff（1910）的成人联想结果相对比，发现两者有显著的区别：儿童们的反应主要是组合型的，而成人的反应则主要是聚合型的。这一时期的研究主要是运用词汇联想测试编写了词汇联想常模表（如 Kent & Rosanoff, 1910；Woodrow & Lowell, 1916；O'Conner, 1928；Schellenberg, 1930 等，转引自 Schmitt, 1998a：390）。

二十世纪六七十年代，词汇联想研究开始在一语习得领域大规模展开（Brown & Berko, 1960；Deese, 1962a, 1962b；Entwisle et al., 1964；Entwisle, 1966；Ervin, 1963；Francis, 1972；Sharp & Cole, 1972），其测试模式也在美国和加拿大作为评估其语言浸入项目和双语文化项目的一个重要辅助手段（Lambert & Moore, 1966；Anderson & Bower, 1974）。其中，Russell 和 Jenkins（1954）主要研究成人和大学水平的联想反应，Brown 和 Berko（1960），Ervin（1961），Palermo 和 Jenkins（1963）及 Entwisle（1966）侧重对未成年人（幼儿园前至高中）的词汇联想进行考察，以判断一语儿童的认知发展、社会态度和同化问题（Schmitt, 1998a：390）。Entwisle 的研究规模最大，共涉及 1160 名受试、96 个不同词性和词频的联想词，并分析了联想反应与性别、智力发展、出生地及年龄的关系。这一阶段的一语词汇联想研究主要采用口述的方法，大都以权威的 Kent-Rosanoff 词表为蓝本，Kent 和 Rosanoff（1910）研究的方法和结果多年来一直被当作权威范本。遗憾的是，这 100 个刺激词绝大多数是高频词，且其中自然配对的词较多，如 *WHITE → black*，*TALL → short*，*MAN → woman* 等等，有可能对联想反应的结果产生影响（Meara, 1983）。后来的研究者对 Kent-Rosanoff 词表进行了修改，或者重新选择刺激词。

对一语或单语学习者的联想结果分析发现，他们的反应模式有着相同的发展趋势，即可预测性（Russell & Jenkins, 1954；Deese, 1962b, 1964, 1965；Entwisle, 1966；Sharp & Cole, 1972）。因此研究者认为，一语联想的结果可以看作是被测试的刺激词在受试者心理词汇中储存和联结方式的反映。由于词汇联想本身体现了许多语言行为特征，因此越来越多的心理语言学家和应用语言学家对此方法感兴趣，把它用在许多语言现象的探究中，特别是用在探讨语言行为、语言发展、概念形成以及心理词汇的表征、记忆与构建模式上，研究范围也从一语扩展到双语和二语学习者身上。他们认为，对词汇联想的反应结果进行分析，可以更好地了解二语词汇的习得深度与词汇知识的存储方式（Riegel & Zivian, 1972；Politzer, 1978；Kruse et al., 1987；Söderman, 1993；Schmitt, 1998a, 1998b；Wolter, 2001；Orita, 2002）。

权威的词汇学专家把词汇知识分为三个部分：词汇的广度、深度和联结度（或通达度）（Meara, 1996；Henriksen, 1999；Fitzpatrick, 2006）。词汇联想由于和词汇的关系紧密，不仅继续受到心理语言学家的青睐，还在应用语言学和二语习得领域大展身手，例如词汇联想可以设计成不同的测试模板来检测词汇知识的习得程度。Meara 和 Fitzpatrick（2000）的 Lex30 词汇联想关注的是学习者二语词汇的广度知识；Read（1998, 2000）的联想测试侧重在词汇的深度知识；Wolter（2001）的词汇联想研究则对词汇知识的储存模式和联结方式表现出极大兴趣，这也是词汇联想运用最为广泛并得到认可的领域。也有研究者把词汇知识的联结度看作是词汇深度知识的一个表征，即词汇知识网络的构建。Henriksen（1999, 2008）把词汇深度知识定义为学习者构建词汇网络的能力，并且认为通过对学习者词汇联想能力的研究，可以推测出词汇网络连接的方式，了解词汇深度知识的掌握和习得程度。

词汇联想任务要求受试在听到或看到刺激词时立即给出大脑里出现的反应。这些反应可以是单个词，也可以是词串，最重要的是受试不可以面对刺激词进行长时间的思考。测试方式和内容可以根据需要设计成不同模板。比如可以根据所测词汇能力的需要，用词汇联想任务考察受试的接受性（产出性）词汇量（Meara & Fitzpatrick, 2000；Henriksen, 2008）；词汇知识和能力发展（Read, 1993, 1998, 2000；Greidanus & Nienhuis, 2001；Brown, 2006；Peppard, 2007；Zavera, 2007；Henriksen, 2008），也可以依据研究目的设计成一对一的单个自由联想（一个刺激词给出一个反应词）、一对多的连续自由联想（一个刺激词给出多个反应词）、限制性联想（从规定的词中选出反应词）、间断性联想（一次给出一个反应词，但同一个刺激词多次出现）等不同联想模式。还可以根据受试的情况采用听—说、听—写、写—说、看—写等实验方式。对一语者的联想研究大多采用听—

说或写—说的方式，而对二语者（包括课堂教学下的外语学习者）来说，采用听—写或看—写的方式更容易避免由于耳误或口误引起的非语义反应。

2.4.1 一语词汇联想理论

一语研究者提出一系列理论来解释心理词库中的词汇联想反应模式，相信词汇联想的一个基本假设是：词与词之间相互联系的方式其实是揭示和表征人类思维的认知过程（Gunstone，1980）。心理词库中的语义信息依据其语义关联和意义相近的原则构建成特有的语义网络。这种毗邻理论（Ervin，1961）假设，词 x 联想出词 y，是因为它们在学习者的语言学习过程中频繁相伴出现。Deese（1965）在此基础上进一步提出了关联结构理论，认为词汇联想实际上是一种智力反应过程，是由一个反应引发另一个反应而产生的心理活动，即一个目标词激发出其相应的联想反应词。但哪个词会被联想出来取决于两个原则：意义关联原则和使用频率原则。Brown 和 McNeill（1966）在肯定 Ervin 和 Deese 理论的同时又指出，每个词项都具有其特定的语义连接关系和句法约束关系。儿童在语言学习过程中正是对已知词汇和半知词汇赋予更多的句法和语义特征，从而强化它们在心理词库中的联想关系。这些为词汇联想而提出的解释理论为后来的研究提供了很有借鉴意义的理论支撑。由联想主义发展而来的连通论和并列分布加工模型（Rumelhart & McClelland，1986；Elman et al.，1996；Herschensohn，2007）正是在这些基础上发展起来，并在心理语言学、神经语言学、神经心理语言学、计算机语言学等新兴交叉领域应用广泛。

遗憾的是，这些理论和现有研究发现还较少触及对词汇联想反应模式的解释，也很少关注不同词类在联想反应过程中的影响。与上述理论不同的是，对一语习得过程的研究可以很好地解释一语词汇联想反应模式的结果。当儿童开始踏上语言学习的行程时，首先必须获取对语音的理解，进行对语音 - 意义匹配的模仿和产出活动，这是构成儿童词汇联想早期最显著的语音反应的基础。随着年龄和语言输入的增加，儿童开始创造性地对语言进行合成，以实现言语交际的需要。这个阶段的语言发展显示出儿童对句法知识的强烈依赖（Herschensohn，2007），搭配性知识大幅度增加，表现在词汇联想中就是：对所给刺激词联想的组合反应占绝对多数（Ervin，1961；Woodrow & Lowell，1916）。到了入学时，儿童的搭配语义层级关系知识开始扩展，对同义关系、反义关系、上下义关系等有了更深刻的了解，这个阶段的词汇联想明显表现出聚合反应的大规模出现（Entwisle，1966；Schmitt，2000）。

2.4.2　一语词汇联想研究发现

研究者对正常儿童和成人进行的一语词汇联想实验得出以下结论：第一，一语者的反应类型主要是聚合反应和组合反应，语音反应很少；第二，和成人相比，儿童产出更多语音反应，随着语音反应的减少，组合反应逐渐增多；第三，低频刺激词多引发语音及一些无法归类的反应；第四，伴随语言水平的提高，儿童在 5 ~ 9 岁时反应模式逐渐和成人趋于一致，即发生所谓的"组合→聚合转变"① （syntagmatic-paradigmatic shift）（Entwisle，1966；Entwisle et al.，1964；Entwisle & Muuss，1968；Ervin-Tripp，1961；Ruke-Dravina，1971）。学者们试图运用各种不同的语言学和心理语言学理论来解释这一现象，他们相信，这种反应类型的转变与词汇发展或认知发展有关（Wolter，2001：43）。第五，对语音和无法归类反应进行的分析发现，二者的数量随着年龄的增加而减少。Entwisle 指出：组合→聚合转变是语言接触和单个词汇知识发展的结果，因为心理词汇中的单词在不断被习得并得以巩固。语言接触带来的单个词汇知识的发展是基于下列联系行为的变化：语音联系 → 组合联系 → 聚合联系 → 晚期组合联系（见图 2.6）。句法（组合）联系晚期不同于早期的地方在于他们是意义的扩展，表明学习者对概念有了更完整、准确的理解。Entwisle 还认为，只

---

① 年龄小的儿童产出的反应词可以和刺激词组合在一句话中，即组合反应，而年龄大的儿童和成年人常给出刺激词的替代词，即聚合反应（Entwisle et al.，1964：19；Ruke-Dravina，1971：77）。

有高频词才经历所有的发展阶段，而低频词的发展则是不完全的（Post-man，1970：245）。

语言接触增加

不规则联系　　　　早期句法联系　　　　聚合联系　　　　晚期句法联系

图 2.6　词汇联想的发展阶段（Entwisle, 1966：74）

对一语词汇联想模式的研究发现，一语词汇习得要经历从语音到语义、从组合到聚合的发展过程。鉴于一语词汇发展的特点，大多数一语词汇联想研究把联想反应类型划分为组合、聚合和语音三大类。正如Entwisle（1966）所说，组合对应了句法顺序的发展，而聚合对应了儿童同一词性的量的扩展。Ervin（1961）和 Entwisle（1966）对幼儿园、小学直至大学的一语者进行了大规模的联想反应测试，结果都发现，儿童更多的依赖语音关系，而成人则以语义反应为主（音→义转变），且随着年龄的增加，聚合反应越来越多，组合反应越来越少（横→纵转变）。这种从语音到语义、从组合到聚合反应的转变因其稳定性和一致性而被看作是表征一语心理词库语义网络构建的发展路径指示器（Nissen & Henriksen，2006；Schmitt，2000）。对二语词汇联想的研究者也以此为参照，试图找到二语心理词库遵循同样路径的构建模式证据。

2.4.3　二语词汇联想理论

以上对一语词汇联想的研究证明：一语心理词库是基于语义联结的音义匹配的词汇网络系统。但此发现并不一定能在二语研究中找到完全的对应，因为其心理词库中无法避免一语系统的介入和影响。为了揭示二语词库的表征和发展特点，语言学家提出若干理论及相应的结构模型，试图回答二语词库到底是混合的还是独立的，词与词之间到底是通过词项连接还是概念相连，二语心理词汇概念特征是共享的还是独立分布的等重要问题。

2.4.3.1　混合与独立存储

早在半个世纪以前，Weinreich 就提出了混合与独立存储的概念

（1953，1968）。通过词汇联想测试，Weinreich 发现二语学习者有着不同于一语者的词汇储存系统和联想模式。他根据自己的研究结果提出了三种模型：并列型（coordinate）、复合型（compound）和从属型（subordinate）。并列型指两种语言具有各自的概念表征系统，即二语词汇与一语系统"各自为政"；复合型指两种语言共享一个概念系统，即已有一语与新学二语词项共享同一存储系统；从属型指二语词汇的意义是通过其在一语中的翻译对等词（translation equivalents）来建立的，即二语词汇借助一语系统通达语义。Weinreich 认为，这三个不同的组织结构可以在不同的学习者个体中同时存在，从属型尤其适用于初级阶段的学习者。他认为，在二语习得的初级阶段，二语词汇只能通过其在一语中的翻译对等词来提取。他还进一步指出，随着学习者语言能力的提高，从属型会逐渐发展成为并列型结构。继 Weinreich 之后，人们进行了持续半个世纪的研究，归纳起来有三种观点：1）两种语言的词汇知识是独立储存的；2）两种语言翻译对等词所对应的概念储存在一起，即享有共同的概念；3）具体词和同源词在两种语言中共享概念表征，而抽象词和非同源词在两种语言中概念表征独立。属于第二类观点的模型最多，包括概念调节型（concept mediation）、词汇连接型（word association）、非对称型（asymmetrical model）以及分布型（distributed model）等。二语词汇到底以何种方式存储可能会与词的具体性差异（de Groot et al.，1994）、词性（de Groot，1992；Lotto & de Groot，1998）以及学习者的语言发展水平（de Groot & Poot，1997；Kroll & Stewart，1994；Potter et al.，1984）有关。例如在语言学习初期，所学二语词汇通常必须借助学习者已知的一语知识直接翻译成对应的词项；而随着二语语言水平的提高和词汇习得程度的不同，二语词汇可能会有三种不同的表征同时存在，词汇的联结方式也会各有不同。因此，对二语词汇的认识可能不能简单地归类为某一种模式。

2.4.3.2　词项与概念联结

虽然 Weinreich 对二语词库的表征模式进行了较为清楚的预测分析，但后来的研究者认为他的分类仍显模糊，不能回答二语心理词库的本质问题（Bialystok，2001）。因此后续的研究转而关注二语心理词库理论的另一重要问题：词形和词义的匹配。以往相关的研究侧重在回答词形和意义（概念）在各个语言系统中到底是分别表征的还是共享一个词库（Potter et al., 1984；Kroll & Sholl, 1992；Altarriba & Mathis, 1997；Kroll & de Groot, 1997；Paradis, 1997）。为此而提出的第一个解释模型是 Potter 等（1884）的并列表征模型（见图2.7）：在词形层面，二语词汇通过一语媒介通达语义；而在词义层面，一语和二语词汇均可直接通达概念或意义。也就是说，在词形层面，各语言词汇分别存储和表征；而在意义层面，两种语言共享一个概念系统。Potter 等的模型得到不少实证研究的关注（de Groot & Nas, 1991；Chen & Leung, 1989；de Groot, 1992；Kroll, 1993；Kroll & de Groot, 1997；Kroll & Tokowicz, 2001；Kroll & Sunderman, 2003）。这两个模型其实代表了不同二语水平学习者的词汇表征特点：借助一语的词汇中介模式主要表现在较低水平二语者的实验结果上，而概念通达模式则能解释较高语言水平学习者的发现。因此，这两个模型表明，随着语言水平的提高，二语词汇表现出从词汇中介到概念通达的发展过程，即二语词汇的发展是一个从依赖母语中介转向依赖概念通达的过程。

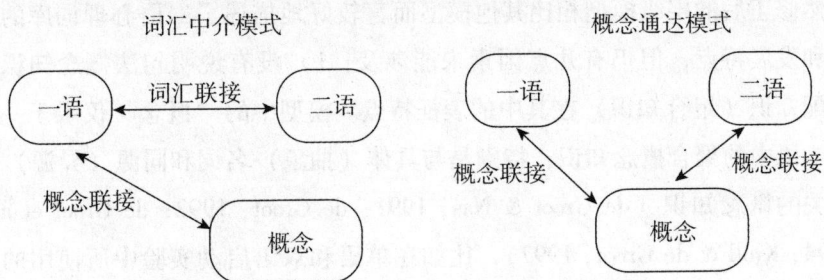

图2.7　并列表征模型（Potter et al., 1984）

为了更好地解释这一变化，Kroll 和 Stewart（1994）在原来的层级模型基础上提出修正层级模型（the Revised Hierarchical Model，RHM 见图2.8），明确了由于母语系统的存在而导致的二语与一语心理词库中词汇与概念联结强度的不对等关系：二语和一语间的词汇联结强于一语与二语的词汇联结（表中实线表示较强联结关系，虚线则表示较弱联结关系）；一语和概念间的联结强于二语和概念的联结；一语词库的语义网络大于二语词库；由于二语不同概念的加入导致概念系统的扩大（以不同大小的框形表示）。

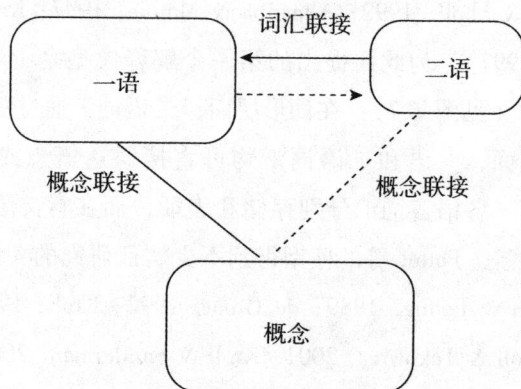

图 2.8　修正过的层级模型（Kroll & Stewart, 1994）

　　修正过的层级模型不仅可以解释词项翻译实验、图片命名实验和 Stroop 结果，同时也可以用来解释和预测二语学习者词汇联想可能出现的反应，特别是由于母语的参与和语言水平的不同所导致的非母语化反应。虽然修正后的层级模型相比其他模型而言较好地描述了二语心理词库的表征和发展特点，但仍有几点因素未能涉及：1）没有说明句法概念知识或搭配知识（组合知识）在其中的表征特点。模型中的"概念"仅限于一语和二语中的聚合概念知识，特别是与具体（抽象）名词和同源（异源）词相关的概念知识（de Groot & Nas, 1991；de Groot, 1992；de Groot et al., 1994；Kroll & de Groot, 1997），比如在单语和双语启动实验中所使用的启动词总是和被启动词有语义上的相关（*DOCTOR → nurse*；*BODY → finger*）（Chen & Leung, 1989；Kroll & Sholl, 1992；Dong et al., 2005），很少有研究关注二语词汇中具有搭配关系的概念知识是如何存储并以何种形式产生联想反应的。2）此修正模型主要关注的是相近语言系统的二语学习。由于语言相近可共享的概念知识也会更多，而汉语和英语分属不同语言系统，其产生的类型距离所导致的各自特有的概念知识会在二语心理词库中占有相对较大的比例，这些特有概念知识对二语词库的构建和词汇联想的影响在修正模型中还很难找到解释。

2.4.3.3 共享与分布特征

为了更好地解释概念特征在二语词汇习得中的作用，de Groot 等（de Groot, 1992; de Groot et al., 1994; van Hell & de Groot, 1998a, 1998b）分析了一系列具体/抽象词翻译识别任务的实验结果，提出了分布特征模型（the Distributed Feature Model, DFM 见图 2.9），把概念分解成节点，认为在一语和二语中具体词要比抽象词共享更多的概念节点，因为具体词指称的实际对象在语言间是相似的，而抽象词因为语言文化等因素可能只有部分的概念节点重叠。这一点也从 Schonpflug（1997）关于德-英双语者的研究报告得到证实。在他的分析中，抽象词的单个翻译对应词的比例要比具体词高，这意味着具体词的共享概念节点更多，二语学习者会对具体词联想出更多更丰富的语义反应，而抽象词相比之下更具有语言特有的非共享概念节点（Jin, 1990; de Groot & Nas, 1991）。

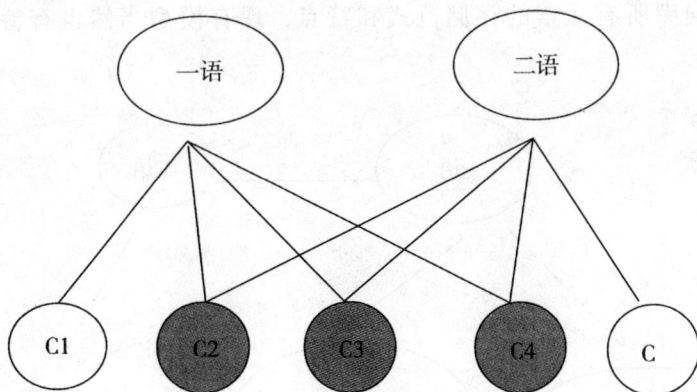

(注:一语和二语指代其词汇;C代表概念,数字对应不同的概念节点;实心圆表示共享的概念元素;空心圆表示独特的概念元素。

图 2.9 概念特征分布模型（de Groot et al., 1994）

de Groot 等的分布模型主要是基于对具体词和抽象词的翻译任务研究结果而提出的。为了使模型更具有解释性和普遍性，董燕萍等（2005）在此基础上提出了共享分布式的非对称模型：一语和二语翻译等值词共有的概念元素享有相同的概念表征；一语和二语翻译等值词的概念表征由一系列共享和独有概念元素的节点组成，呈分布状态；一语词和共有概念元素的连接强于二语词和它的连接，一语和一语概念元素的连接、二语和二语概念元素的连接强于一语和二语概念元素、二语和一语概念元素的连接，形成不对称联系强度。该模型较之以往模型更为完善的一点主要在于，它把二语心理词汇中两语独有的概念意义元素分离出来，强调了两语间概念（意义）重叠的不对称性，以及语言间可以共有的概念元素和不能共享的语言特有的意义元素（见图2.10）。

虽然董燕萍等的模型勾勒了双语心理词库的共享和独有概念表征结构，且对双语者脑成像研究的结果证实了两语共有概念元素几乎都储存在同一区域即颞叶语言区（Wernicke's area），但该模型仍未涉及句法搭配知识的表征和发展特点，其概念元素主要指语义相关的不同节点，与句法搭配知识无关。董燕萍等对此不足的解释为，句法搭配知识可能储存在不同的区域，如前额叶区（Broca's area），目前的研究由于各种原因还不能提供心理词库所有元素的存储范式和特点，现有模型当然也有待修正和完善。

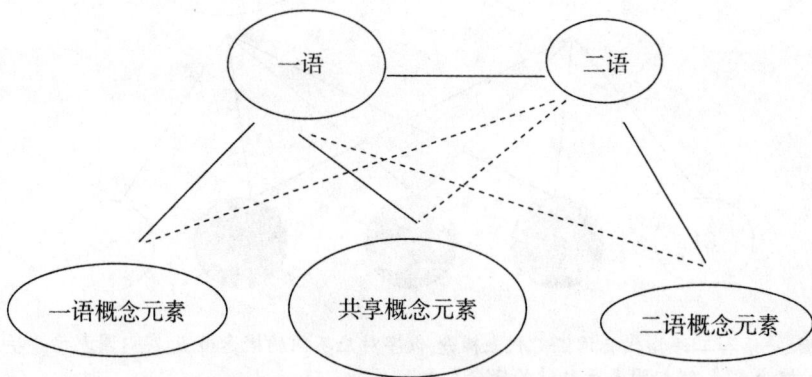

图2.10　共享分布模型（董燕萍等，2005）

Jiang（2000）的三阶段模型（Three-Stage Model）是目前为止较为全面的描述课堂教学环境下二语词汇发展过程的解释理论模型，在2.3.1已经介绍，这里不再重复。

Jiang的模型不仅描绘了二语词汇的构成元素和发展过程，更重要的是它细致地解释了母语在二语词汇习得中无法逃避的参与作用，预测了二语词汇很难避开的石化阶段。遗憾的是，Jiang 的模型仍然没能回答构成二语词汇的一个重要元素——句法搭配知识到底在二语词汇中如何表征，不同类型的词是否有不同的发展特征，语言独有的概念知识如何与二语词汇联结等等。

2.4.4　二语词汇联想的实证研究

早在二十世纪七八十年代，一语词汇联想研究结果证实了心理词库的联想模式有一定的发展规律之后，二语研究者开始探索二语词库的构建形式，试图了解其是否和一语一样，有相同的表征特点。从 1978 年开始，Paul Meara 进行了大规模的词汇研究调查，率先把词汇联想实验拓展到第二语言研究领域，但没有引起太多的关注，直到几乎本世纪初，二语词汇的联想研究才开始丰富起来（Meara，1978，1982，1983，1984；Söderman，1989，1993；Singleton，1990，1999；Wolter，2001，2002，2006；Namei，2002，2004；Wilks et al.，2005；Fitzpatrick，2006，2007；Zareva，2007）。

对二语词库和一语词库的比较结果形成了两种不同的观点。一种认为二语词库从根本上不同于一语词库，主要是基于语音的联结网络（Meara，1978，1984；Laufer，1989；Channel，1990；Read，1993；Meara & Wolter，2004）。早在 1978 年，Meara 就提出，二语词库本质上是语音的，而一语词库是基于语义的。Meara 对他所负责的一系列 Birkbeck 自由词汇联想测试结果进行了分析，总结了二语词汇联想的四个特征，认为"有充分的理由相信二语学习者的心理词库与母语者的有显著区别"（1984：231）：第一，二语联想反应结果很不理想，不同于母语者的反应结果。第二，二语学习者心理词库的联结程度远比不上本族语者的稳定。第三，语音在二语词库中起非常重要的作用。二语者经常误解刺激词，给出毫无关联的联想结果。第四，二语词库中的语义联结和本族语者的有本质区别。

Meara 的观点陆续得到其他研究者的认同，他们采用不同的联想任务得出了相似的结论（Channell，1988，1990；Laufer，1989；Read，1993，1997；Gass & Selinker，1994；Schmitt & Meara，1997；Carter，1998；Verhallen & Schoonen, 1993, 1998）。Piper & Leicester（1980）运用连续联想测试对两组不同水平的日本英语学习者和一组英语母语者进行了对比，结果发现：母语者对动词和形容词的聚合反应最多，其次是高级学习者，而初级学习者给出的聚合反应最少；三组被试对名词的反应几乎没有差别，表明二语学习者和母语者一样，对于名词反应的"组合→聚合转变"要早于动词和形容词反应的转变。Schmitt 和 Meara（1997）对 95 名日本二语学习者进行的 20 个常用动词的联想测试结果提供了进一步的证据，学习者母语化联想反应只有本族语者的一半，而且发现即便是对非常熟悉的常用词也缺乏足够的联想知识。Verhallen 和 Schoonen（1993, 1998）研究中的荷兰二语学习者的联想反应同样如此。他们用六个高频熟词对学习者跟踪研究，发现即使在语言浸入项目中学习的二语儿童，其词汇联想的数量和种类都远远落后于同龄的一语者。Meara 和 Wolter（2004）还设计了一种词汇联想的测试工具 V-Link（Vocabulary Link），该工具主要由 20 组词汇练习构成，每组词汇包含 10 个与受测词语义相关和无关的词对，受试只需在电脑屏幕上点击有语义相关的词项，正确与否可以通过点击底端的四级关联强度量表来验证。Meara 和 Wolter 用它收集了不同二语学习者的联想数据，发现二语词库不仅要比一语的小很多，其词汇间的联结方式也远比一语的简单很多。

虽然若干研究证实了二语词库不同于一语词库的联想结构，但这种以 Meara 为代表的语音观后来还是受到了以 Singleton（1999）为代表的学者的挑战。后者通过对都柏林三一学院的现代语言研究项目（Modern Languages Research Project, MLRP）中的完形填空、词汇联想、故事讲述以及翻译练习任务结果进行分析，认为二语词库的表征和一语一样，都是遵循语义联结的方式构建的。Singleton 和同事选取了 Kent-Rosanoff（1910）词表中的 50 个词，对母语为法语的高水平英语学习者进行了词汇联想测试。要求受试在 30 秒内对显示在投影仪上的每个刺激词写出尽可能多的反应词。结果分析表明，仅有极小部分的反应是通过语音联结（A 组 3.6 %；B 组 0.4 %）。Singleton 据此认为，二语词汇联想的模式和一语一样，都是基于语义的联结。问题在于，Singleton 所采用的词正如 Meara（1982, 1983）

对 Kent-Rosanoff 词条所批评的那样，都是被试很熟悉的高频词，且实验中的受试都是高水平的二语者，给出较多的语义反应也在预料之中，但其极低的语音反应比例引起了人们对其反应类型分类方法的质疑。词汇联想研究最容易引发不同结果的重要因素有两个：一是所选的刺激词，二是对联想反应类型的分类方法。我们已经发现 Singleton 所用的刺激词存在问题，即均为高频熟词；他所采用的对语音反应的分类又仅限于语音相关的反应词，把那些语音不相关的反应词、生造词等排除在外，这使得他的语音反应比例变得很低。由此发现其结论的根基并不稳固，当然得出的结论也难以令人信服。事实上，Singleton 自己也承认，即便是采用了高频熟词，只分析纯语音关联的反应，在他的数据中至少有四名受试仍然联想出了很高比例的纯语音反应词，最高达 16.2 %（1999），如果加上其它反应，二语者的非语义反应比例会更高。

Singleton 的同一观同样得到一些研究的支持。O'Gorman（1996）收集了 22 个说广东话的中级英语学习者的联想反应数据，她本意是想证实 Meara 的观点，结果却正相反，大多数反应词与刺激词有明显的语义联系。Zerava（2007）的研究就是一个比较极端的例子。她严格遵循词汇联想研究初期对组合和聚合的定义，即构成组合关系的词必须词性不同，而构成聚合关系的词必须为同一词性。问题在于实际分类时会碰到很多难以归类的反应。Zerava 的做法是，把这些反应统统归为聚合关系；而且把所有屈折和词缀反应词也都归为聚合关系，这就使得实验结果中的聚合反应大大高于其他反应，语音反应的结果为 0%。她的结论是，二语词库和一语词库的不同只在于数量上的差异，并不是质的区别。

也有研究对二语与一语词库的同一观采取了相对温和的态度（Ard & Gass, 1987；Söderman, 1989, 1993；Cunningham, 1990；Namei, 2004）。Söderman（1993）在一语为芬兰和瑞典语的英语学习者中实施了词汇联想实验，得出如下结论：每个单词都有自己的发展历史；"组合→聚合"反应的转变不一定就是学习者的语言水平使然，因为实验发现，高级学习者的反应，特别是对低频词的反应中也存在许多语音反应，而初级学习者的反应中也有相当数量的聚合反应。另外，两组被试对高频词产出的异常反应（包括语音反应和既不能划分为聚合型也不能划分为组合型的反应词）数量相差无几，这在一语者的结果中是没有发现的。基于 Söderman 的发现，Wolter（2001）在测试中考虑了词汇熟悉度，结果发现，所谓的"组合→聚合"反应转变实际上是一个错误的命名，研究者发现的不过是语音反应到语义反应的转变。Namei（2004）比较 100 名波斯 - 瑞典双语者和 100 名母语分别为波斯语和瑞典语的单语者的联想反应，证实一语和二语中都出现了语音反应，这不是语言水平的表现，而是每个单词习得必经的基本阶段；同样，"组合→聚合"反应的转变不是心理词汇组织的特点，而是每个单词的发展特征。Nissen & Henriksen（2006）的实验结果也对"组合→聚合"反应的转变提出了挑战，因为被试反应中存在大量的组合反应。Namei 还依据受试对词的不同熟悉度做出的不同反应结果提出了二语词库的构建特征模型（图 2.11）：

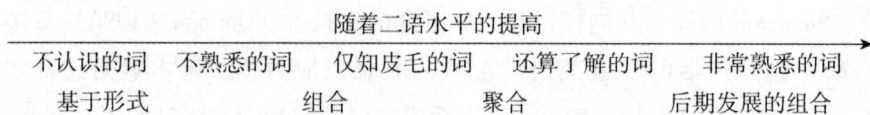

随着二语水平的提高

不认识的词	不熟悉的词	仅知皮毛的词	还算了解的词	非常熟悉的词
基于形式		组合	聚合	后期发展的组合

图 2.11　二语词库的构建特征（Namei，2004）

2.4.5　一语和二语者对低频词的反应

传统的词汇联想研究大多选用被试非常熟悉的高频常用词（如 Kent-Rosanoff 词表）作为刺激词，尽管使用这些词有许多优势，如可以把被试的反应与母语词汇联想常模进行对比分析，但用这些高频常用词诱发的反应来描述心理词汇模式毕竟是有限的，不能全面描述心理词汇的真实特征和发展路径。

为对心理词汇有更详实、全面的了解，作者仔细研究分析了 Postman（1970）收集的 1,000 名母语者对 4 组不同词频的名词作出的反应材料，发现被试对低频刺激词的反应中存在大量语音和无法归类的反应；随着词频的降低，形次比（type-token ratio）逐渐上升，即不同反应词的数量不断增加。Stolz & Tiffany（1972）的研究发现了类似的结果，母语被试对低频

形容词的反应中包括许多稚气的非母语反应、与刺激词好像完全不相关的
反应和大量各种各样的反应词（a large diversity of responses）。

　　为研究二语学习者习得生词及生词融入心理词汇的方式，Beck
（1981）以一群母语为英语的法语学习者为被试，分三次跟踪调查了 40 个
生词的联想反应变化。结果表明，被试产出大量语音反应或根本没给出任
何反应，而课堂上用到的词汇语义反应虽少但有逐渐增多的趋势。
Söderman（1993）比较了高级学习者和母语者对一组高频形容词和一组低
频形容词的反应，发现高级学习者的反应，特别是对低频词的反应中存在
许多语音和无法归类的反应。

　　综上所述，关于心理词汇发展模式的研究结论可概括为以下几点：第
一，一语和二语心理词汇都会经历"组合→聚合"反应的转变，高频刺激
词和熟悉的刺激词多引发语义反应，即组合、聚合反应，而低频刺激词和
不熟悉的刺激词多引发语音及一些无法归类的反应；第二，每个单词都有
自己的发展历史，都会经历由非语义到语义的发展过程；第三，心理词汇
处于不断发展变化中。

2.5　国内的二语心理词汇研究

　　与国外的心理词汇研究相比，国内的相关研究刚刚起步。二十世纪九
十年代初期，桂诗春和其他研究者开始了心理词汇调查，起始阶段只是对
国外心理词汇理论与研究的介绍，很少有数据支持（杨亦明等，2001）。
桂诗春（1992）经过几项启动实验发现，中国的英语学习者心理词汇是围
绕语义网络组织的，能够用这个语义网络激活扩散，这反过来也能帮助提
取单词。董燕萍（1998，2002 和 2005）基于她的博士论文成果，提出了
一个双语心理词汇的共享非对称模型。

　　尽管词汇联想研究在国外是一种很普遍的探索心理词汇组织结构的研
究方法，但在国内却一直未引起学者们的足够关注，只是最近几年才有少

数几位学者采用这种方法进行了词汇研究。李红（2004）的词汇联想实验结果显示，二语词汇知识对高效的学习者加工语义信息有明显影响。以Wolter 的词表为刺激词，张淑静（2004）调查了部分中国高水平英语学生对高频词的联想反应，结果表明，受试的反应中存在着大量的语音反应，部分证实了 Meara 的二语心理词汇语音说；她对部分低频词的跟踪调查结果显示，随着词汇知识的增加，二语心理词汇中的联系逐步由语音向语义发展。白人立（2005）探讨了中国部分非英语专业研究生的联想反应，结果显示：被试的二语心理词汇语义联系要比母语脆弱得多；被试对不熟悉词的联想多是语音反应或无反应；被试的词汇联想受到语言、认知固化和母语文化的影响。

2.6　结论和未解决的问题

经历了长期的冷落之后，二语词汇教学研究近来在第二语言习得领域吸引了越来越多的关注，心理语言学领域的研究包括很多词汇组织结构的调查，认为一语心理词汇以语义网络或语音网络的形式储存。在心理词汇的研究模型中，扩散激活模型在描述词汇组织模式方面更有前景。

Jiang 的词汇发展三阶段理论揭示了二语词汇习得的全过程，就一语和二语心理词汇的组织而言，形式和语义在不同的学习阶段起着不同作用。一语和二语词汇联想研究表明：第一，一语和二语心理词汇都会经历"组合→聚合"反应的转变，高频刺激词和熟悉的刺激词多引发语义反应，即组合、聚合反应，而低频刺激词和不熟悉的刺激词多引发语音及一些无法归类的反应；第二，每个单词都有自己的发展历史，都会经历由非语义到语义的发展过程；第三，心理词汇处于不断发展变化中。

未解决的问题是：仍然存在相互矛盾的实验结果，这一点还难以解释；已有的研究中大多采用被试较为熟悉的高频常用词（如 Kent-Rosanoff 词表）作为刺激词，这些词诱发的反应不能全面描述心理词汇的真实特征和发展路径。不幸的是，极少有研究试图调查母语者对低频刺激词的反应特征（如：Stolz & Tiffany，1972；Beck，1981），更不用说二语学习者了（Meara，1983：30）。另外，多数研究采用共时的横向对比研究，很少进行历时的纵向跟踪调查，而后者有益于详细描述新学生词融入心理词汇的发展模式和路径。为了全面而详细地描述心理词汇的真实特征和发展路径，作者经过精心挑选，从被试将要学习的精读课本两个单元中选出 40 个生词作为新学低频词，从 Kent-Rosanoff 词表选出 45 个常用高频词，运用两个词汇联想实验，从历时和共时的角度在山东、海南两地大学和中学进行了调查。

第三章

研究设计

第二章全面回顾了一语和二语心理词汇理论研究，这一章旨在进行研究设计，主要包括以下部分：研究问题、研究对象、测试方法和数据收集过程。

3.1 研究问题

为了全面而详细准确地描述心理词汇的真实特征和发展路径，本研究运用历时和共时两种方法，通过两个实验，运用自由词汇联想测试考察我国部分英语学习者心理词汇的发展模式。如图 3.1 所示，本研究中的词汇联想反应有语义和非语义两种；语义联想反应包括聚合反应、组合反应和百科知识反应，非语义联想反应是指语音及其他反应。其中实验 1 运用纵向的历时跟踪的研究方法进行调查，要回答以下三个问题：

第一，经过三次联想测试，被试四种不同的反应类型有何共同的发展趋势？语义和非语义联想反应有何共同的发展趋势？

第二，新学低频词是怎样融入到第二语言心理词汇中的？

第三，是否真的存在从组合反应到聚合反应的转变？

实验 2 运用横向的共时研究方法进行调查，要回答以下三个问题：

第四，四组不同英语水平被试的反应类型有何共同趋势？语义和非语义联想反应有何共同的发展趋势？

第五，常用高频词是怎样融入到第二语言心理词汇中的？四组被试给出的联想反应与母语者的是否有相似的地方？

第六，是否存在从组合反应到聚合反应的转变？

最后通过对比实验 1 和实验 2 的结果，回答最后一个研究问题：

第七，是否常用高频刺激词产出更多语义反应，新学低频词产出更多非语义反应？

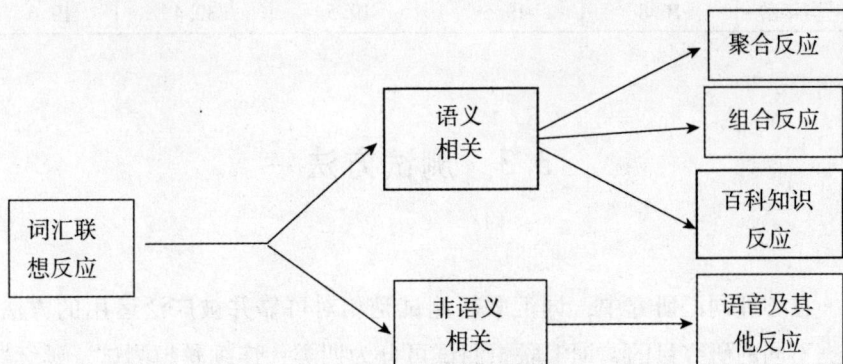

图 3.1　心理词汇的联想模式

3.2　研究对象

实验 1 于 2006 年下学期在山东某职业学院英语专业二年级两个自然班的 50 名学生中进行。他们来自山东，学习英语的平均时间为 7 到 8 年，都通过了高考入学考试，同在英语系使用一样的教材，学习一样的课程，因此可以假设他们的英语在同一水平上。实验 2 于 2008 年上学期在海南进行，包括四组不同英语水平的被试，他们来自三个不同的自然班，第一组被试有 52 人，来自某重点高中二年级，第二、三组被试分别有 57 人和 60 人，来自某大学英语专业一年级和三年级，另外该大学外国语学院的 30 名英语教师也参与了实验。最后进入统计的被试详细信息见表 3.1。

表 3.1　被试详细信息

年级	共时研究				历时研究
	高中二年级	英语专业 一年级	英语专业 三年级	英语教师	英语专业 二年级
人数	50	50	50	30	41
女生	21	30	39	20	35
男生	29	20	11	10	6
平均年龄	16.8	19.5	19.5	32.4	19.6

3.3　测试方法

在心理词汇研究中，词汇联想测试是相对可靠并被广泛运用的方法。根据不同的研究目的，词汇联想测试可分为四类：连续联想测试，延续联想测试，限制联想测试和自由联想测试。自由联想测试被认为是人类理解语言形式或语义最直接、最直观的反映，因此本实验采用自由联想测试（Kruse et al., 1987）。在测试中，要求被试就每个刺激词随意给出一个反应词。

3.4　数据收集过程

3.4.1　刺激词

3.4.1.1　实验 1 中的刺激词

为确保刺激词是生词，正式测试前，作者从被试精读课本（李观仪，1999）的两个单元中选出 78 个词，在该校英语系二年级另一个平行班的 27 名学生中进行了前测，要求被试写下他们认识单词的汉语意思。从被试不认识的 45 个词中选出 40 个作为刺激词，其中名词 16 个，动词 5 个，形容词 3 个，既可作名词又可作动词的 13 个，既可作形容词又可作名词的 2 个，还有 1 个可作名词、动词和形容词（见附录 2）。这些词都可以在英语专业教学大纲词汇表中找到，根据吴自选和李欣（2002）按英语专业八级词汇使用频率的划分标准，这些词的词频最高的在 2,000 词表中，最低的在 10,000 词表中。

3.4.1.2 实验 2 中的刺激词

实验 2 中的 45 个刺激词选自 Kent-Rosanoff 词表，这一词表具有以下优点：首先，许多研究者运用该词表在不同语言水平、年龄水平和社会经济水平的母语和非母语学习者中进行了广泛的调查，并根据该词表建立起了反应词常模表，如《爱丁堡大学联想词典》（*Edinburgh Associative Thesaurus*，简称 EAT）（Postman & Keppel, 1970; Kiss et al., 1973），这样就能把二语学习者的反应词与英语本族语者进行比较；其次，该词表是由常见的高频词组成，可以用来测试各种语言水平的学习者。本研究选出的 45 个刺激词中有 6 个形容词、32 个名词、5 个词既可作名词又可作动词（如 dream 和 trouble），还有 2 个词既可作形容词又可作名词（red 和 yellow）。在选词过程中尽量不选易引起常规反应的单词（白人立 2005）。这些词在高中英语新课程标准词汇表（2002）中都可以找到，是英语学习最常用的基础词汇。

3.4.2 数据收集

3.4.2.1 实验 1

Wolter（2001）区分了四种不同的数据收集方法：听说法（aural-oral method），听写法（aural-written method），看说法（written-oral method）和看写法（written-written method）。由于缺乏自然的语言学习环境，中国学生的听说能力差而读写能力强，另外，在以前众多的研究中看写法硕果累累（Schmitt, 1998a; Schmitt & Meara, 1997; Singleton, 1999）而且省时、易操作，所以本实验采用看写法收集数据。本词汇联想实验分三次进行，三次测试之间大约间隔一个半月，共历时三个月（见图3.2）。

| 测试1 | 一个半月后 → | 测试2 | 一个半月后 → | 测试3 |

图3.2 词汇联想测试过程

测试前，被试在多媒体教室做好。确保每人都拿到词汇联想测试卷后，作者首先向学生解释本词汇联想实验与其考试和学习成绩无关，答案也没有对错之分，他们只需随意写出看到刺激词后进入脑海的第一个反应词即可；接着作者以四个常用刺激词为例子（见附录2）用英语和汉语解释测试要求，保证被试明白具体做法后测试正式开始。刺激词以幻灯片的形式呈现，每次呈现一个词，每个词停留5秒钟后幻灯片关闭，20秒后呈现下一个词，被试在25秒钟内写出头脑中出现的第一个词。测试期间，被试既不许查阅辞典或参考书，也不能互相讨论。第二、三次测试程序一样，唯一的区别是每次测试刺激词的顺序有所不同。当然，被试毫不了解他们还会有第二、第三次测试，目的是确保测试词是在正常课堂上习得。

3.4.2.2 实验2

实验2的数据收集方法和过程与实验1相同，只是每个词的呈现时间为15秒，即要求被试在15秒钟内写出头脑中出现的第一个词。当然，实验2的四组被试分别在不同时间和地点接受了测试，并且每组只有一次测试。

3.4.3 数据编码过程

数据编码分为两个阶段：反应词词目化和反应词分类。

3.4.3.1 反应词词目化

所有的数据都收集完毕后，两组教师（每组两人）一起把所有原始数据输入EXCEL文档，对反应词只有下列小小的改动：

第一，反应词的屈折变化形式按其基本词形式对待。例如，babies是反应词 baby 的简单重复，算是 baby 出现一次。

第二，拼写错误的反应词如果发音与某英语单词大体相当，就按该英语单词对待。例如，反应词 scenry 当作英语单词 scenery，反应词 afrad 当作英语单词 afraid。

3.4.3.2 反应词分类

丰富多彩的反应词能展示词汇的句法关系、语义关系、象征意义、隐喻意义、个人观点以及情景意义（Fitzpatrick，2007）。根据不同的研究目的，词汇联想反应有不同的分类。Meara（1983）主要区分三类反应词：聚合反应、组合反应和语音反应；Aitchison（1987）认为反应词与刺激词有四种主要的语义关系：并列关系、搭配关系、上义关系和同义关系；Wolter（2001）的研究区分了聚合、组合、语音及其他和无反应等四类反应类型；崔艳嫣（2006）把收集到的反应词分成了聚合、组合、百科知识、语音及其他和无反应等五类。

本研究要调查二语心理词汇的组织发展模式，基于前人的分类方法和相关的语义学理论（Cruse，2000；Miller，1998），本实验收集到的反应词分成四类：聚合反应，组合反应，百科知识反应和语音及其他反应。其中聚合反应、组合反应与百科知识反应都与刺激词有一定的语义联系，它们构成语义反应，语音及其他反应为非语义反应。与测试的易于操作恰好相反，反应词的分类要复杂得多，这一方面是因为缺乏统一的分类标准，另一方面被试常常产出难以分类的反应词，特别是聚合、组合反应很难区别开（Meara，1983：30）。早在几乎一个世纪前，Jung 就提醒说：为保证分类的一致性，每种反应类型都提前给出明确的定义并以实验中出现的反应词为例加以说明。此外，为使分类更客观可信，作者和两个有应用语言学背景的评判老师共同参与进来，参考《朗文当代英语词典》、《牛津高阶英语学习者词典》和《牛津英语搭配词典》独自分类，标准不一致时再请求英语词汇习得专家帮助。

3.4.3.2.1 聚合反应

如图 3.3 所示，聚合反应词与刺激词是一种纵向关系，二者属于同一词性并且具有明显的语义联系，在句子中可以被另一相同词类的词代替。

但也有例外，比如，在某些被试头脑中，对刺激词 *CHIC*，*GRACE* 和 *CON-FIRM* 的反应分别是 *fashion*，*beautiful* 和 *sure*①，这些反应词虽然与刺激词没有明显的序列、搭配或修饰关系，但是语义联系非常明确，故此这些不同词类的词也被归为聚合反应。

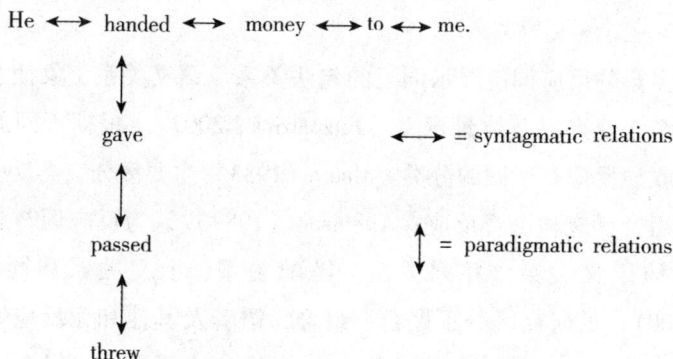

He ⟷ handed ⟷ money ⟷ to ⟷ me.

gave　　　　　　　⟷ = syntagmatic relations

passed　　　　　　↕ = paradigmatic relations

threw

图 3.3　组合聚合关系（Richards, et al., 2000: 463）

聚合反应词与刺激词的关系可以再细分为以下四类：并列词，上义词，下义词和同义词（Aichison, 1987: 74 ~ 75），其中并列词是母语成年人词汇联想反应中最多的（Aitchison, 1987: 83）。当反应词与刺激词处在同一意义等级水平上时，二者便是并列关系，如：*JUMPSUIT* 和 *sweater* 都是 clothes 这一大类的成员，*BEET* 和 *carrot* 同处在 vegetable 这一意义等级下，所以这两组词是并列关系。这一类反应中也包括意义相反的反义词对，如：*INSPIRE→discourage*。当被试产出的某个反应词意义更普遍，包含其相应刺激词的意义时，该反应词即为上义词，刺激词为下义词，如刺激词 *BEET* 和 *SWAN* 的意义分别比反应词 *vegetable* 和 *bird* 的意义相对狭小，处于下位，这时刺激词 *BEET* 和 *SWAN* 即为下义词，而反应词 *vegetable* 和 *bird* 的意义更为普遍，处于上位，则为上义词。因此，我们可以说上义词和下义词是层次网络结构的不同节点（参见图 2.1）。当反应词与刺激词意义相同或几乎相同时，我们就可以说被试给出了同义词，如 *THRIVE→pros-perous*；*BAGGY→Loose*。事实上，意义百分之百重合的同义词是否真的存在

---

① 所有刺激词都是斜体、大写，反应词都是斜体、小写。

还是让人怀疑，但无论如何，相对意义上的同义词确实存在，否则这类反应就不会出现在词汇联想数据中了（McCarthy，1990：17）。

3.4.3.2.2 组合反应

组合反应描述刺激词和反应词间从左至右的一种横向或序列关系，即有意义的搭配关系，反应词来自不同的词类（Aitchison，1987）。比如，图3.3 例句中所有词之间都有组合关系。一个组合反应词与其刺激词共同组成一个组合体（syntagm）（Richards et al.，2000：463），如 *SCRAMBLE →egg*，*PREDICT →earthquake*，*SHREW →rude*。与刺激词属于同一词性但能组成明显序列关系的反应词也被归为组合反应（张淑静，2004：75），例如：*STRIPE →cloth*，*SHREW →bad mood* 和 *VERSE →rhyme*。

3.4.3.2.3 百科知识反应

除了语言系统之内的词性和句法结构知识，有些反应词与个人对世界的理解经验相关。McCarthy（1990：40～41）指出，母语者对语言的理解可以超越并列、搭配、上下义和同义关系之外，因为词汇通过一系列复杂的关系与个人在生活中积累的世界百科知识联系在一起。随着时间的推移，学习者会习得单词的起源、历史、背景和文化等，这些都属于学习者的百科知识。Fromkin & Rodman 也提到："单词或短语不仅有语言的外延意义，还有内涵意义，以反映人们对世界的态度、价值和判断等（1988：305，转引自 Coulthard et al.，2000：41）。"很明显，这种单词的内涵联系似乎部分地随着百科知识和单词在世界和语境用法中的作用发展。例如，百科知识允许我们这样来理解 exercise 这一单词，它与体育活动、健康有关，还可能与饮食相关。另外，百科知识还让我们能够基于该词的语法结构之外的信息做出如下判断：这种活动是积极的还是消极的。

被试储存的每个词好像都与百科知识有某种联系，因此如果某个反应词与刺激词既没有聚合关系也没有组合关系，就看看它们是否与被试的百科知识相关。如对刺激词 *CAKE*，被试给出的反应词是 *moon*，在中国英语学习者关于月饼的图式中，这两个词极有可能同现。如果把这一类反应词归入非语义反应类，会掩盖刺激词与反应词之间的语义联系，因此归入百科知识类。再例如：*BAPTIZE → bible*，*STRIPE → flag* 和 *SWAN → ballet*。

3.4.3.2.4 语音及其他反应

有五种反应词归为这一类：

1）反应词有某种明显的刺激词语音或拼写特征但没有任何明显的语义联系（*BEET→beat*，*BLARE→glare*）。

2）反应词与刺激词属于同一词族①，而同一词族的成员被认为是同一个词，如 *PREDICT→prediction*，*THRIVING→thrive*，*SUPPOSITION→suppose* 和 *GRACE→graceful* 等。

3）无法归类和生造的反应词，如 *PARISH→color*，*VERSE→turnover* 和 *PARALLEL→Inparallel*，*GRUNGE→Hudge* 等。

4）被试把刺激词误认为发音或拼写相似的其他词而产出相应的反应词，如把刺激词 *COMPLEXION* 误认为 *COMPLEX* 而产出了 *simple*，*difficult*，*easy*，*problem*，*understand*，*intricate*，*mixed* 等词。

5）被试没给出任何反应词。

3.4.4　数据分析方法

本研究中使用的统计工具是 SPSS（社会科学统计软件包）11.5 和 Excel 2007 软件。两次实验收集到的所有反应词以词形和其反应类型全部输入电脑。实验 1 中的 41 名被试在每次测试中对 40 个刺激词共给出 1640 个反应词，即：41×40，因此三次测试共有 4920 个反应词。实验 2 的三组学生被试对 45 个刺激词共给出 6750 个反应词，即：50×3×45，教师被试对 45 个刺激词共给出 1350 个反应词，即：30×45。所以实验 2 共得到反应词 8100 个。

对这些数据进行的统计分析包括：

1）计算每种反应类型的频数和百分比。

2）以反应类型为因变量，用频数分布（FREQUENCIES）和卡方检验（CHI-SQUARES）的方法比较反应类型三次测试和在四组被试间及内部的

---

① 一个词族包括中心词，其屈折变化形式和与其关系紧密的派生形式（Nation，2001：8）。

差异是否显著。

3）运用柱形图和折线图加工数据，以清楚地显示研究结果。

实验1中的三个问题通过比较分析三次测试中被试给出的所有四种不同反应类型（即聚合反应、组合反应、百科知识反应和语音及其他反应）的组织发展趋势、语义反应和非语义反应的发展趋势、三次测试中反应类型的历时变化、反应词的共同性和多样性等来回答；实验2中的三个问题通过比较分析四组被试给出的所有四种不同反应类型的组织发展趋势、语义反应和非语义反应的发展趋势、反应词的共同性和多样性等来回答，并用卡方分析进行比较。为了回答第七个问题，即：是否常用高频词产出更多语义反应，新学低频词产出更多非语义反应？作者通过对比实验1和实验2的结果，分析了词汇频率对反应类型的影响并运用折线图清楚地展示研究结果。

第四章

实验 1：结果与讨论

在第三章已经提到，实验 1 是一项纵向的跟踪研究，目的是调查新学低频词是怎样融入到心理词汇中的，以及二语心理词汇的联系是怎样从更多语音反应发展到更多语义反应的。本实验于 2006 年下学期在山东某职业学院二年级两个自然班的 50 名英语专业学生中进行。本实验共进行了三次词汇联想测试，每两次测试之间大约间隔一个半月，共历时三个月。本章将展示研究结果并回答相关研究问题，主要包括从测试 1 到测试 3 的词汇组织总体的发展模式、反应类型的历时变化、反应词的共同性分析和多样性描述、四种反应类型的发展特征、组合反应到聚合反应的转变以及单个词和单个被试的词汇发展分析，等等。

4.1　实验结果

4.1.1　心理词汇组织的总体发展模式

4.1.1.1　四种不同反应类型的组织发展趋势

先来回答研究问题 1：经过三次联想测试，被试四种不同反应类型有何共同的发展趋势？

图 4.1 和表 4.1 描述了四种联想反应类型在三次测试中的总体变化趋势。可以看出四种反应类型的总体发展趋势明显一致：在三次测试中，语音及其

他反应比例最高，其次是聚合反应，接着是组合反应，百科知识反应比例最低。也就是说，就四种反应类型的排序来说，可以看到相同的模式，各类反应比例从高到低依次为：语音及其他反应 > 聚合反应 > 组合反应 > 百科知识反应。如图 4.1 和表 4.1 所示，随着越来越多的单词为被试所了解，聚合反应、组合反应和百科知识反应越来越多，而语音及其他反应越来越少。卡方检验结果为：皮尔逊卡方值 $X^2 = 74.536^a$；$df = 6$；$p = 0.000$，说明三次测试中各类反应的比例存在显著差异。

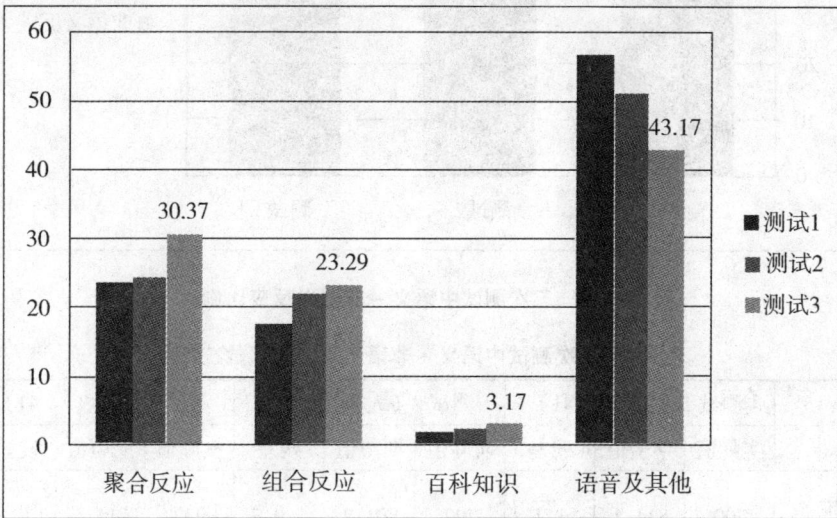

图 4.1 三次测试中各类反应的比例

表 4.1 三次测试中各类反应的频数统计表

	测试 1（人数 = 41）			测试 2（人数 = 41）			测试 3（人数 = 41）		
	实际值	期望值	残差	实际值	期望值	残差	实际值	期望值	残差
聚合反应	387	430.0	−43.0	405	430.0	−25.0	498	430.0	68.0
组合反应	291	344.3	−53.0	360	344.3	15.7	382	344.3	37.7
百科知识	22	36.7	−14.7	36	36.7	−0.7	52	36.7	15.3
语音及其它	940	829.0	111.0	839	829.0	10.0	708	829.0	−121.0
卡方值	$X^2 = 74.536^a$		自由度		$df = 6$		显著性		$p = 0.000$

4.1.1.2　语义和非语义反应的发展趋势

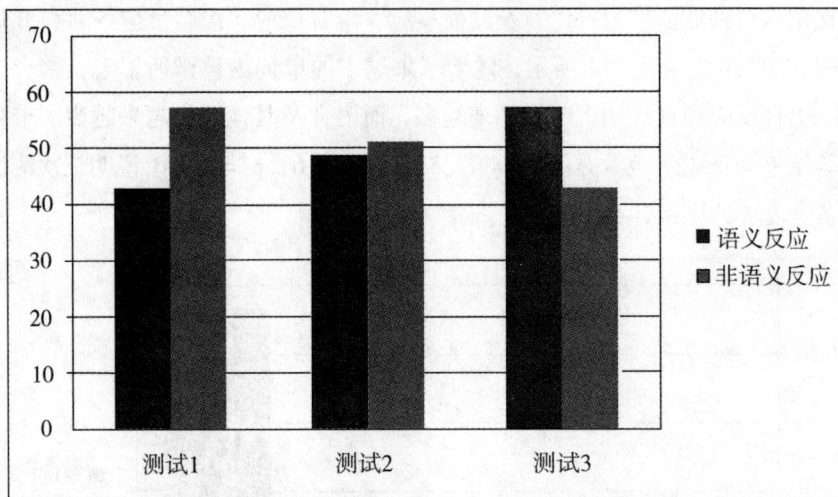

图 4.2　三次测试中语义－非语义反应比例

表 4.2　三次测试中语义－非语义反应的频数统计表

	测试 1（人数 = 41）			测试 2（人数 = 41）			测试 3（人数 = 41）		
	实际值	期望值	残差	实际值	期望值	残差	实际值	期望值	残差
语义反应	700	811.1	－ 111.1	792	801.7	－ 9.7	932	811.1	120.9
非语义反应	940	828.9	111.1	829	819.3	9.7	708	828.9	－ 120.9
卡方值	$X^2 = 65.996^a$		自由度		df = 2		显著性		p = 0.000

表 4.3　三次测试中语义－非语义反应比例的差异

	语义反应		非语义反应	
	X^2（df = 1）	p 值	X^2（df = 1）	p 值
测试 1 vs. 测试 2	5.673	0.017	6.965	0.008
测试 2 vs. 测试 3	11.369	0.001	9.526	0.002
测试 1 vs. 测试 3	32.980	0.000	32.660	0.000

　　所有的聚合、组合与百科知识反应都与刺激词有一定的语义联系，它们合并为语义反应，相反，所有的语音及其他反应都与刺激词在发音或拼写方面相似，或没有什么关系，它们是非语义反应，这样就得到了被试词汇组织的总体发展模式（如图4.2和表4.2）。三次测试中语义和非语义反应的频数和比例数据显示，被试测试3中产出语义反应的频数和比例最高（932和56.83%），而测试1中语义反应的频数和比例最低（708和42.68%）。尽管测试2中非语义反应的比例比测试1中略低一些，但是非语义反应的比例在测试1和测试2中均超过了一半（分别是57.32%和51.08%），占据了主导地位，只有在测试3中语义反应的比例才比非语义反应稍高一些（56.83% vs. 43.17%）。卡方检验结果为：皮尔逊卡方值 $X^2 = 65.996^a$；$df = 2$；$p = 0.000$，说明三次测试中语义和非语义反应的比例存在显著差异。

　　为了进一步挖掘三次测试之间的差别显著性，作者进行了卡方检验，结果表明，三次测试中两类反应比例均有显著差异，即：测试3中语义反应的比例明显高于测试2，测试2中的明显高于测试1（见表4.3）。对非语义反应来说，结果也是一样的，即测试1中的非语义反应比例显著高于测试2，测试2中的显著高于测试3。就总体模式而言，从测试1到测试3有一个从更多非语义到更多语义反应的转变。

　　因此，二语心理词汇的发展总趋势是词与词之间的非语义联系越来越弱，越来越少，语义联系越来越强，越来越多。对三次测试中反应词的共同性和多样性及其反应类型的变化分析会进一步证实这一结果。

4.1.2　三次测试中反应类型的历时变化

表4.4　三次测试中反应类型的历时变化

变化类型	向上 ↗	向下 ↘	无变化→ 语义的	无变化→ 非语义的	自上而下 ↗↘	自下而上 ↘↗
频数	449	221	326	369	124	151
百分比	27.38	13.48	19.87	22.5	7.56	9.21

　　注：向上 = 从非语义反应向语义反应转变；向下 = 从语义反应向非语义反应转

变；语义无变化 = 三次测试中都是语义反应；非语义无变化 = 三次测试中都是非语义反应；自上而下 = 从非语义反应到语义反应，之后又回到非语义反应；自下而上 = 从语义反应到非语义反应，之后又回到语义反应；总数 = 1640（40 个刺激词×41名被试）（参考 Schmitt, 1998：300）。

表 4.4 概括了三次测试中反应类型的历时变化。从表中可见，大量反应类型没有任何改变：1640 例反应中，被试产出 326 例语义反应，369 例非语义反应，占 42.37%，换句话说，1640 例反应中大约 42% 在三次测试中一直保持不变。大量非语义反应经过三次测试仍然保持不变的事实证明：新学低频词的反应中语义联系较少，非语义联系较多。

在确实发生变化的 945（449 + 221 + 124 + 151）例反应中，变化的主要方向是从非语义为主转变为语义为主（221 + 124 vs. 449 + 151），表明语义反应的数量稳步上升，非语义反应的数量逐步下降。如表 4.4 所示，124 例反应发生了自上而下的变化，即从非语义反应到语义反应，之后又重新回到了非语义反应，151 例反应发生了自下而上的变化，即从语义反应到非语义反应，之后又重新回到了语义反应，表明在二语习得过程中，随着语言接触的增加，有些词会得以巩固并进一步融合，而有些词因得不到巩固会被遗忘，还有些词在某一时候可能被忘掉了，但在其他时候又被回忆起了，反之亦然。这从某种程度上表明了遗忘现象的存在。由于长时间不使用，一些原本熟悉的词会变得不熟悉，原本就不太熟悉的词会变得不认识，因此被试也就无法产出一个有意义的反应词。然而所谓遗忘并不一定意味着被试完全忘记了这些词，有可能是暂时的提取失败。实验中经常有这样的情况发生：有些被试在测试 1 中对某个词产出了聚合或组合反应，而在测试 2 中却产出了语音反应，因为他们在测试 2 中提取该词失败，而后来又想起了该词，于是在测试 3 中他们又产出了有意义的反应。

这些自上而下和自下而上的反应及其他忘了又记起和记起又忘掉现象的存在说明有些词的发展路径是 ∪ 形或 ∩ 形的，即螺旋式上升的，这与张淑静（2004）的研究结果相吻合，即"二语词汇习得不是呈线性路线发展的"。为了解单个行为的详细发展特征，单个词汇和单个被试反应类型的发展变化将在 4.3 进行详细讨论。

以上图表为回答研究问题 2（新学低频词是怎样融入到第二语言心理

词汇中的?）提供了数据支持：随着词汇知识的增加，二语心理词汇中的大部分新学低频词会经历从不知到有所知，再到熟悉、得以巩固并进一步融合的过程，而有些词由于永久或暂时遗忘会经历倒退或反复现象，故此它们的融合要复杂得多，这进一步证实了 Meara（1983）的观点，二语心理词汇处于不断变化发展中。

4.1.3　反应词的共同性分析

为讨论语义和非语义反应的共同性（degree of commonality，Schmitt，1998a），作者收集了所有 40 个刺激词中反应频数最高的前三个词，共 120 个反应词，发现 53 个非语义反应中，有 38 个刺激词诱发了至少一个非语义反应，14 个测试词诱发了 2 个或以上非语义反应，非语义反应占反应总数的 44.19%（见附录 4），说明新学低频刺激词诱发的反应多是非语义反应。Jiang（2000）已分析过二语学习者词汇习得中的非语义化现象。他认为，在二语学习者大脑中，二语词项与语义表征间的联系太过微弱和松散，学习者会借助已有的母语知识系统直接习得二语词汇的基本语义，有些甚至是完全套用母语的概念，这样二语词条与二语语义之间的联结实际上已被母语占有，使得二语的概念知识难以进入学习者的二语心理词库中，表现在词汇联想测试中，就会出现刺激词诱发出本族语者没有的反应，即无意义关联的、难以归类的非语义反应，恰恰是这类由于母语介入而导致的非语义化反应构成了二语心理词库不同于一语心理词库的根本特征，也是难以简单界定二语词库与一语词库同质（语义说）还是异质（语音观）的原因所在。同时由于二语课堂环境下词汇教与学的方式更多倾向于词族的罗列拓展、同音同形词的比较、以母语为媒介的词表记忆等，使得同一词根的不同词目形成了词族网，而不是粘结在同一个语义网络节点上。同音同形词的介绍和罗列在无意中把以音形相连的记词方法潜移默化给学生，他们在花费很多功夫之后仍然不能辨析同形或同音词之间的异同，词汇联想时写出同（近）音词、近形词、生造词等也就不足为奇。音形词、生造词、基于母语的反应词等出现在二语词汇联想反应中，使得二语心理词库在向语义联结发展的总体趋势中表现出二语独有的混合型构建模式，有别于一语心理词库。

就语义反应而言（因为百科知识反应数量极少，在这里忽略不计），被试产出的聚合反应比组合反应明显多得多（图 4.1 和表 4.1 也证实了这一点）。120 个反应词中，组合反应只有 10 个，而聚合反应有 57 个，这两种反应类型比例的巨大差异再一次表明二语词汇联想知识有着与一语不同的特有路径，即成年二语学习者的聚合知识优先发展，组合知识的发展相对较弱。为进一步证明这一结论，作者概况总结了三次测试中聚合反应和组合反应的变化趋势。

表 4.5 概括了三次测试中聚合反应和组合反应的总体发展趋势。两种反应类型在三次测试中的总体变化趋势一致，即测试 3 中反应比例最高，测试 1 最低。三次测试中聚合反应比例均高于组合反应，"组合→聚合"反应转变的现象没有出现。表 4.6 概括了三次测试中聚合、组合反应的历时变化。从表中可见，聚合反应和组合反应在三次测试中有相当一部分没有任何改变：442 例反应中，被试产出 105 例聚合反应，94 例组合反应，占 44.98%，即 442 例反应中大约 45% 在三次测试中一直保持不变。在确实发生变化的 243（112 + 99 + 15 + 17）例反应中，129（112 + 17）例反应发生了向上或自下而上的变化，即从组合反应到聚合反应、或从聚合反应到组合反应，之后又重新回到了聚合反应，114（99 + 15）例反应发生了向下或自上而下的变化，即从聚合反应到组合反应、或从组合反应到聚合反应，之后又重新回到了组合反应。组合→聚合反应的转变比聚合→组合反应的转变多了 15 例（129 vs. 114），但这不足以证明"组合→聚合"反应的转变。因为本实验中使用的刺激词都是新学生词，词频也较低，也许语言接触不多，学生还没有掌握，所以"组合→聚合"反应的转变还为时过早。

表 4.5　三次测试中聚合反应和组合反应的总体趋势

	测试 1		测试 2		测试 3	
	频数	百分比	频数	百分比	频数	百分比
聚合反应	387	23.60	405	24.91	498	30.37
组合反应	291	17.74	356	21.92	382	23.29

表4.6 三次测试中聚合反应和组合反应的历时变化

变化类型	向上	向下	无变化→		自上而下	自下而上
	↗	↘	聚合反应	组合反应	↗↘	↘↗
频数	112	99	105	94	15	17
百分比	27.6	22.4	23.76	21.22	3.39	3.85

注：向上 = 从组合反应向聚合反应转变；向下 = 从聚合反应向组合反应转变；聚合无变化 = 三次测试中都是聚合反应；组合无变化 = 三次测试中都是组合反应；自上而下 = 从组合反应到聚合反应，之后又回到组合反应；自下而上 = 从聚合反应到组合反应，之后又回到聚合反应；总数 = 442（112 + 99 + 105 + 94 + 15 + 17）。

4.1.4 反应词的多样性描述

在对反应词的多样性进行描述之前，有必要重新明确一下词形和词次这两个概念。在本研究中，词形指每次测试中同一刺激词诱发的所有反应词数量，词次指同一刺激词诱发的不同反应词数量。为了描述反应词的多样性，笔者计算了三次测试中每个刺激词所诱发反应词的形次比（见附录5），并与Beck（1981）的结果进行了对比（图4.3）。形次比越高，各种各样反应词的数量就越少，反应定势（response stereotype）就会增加。也就是说，随着被试对刺激词理解的加深，其非语义反应会减少，语义反应会增多。形次比的计算公式为：

$$形次比 = \frac{反应词的总词次 \times 100}{反应词的总词形}$$

如图4.3，平均形次比在测试2中最高，测试1中最低，测试3介于两者之间，即比测试2有所下降，比测试1略有上升。这与Beck（1981）的实验结果有所不同，其A词表的形次比在测试2中显著下降，在测试3中有所上升；B词表相对较稳定，因为该表词汇对被试来说一直是生词。尽管略有不同，但两次实验都证明，被试对新学低频词的反应以语音等非语义为主，但语义反应会随着被试对刺激词的逐步熟悉和理解而缓慢上升。

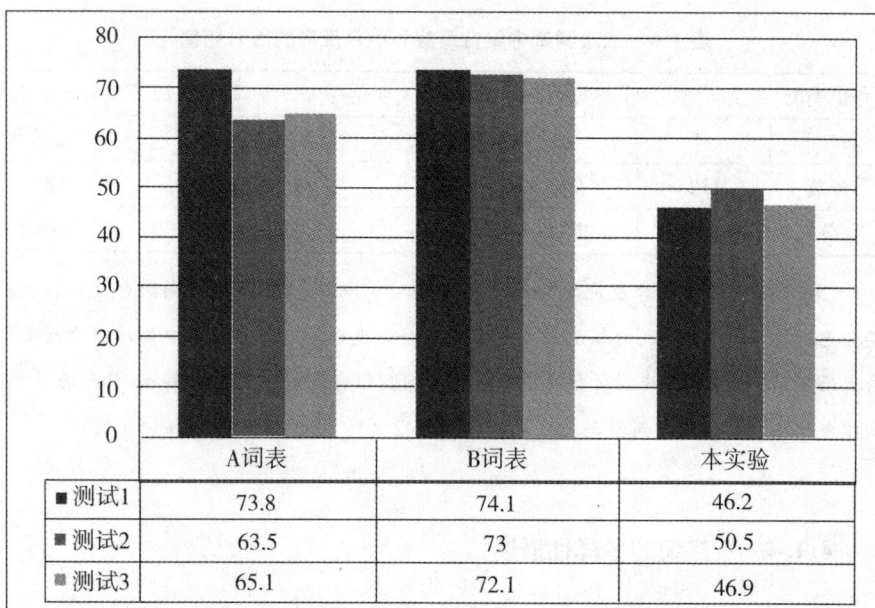

	A词表	B词表	本实验
■ 测试1	73.8	74.1	46.2
■ 测试2	63.5	73	50.5
■ 测试3	65.1	72.1	46.9

图4.3　平均形次比（本实验和 Beck1981 的结果对比）

4.1.5　四种反应类型的发展特征

以上分析的词汇组织总体发展模式表明，经过三次测试，二语心理词汇中语义联系越来越多，非语义联系越来越少。本节对所有四种反应类型的频数和比例的详细分配进行定量和定性分析。

4.1.5.1　聚合反应

表4.1、图4.1和4.4的结果显示，聚合反应的比例不到三分之一并在三次测试中变动，在测试3中的频数和比例最高（498和30.37%），而在测试1中最低（387和23.6%），测试2介于中间（405和24.7%）。从测试1到测试2频数和比例有所增加，同样，从测试2到测试3也有增加。较明显的趋势是，随着语言接触的增多，被试产出越来越多的聚合反应。为了比较聚合反应在三次测试间的差异，笔者进行了频数和卡方检验分析（见表4.7）。结果表明：测试3中的聚合反应与测试1和测试2有显著差

异（p值分别是0.002和0.000），测试1中的聚合反应与测试2的差异不明显（p = 0.522 > 0.05）。

表4.7 三次测试中聚合反应的差异

测试	平均值	最小值	最大值		X^2（df = 1）	p值
1	9.68	0	24	测试1 vs. 测试2	0.409	0.522
2	10.13	0	24	测试2 vs. 测试3	9.578	0.002
3	12.45	0	27	测试1 vs. 测试3	13.822	0.000

注：平均值 = 单个词汇聚合反应的平均值；最小值 = 单个词汇聚合反应的最小值；最大值 = 单个词汇聚合反应的最大值。

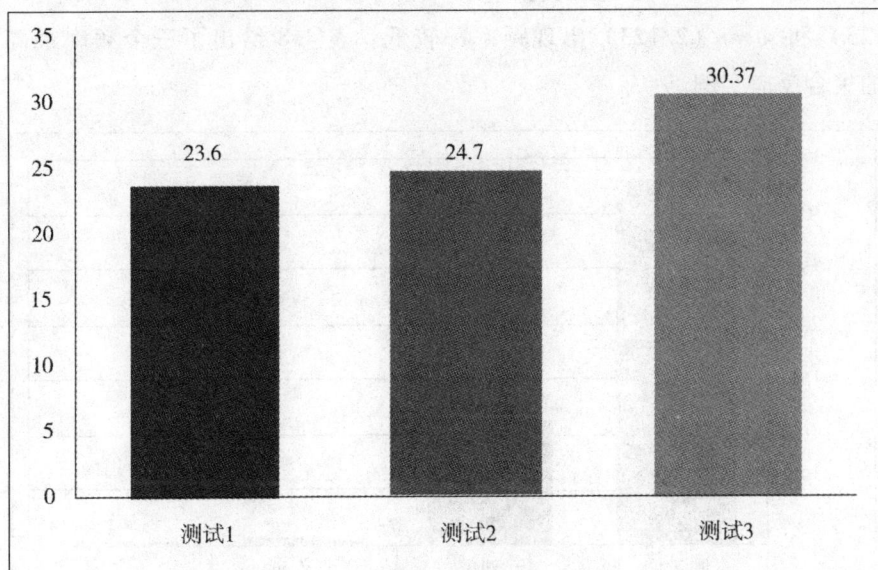

图4.4 三次测试中聚合反应的平均比例

表4.8 三个频率最高的聚合反应举例

刺激词	反应词	测试1	测试2	测试3	总数
JUMPSUIT	*Clothes, coat, cloth*	11	20	23	54
SCHEME	*Plan, schedule, timetable*	24	21	16	61
COMPLEXION	*Skin, face, color*	16	15	24	55

仔细研究反应词发现，除了 *TUNNEL* 外，其余 39 个刺激词都诱发了不同数量的聚合反应，出现频率从 1 次到 71 次不等。诱发聚合反应最多的前 6 个刺激词分别是：*JUMPSUIT*，*SCHEME*，*COMPLEXION*，*RUBY*，*AWE* 和 *VERSE*，其反应词出现频率分别是 71、66、66、60、60 和 57，这些词多数是具体词，词频比其他刺激词稍高。刺激词 *JUMPSUIT* 典型的反应词是 *clothes*，是 *JUMPSUIT* 的上义词，出现频率为 41/41×3，这也许表明在多数二语学习者心理词汇中，*JUMPSUIT* 与 *clothes* 的联系最强，而它与 *coat*（7/123），*uniform*（5/123）和 *sweater*（3/123）的联系不如与 *clothes* 更强。对刺激词 *BEET* 来说，反应词 *vegetable* 出现的频率最高（20/123），而其他的像 *carrot*（3/123），*food*（3/123），*dish*（3/123）和 *sugar*（2/123）出现频率都较低。表 4.8 给出了三个频率最高的聚合反应实例。

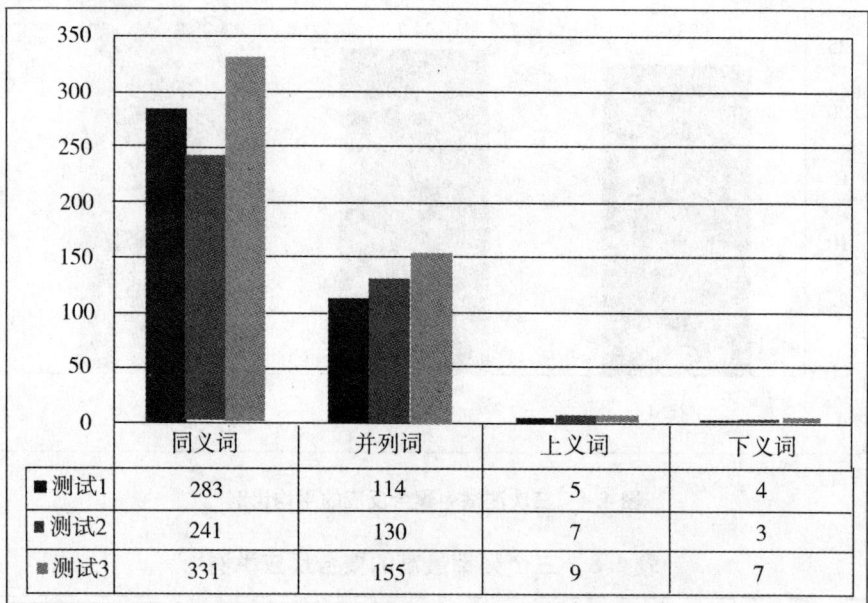

	同义词	并列词	上义词	下义词
■测试1	283	114	5	4
■测试2	241	130	7	3
■测试3	331	155	9	7

图 4.5　三次测试中聚合反应的不同类型

图 4.5 描述了聚合反应的不同类型，可以看出，同义词出现频率最高，其次是并列词，上义词和下义词最少，只有 35 个。仔细观察发现，刺激词 *AWE*（71/123），*SCHEME*（66/123），*THRIVING*（48/123），

INSPIRE（44/123）和 *SPYCHE*（43/123）诱发的同义反应词最多，*COMPLEXION*（55/123）引发的并列反应词最多，而 *JUMPSUIT*（41/123）诱发的下义反应词最多。聚合反应的不同类型中出现的同义反应词最多这一点与母语者有很大差别，Aitchison 调查发现其词汇联想反应中出现最多的是并列反应词（1987：83）。与被试的精读课老师交谈后证实，她教授生词时常常给出同义词，这样学习者慢慢养成了通过相应的同义词来背诵生词的习惯。

4.1.5.2 组合反应

表4.1、图4.1 和4.6 的结果描述了三次测试中组合反应的比例，在测试3 中的频数和比例最高（23.29%），而测试1 中最低（17.78%），测试2 介于中间（21.95%）。同聚合反应一样，组合反应从测试1 到测试2 频数和比例有所增加，同样，从测试2 到测试3 也有增加。较明显的趋势是，随着学习经验的增加，被试产出越来越多的组合反应。表4.9 显示了三次测试间组合反应的差异，测试1 中的组合反应与测试2 和测试3 差异显著（p 值分别为 0.007 和 0.000），但测试2 和测试3 的差异不明显（p = 0.419 > 0.05）。组合反应的总体发展趋势与聚合反应一样，即：随着语言接触的增多，组合反应的比例越来越高。

仔细研究发现，40 个刺激词都诱发了组合反应，出现次数从 1 到 103 不等。*TUNNEL* 诱发了最多的组合反应，其中 *channel* 出现的次数最多（92/123），它可以和刺激词组成一专有名词，*the Channel Tunnel* 指连接英国和法国的人工隧道。这个专有名词是在第五单元的 Text A 学的，课文描写了隧道开通的情况，也许是被试对此影响深刻，加上两个词词尾发音和拼写类似，学生牢牢记住了这一短语。不同类型的组合反应中，名词短语的比例要高些，其数量在测试2 和测试3 中都有所增加，这一方面是因为刺激词的词性以名词为主，另一方面也许表明被试习得名词短语要容易一些。

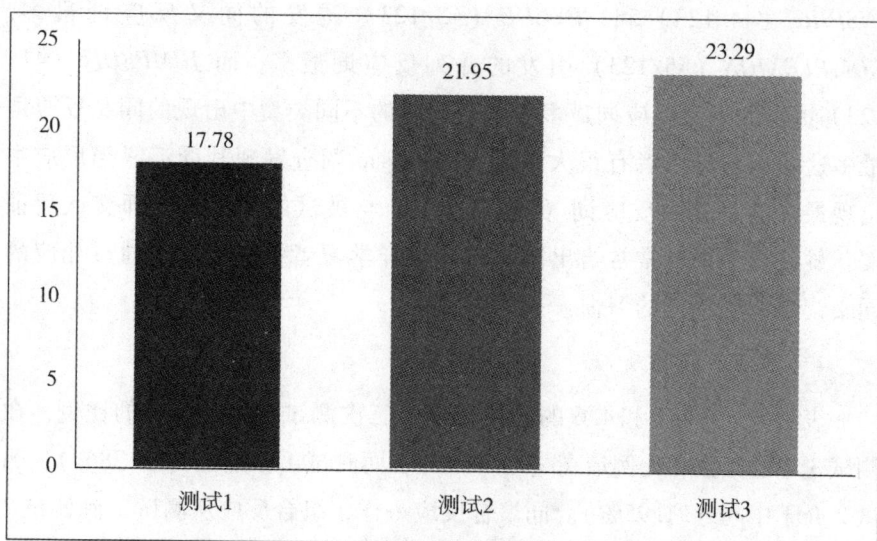

图4.6 三次测试中组合反应的平均比例

表4.9 三次测试中组合反应的差异

测试	平均值	最小值	最大值		X^2（df = 1）	p 值
1	7.28	0	31	测试 1 vs. 测试 2	7.313	0.007
2	8.03	0	36	测试 2 vs. 测试 3	0.652	0.419
3	9.55	0	36	测试 1 vs. 测试 3	12.305	0.000

4.1.5.3 百科知识反应

百科知识反应在三次测试中频数最少，只有 110 次，依次为：52、36 和 22（见表4.1）。图 4.7 显示，测试 3 的百科知识反应（3.17%）略高于测试 2（2.2%）和测试 1（1.84%）。卡方检验结果显示，测试 1 和测试 3 间的反应比例差异显著，而测试 2 和测试 1 与测试 3 差异不明显（p > 0.05）（见表4.10）。

虽然数量有限，但百科知识反应在二语心理词汇组织中起着一定的作用，它们反映了该词和生活经验间的关系，有些与文化有关。例如，刺激词 *BAPTIZE* 的反应词是 *born*，*religion*，*church*，*biblical*，*west*，*die* 和 *birth*。很明显，*BAPTIZE* 在被试心理词汇中与西方宗教信仰有联系，关系到一个人的出生和死亡。另一个典型的例子是 *RUBY*，该刺激词诱发了 *value*、*marriage* 和 *webbing* 等百科知识反应，表明被试熟悉了解西方风俗习惯，即：人们以送给心爱的人红宝石的方式庆祝他们宝贵的结婚 40 周年。

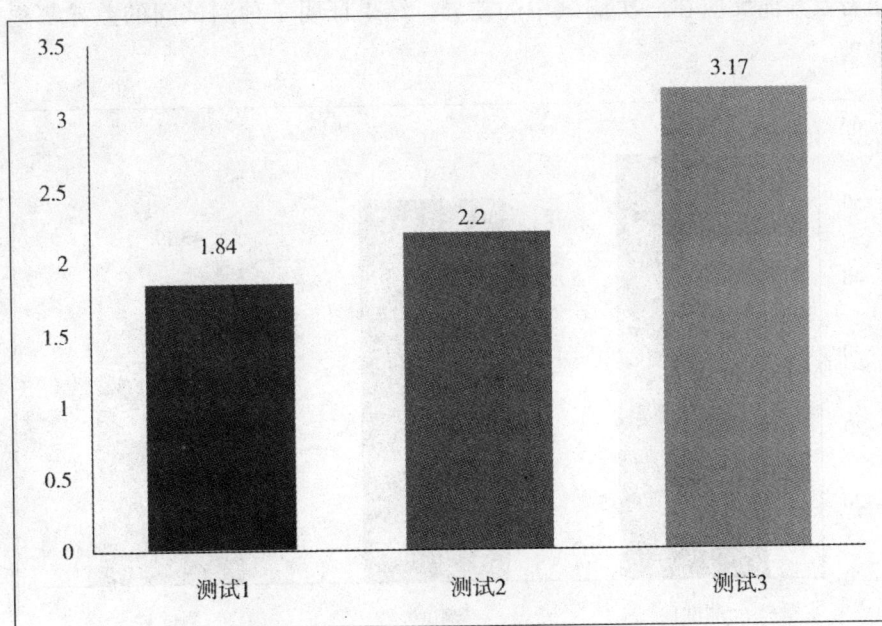

图 4.7 三次测试中百科知识反应的平均比例

表 4.10 三次测试中百科知识反应的差异

测试	平均值	最小值	最大值		X^2 （df = 1）	p 值
1	0.55	0	7	测试 1 vs. 测试 2	3.379	0.066
2	0.9	0	10	测试 2 vs. 测试 3	2.909	0.088
3	1.3	0	15	测试 1 vs. 测试 3	12.162	0.000

4.1.5.4 语音及其他反应

表 4.1、图 4.1 和 4.8 描述的语音及其他反应结果显示，这些反应在四种反应类型中比例最高（几乎有一半）。在测试 1 中被试给出 940 例这种反应，占了这次测试所有反应类型的 57.32%（940/1640），测试 2 中产出 839 例，占 51.15%（839/1640），测试 3 的比例最低（43.17%）。较明

显的趋势是：随着语言接触的增多，被试产出的语音及其他反应越来越少，但这些反应的比例即使在三个月后提取时还非常高，证实低频刺激词诱发的非语义反应在二语学习者心理词汇中占了主导地位。表4.11比较了语音及其他反应在三次测试中的差异，结果证明三种测试间的差异都很显著。

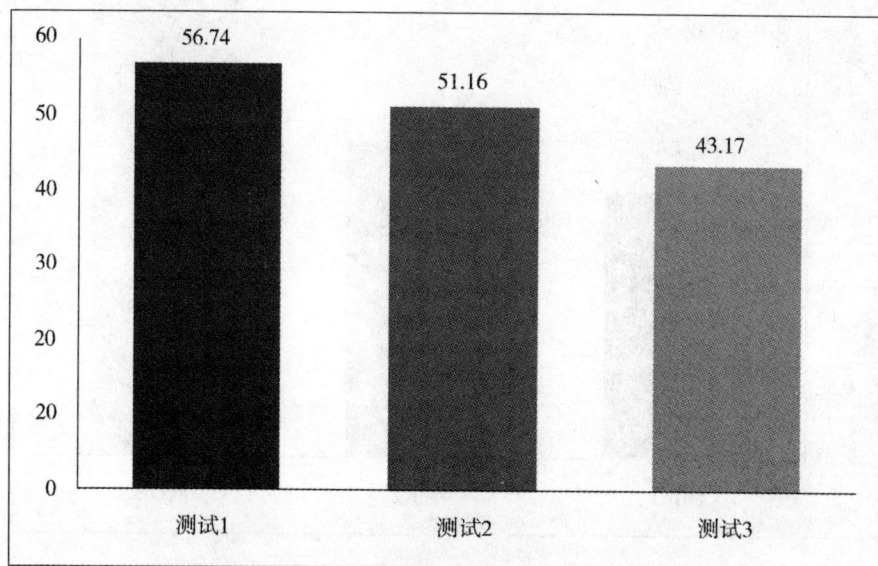

图 4.8　三次测试中语音及其他反应的平均比例

表 4.11　三次测试中语音及其他反应的差异

测试	平均值	最小值	最大值		X^2 (df = 1)	p 值
1	23.51	0	48	测试 1 vs. 测试 2	32.557	0.000
2	20.98	0	44	测试 2 vs. 测试 3	13.958	0.018
3	17.7	0	41	测试 1 vs. 测试 3	73.229	0.000

　　仔细研究发现，所有40个刺激词都诱发了语音及其他反应，数量从9到103次不等，表4.12给出了诱发最多语音及其他反应的10个刺激词及三个典型反应词。很明显，这些词中既有具体词也有抽象词。含义具体、词频略高的 *BUNDLE*（在2,000词表中）尽管是教学大纲中要求英语专业学生掌握的单词，也引发了76个语音及其他反应（占61.8%）。词频略低

的抽象词、具有特定文化含义的词和被试不熟悉的刺激词，如 *BLARE*，*BREACH*，*PARISH* 和 *GRUNGE* 诱发了更多的语音及其他反应词。这些词与刺激词在发音和拼写上有些相似，特别是他们的开头和结尾很相似。

表 4.12　诱发最多语音及其他反应的前 10 个刺激词

刺激词	典型反应词	测试 1	测试 2	测试 3	总数
BLARE	*Glare，light，look*	34	33	36	103
BREACH	*Reach，breath，beach*	32	31	32	95
BAGGY	*Bag，big，baggage*	33	26	23	78
PARISH	*Punish，Paris，part*	23	27	28	77
GRUNGE	*Ground，orange，grunt*	22	29	26	77
BUNDLE	*Bund，bound，handle*	32	24	20	76
MOAT	*Meat，coat，boat*	20	30	25	75
SHREW	*Throw，show，crew*	22	23	29	74
FERRY	*Worry，flurry，berry*	26	25	21	72
GRACE	*gray，grate，great*	25	24	22	71

表 4.13　被误认的刺激词及相应的反应词

刺激词	被误认为	相应的反义词
BAGGY	*Beggar，beg*	*Plead，pardon*
BEET	*Feet，beat，bee*	*Foot，knock，fly*
BREACH	*Beach，bench*	*Ocean，bank，coast，sand，sea，water，river，sit，seat*
BLARE	*Glare*	*Eye，glance，angry，look，light，see*
COMPLEXION	*Complex*	*Simple，difficult，easy，problem，intricate，mixed*
GRACE	*Glare*	*Eye，stare，look*
JUMPSUIT	*Jump*	*Sport，jump，fast*
MOAT	*Mock，goat*	*Laugh，say，people，person，sheep*
SCREECH	*Scramble*	*Climb，craw，creep，slow，mountain*

SHUDDER	*Shoulder, shower*	*Back, Arm, nose, elbow, head, leg, hand, rain*
LOBBY	*Lorry, hobby*	*Truck, habit*
VERSE	*Vase*	*Bottle, Flower*

Meara（1982）曾经提出过，二语学习者倾向于错误地理解某些刺激词，把其误认为与刺激词语音相似的其他词。Huckin 和 Bloch（1993）也发现了这一现象，即二语学习者常常误解一些很熟悉的词，这些词看上去能提供其意义线索，Laufer（1997：25）称其为迷惑性词汇（deceptively transparent words）。本实验发现了同样的现象，被试常常把某些刺激词误认为与其发音和拼写类似的其他词，例如5,000词表中的 *BREACH* 被误认为高频词 *beach* 和 *bench*，因而分别产出了语义相关的 *sea, sand, coast, ocean, bank, water, river* 和 *sit, seat*。词频略高的具体词 *VERSE*（在2,000词表中）被误认为 *VASE* 而诱发了语义相关的 *bottle* 和 *flower*。对语音及其他反应词及其刺激词进行仔细检查发现，三次测试中还有其他词被误认并产出相应反应词的现象（见表4.13）。有关词汇误解现象，在实验2中还会有详细分析。

表4.14　刺激词及同一词族的反应词

刺激词	反应词	刺激词	反应词
BAGGY	*Bag*	*SCREECH*	*Screeching*
BREACH	*Breached, breaching*	*STRIPE*	*Striped*
FERRY	*Ferried*	*AWE*	*Awful*
GRACE	*Graceful*	*BAPTIZE*	*Baptized, baptism*
INAUGURATE	*Inauguration, inaugurated*	*CONVICTION*	*Convict*
PARALLEL	*Parallelism, paralleled*	*SUPPOSITION*	*Suppose, supposing*
PREDICT	*Prediction, predicted, predictor*	*THRIVING*	*Thrive*
PSYCHE	*Psychology, psychological psychologist, psychiatrist*	*INSPIRE*	*Inspiration*
		LITERARY	*Literature*

略高词频的刺激词，如 *BAGGY*, *GRACE* 和 *AWE*（在3,000 词表中），诱发了另一类语音及其他反应。*BAGGY* 的所有123 个反应词中，出现频率最高的是 *bag*（44 次，占35.8%），该反应词与刺激词属于同一个词族。至于 *GRACE* 和 *AWE*，最高频的反应词分别是 *graceful*（出现14 次）和 *awful*（10 次），略低频的刺激词 *SUPPOSITION*（在9,000 词表中）也出现了类似模式，诱发了反应词 *suppose* 41 次。总体趋势是：被试倾向于产出与刺激词属于同一词族的反应词，表4.14 总结了诱发同一词族反应词的刺激词，共有17 个。

表 4.15 三次测试中没诱发任何反应的前五个刺激词

刺激词	测试1	测试2	测试3	总数
PARISH	14	11	5	30
GRUNGE	12	8	3	22
SHREW	8	8	2	10
BAPTIZE	6	6	1	13
FERRY	6	2	1	9

对没有任何反应的刺激词仔细观察发现，除了略高词频的 *AWE*（在3,000 词表中）外，其他39 个刺激词都有这种现象，频率从1 到30 不等。表4.15 总结了三次测试中没有任何反应的前五个刺激词，其中 *FERRY* 在4,000 词表中，*PARISH* 在5,000 词表中，其他三个在7,000 词表中。与测试卷中其他刺激词相比，这五个词词频略低，有些具有特定的文化含义。因此词频和文化不熟悉性可能构成了影响反应类型的因素（见表4.15）。

表4.16 和图4.9 概括了三次测试中各类语音及其他反应的总体趋势。从中可见，语音、词族和误认反应词比例逐渐上升，无法归类和无反应词的比例逐渐下降，其中语音反应词的比例在三次测试中均超过了一半，说明生词，特别是新学生词的语音在心理词汇组织中占据主导地位（一半以上）。换句话说，二语心理词汇的组织首先可能是以语音为主，即把不熟悉的词通过发音和别的词建立联系也许是词汇习得过程的第一步。卡方分析表明，三次测试中各类语音及其它反应的比例存在显著差异（$X^2 =$

53.124^a；df = 8；p = 0.000）。

表 4.16　三次测试中各类语音及其他反应的总体趋势

	测试 1		测试 2		测试 3	
	频数	百分百	频数	百分百	频数	百分百
语音反应词	492	52.34	508	60.55	441	62.29
无法归类词	190	20.21	138	16.45	115	16.24
词族反应词	70	7.45	65	7.75	73	10.31
误认反应词	48	5.11	43	5.12	41	5.8
无反应词	140	14.89	85	10.13	38	5.36

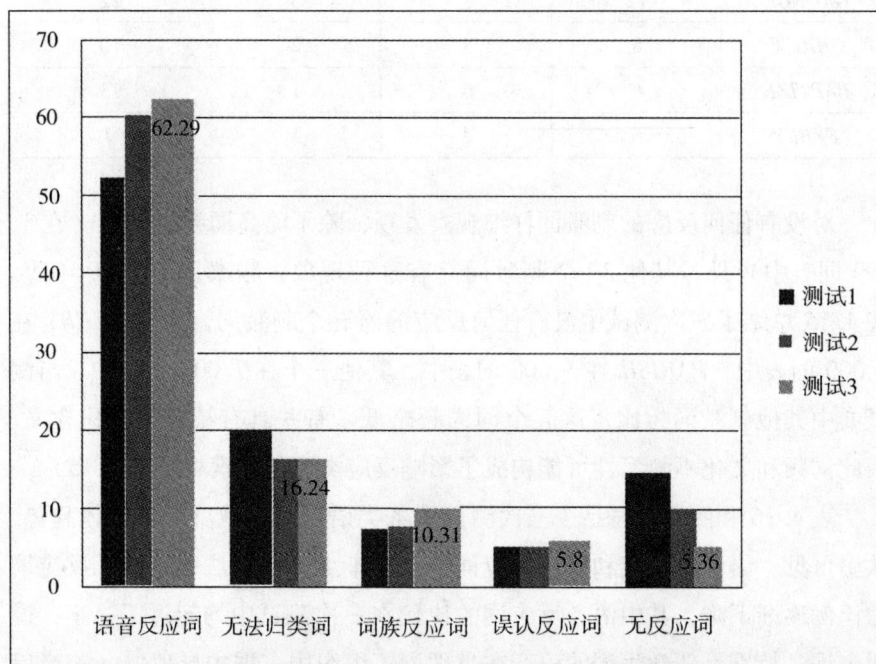

图 4.9　三次测试中各类语音及其他反应的总体趋势

4.1.6　个体行为分析

前面讨论了词汇发展的共同趋势和反应类型的历时变化，是对群体行为进行的分析，表明词汇组织发展总体变化趋势是从非语义到语义。但是就单个词汇的情况还一无所知，即：被试对单个刺激词的反应会是怎样变化发展的？其变化发展的方向可能与总体反应的变化发展是同向的，也有可能保持在同一水平上，甚至向相反的方向发展。因此有必要对个体行为进行更细致的分析，以进一步了解个体词所经历的发展轨迹。为了调查个体行为的详细发展特征，本节分析单个词汇和单个被试的情况。

4.1.6.1　单个词分析

仔细检查三次测试中40个刺激词的语义反应发现，有31个与语义相关的反应有一定的进步，8个出现了倒退现象，还有1个保持不变。就单个词汇而言，向语义发展最快的有15次，最慢的是12次。一般来说，大多数单个词汇在三次测试中从非语义向语义稳步发展，表4.17总结了语义联想发展最快和倒退最快的各3个刺激词详细数据。

表4.17　语义联想发展最快和倒退最快的各3个刺激词详细数据

刺激词	测试1	测试2	测试3	进步/倒退
SWAN	26	38	41	15
PREDICT	10	24	25	15
BEET	10	25	24	14
SUPPOSITION	20	18	12	−8
SCHEME	33	32	24	−9
SCREECH	27	16	15	−12

4.1.6.2　单个被试分析

仔细检查41名被试在三次测试中产出的语义反应发现，有33人取得了进步，5 人有所退步，还有 3 人既无进步也无退步。就单个被试而言，进步最快的是 18 次，退步最快的是 3 次。三名被试在测试 3 中产出的语义反应比在测试 1 中还少。测试 3 完成后，笔者对被试进行的采访调查发现，语义反应进步最快的 3 名学生在每次测试后，都感到要努力学习并好好背诵单词，而进步最慢的三名被试则承认他们在测试后很少花时间学习单词。总之，大多数单个被试取得了不断进步，退步现象不多。表 4.18 总结了在语义联想方面进步最快和退步最快的各 3 个被试详细数据。

表 4.18　语义联想发展最快和倒退最快的各 3 个被试详细数据

被试	测试 1	测试 2	测试 3	进步/倒退
1 号	6	26	24	18
2 号	17	25	32	15
3 号	14	30	29	15
20 号	19	17	16	−3
39 号	15	12	12	−3
41 号	22	23	19	−3

以上对单个词汇和单个被试的分析表明：随着更多单词被习得并进一步熟悉，二语心理词汇中的语义联系越来越多，但也有少数倒退现象。上述分析进一步证实：在二语习得过程中，有些词会经历 ∪ 形或 ∩ 形的发展趋势。

4.2　结果讨论

4.2.1　词汇组织的总体发展模式

研究问题 1 是关于三次联想测试中被试四种不同反应类型的共同发展趋势及语义和非语义联想反应的共同发展趋势。实验结果证明，尽管三次测试中语音及其他反应最多，但确实存在基于语音模式向基于语义模式的转变。因此，我们可以得出如下探究性的结论：随着更多生词被学得、熟悉并进一步融合，二语学习者的心理词汇从基于形式模式向基于语义模式发展。对单个词发展路径和单个被试反应表现的分析也证实了这一发展模式，但也有倒退现象发生，即从语义倒退回语音，因为语言接触和实践的缺乏导致了单词的遗忘。故此，我们可以说：第二语言词汇习得的发展路径不是线性的，而是有些∪形或∩形的发展趋势。心理词汇的这种动态特征表明"词汇学习是递增的"（Schmitt，1998b：283），"词汇习得需要反复的接触"（张淑静，2004：197）。

三次词汇联想测试中语音反应的大量存在并非一定意味着被试的词汇量缺乏，而是可能说明二语心理词汇的组织首先是以语音为主，即把不熟悉的词通过发音和别的词建立联系也许是词汇习得过程的第一步。因此，心理词汇组织基于形式的特征不是语言水平的表现，而是每个单词习得必经的基本阶段（Namei，2004：363）。

4.2.2 四种反应类型的发展特征

4.2.2.1 语义反应的发展特征

第一，三次测试中语义反应（聚合、组合与百科知识反应）的比例低得多——测试1和测试2不到一半，测试3刚过一半。

第二，三种类型的语义反应在三次测试间波动而没有显示稳定的模式。

第三，随着学习经验的增加，被试往往给出更多的聚合、组合和百科知识反应。

第四，尽管聚合反应的比例仅次于语音及其他反应，但其数量不到三分之一。

第五，三次测试中聚合反应比例均明显高于组合反应。

第六，三次测试的聚合反应中同义词出现最多。

第七，词频高的具体词往往产出更多语义反应。

第八，学习经验多的被试产出更多的组合反应是由名词词组反应的稳步增长引起的。

第九，少量反应与一语和二语的文化背景有关。

这些结果与以前的词汇联想研究基本一致。很显然，被试在三次测试中产出了少量的聚合、组合与百科知识反应，原因主要在于刺激词是测试前刚学过的低频词。这表明被试还没有完全掌握这些词，他们头脑中这些词的语义联系还不够稳定和紧密，因此容易被遗忘。

与抽象词相比，具体词通常先被学得，更易于记住和想起（Carter, 1998：192）。完全掌握一个词需要反复的接触，通过反复接触二语语境（或一些显性学习），学习者会逐渐积累并巩固更多的二语词汇知识（包括联想知识，特别是高频词的联想知识），建立起某种二语语义联系，产出更多语义反应。有些2,000词表中的高频词（如 *SWAN* 和 *BUNDLE*）诱发了一些低频反应词和抽象的搭配，这些晚期的句法联系被认为是词汇组织更抽象的模式（Entwisle, 1966），这也进一步证实单个词在融入心理词汇的过程中要经历不同的发展路径（Söderman, 1993；Namei, 2004；Zhang, 2004）。

本实验为所谓的"组合→聚合转变"提供了微弱但不充分的证据（见4.1.3），一种可能的解释是，这种转变还为时过早，因为这次研究中用的刺激词大部分是新学低频词，被试还没有完全掌握。所以它们的融入还远远没有完成，这种融入有可能持续很长一段时间（Meara, 1983：36）。另一种解释可能与 Wolter（2001）的发现一致，即：所谓的"组合→聚合转变"只不过是组合和聚合反应的增加与语音及其他反应的减少。这种转变不是整个心理词汇的组织特征，而是每个单词的发展特征，表明词汇知识在增加（Namei, 2004：382）。

还有一种观点认为：二语词汇联想知识有着与一语不同的特有路径，即成年二语学习者的聚合知识优先发展，组合知识的发展相对较弱（Aghbar, 1990；Bahns & Eldaw, 1993；Gitsaki, 1999；Wolter, 2006）。成年二语学习者的社会和语言接触完全不同于一语儿童，他们只能在课堂环境下，通过教师的指导、广泛阅读和他们已经了解的一语知识建立起词汇语义联系。我国传统的课堂词汇教学策略如通过相同的词根、同义词、反义词和上下义词等讲授生词、通过解释（paraphrasing）和猜测等强调培养学生寻找近义词、替代词等聚合词汇关系的能力，而相对忽略了词与词之间横向共现的搭配训练。更重要的是，成年二语学习者已有的母语知识在二语学习的过程中起着无法忽视的作用。在词汇学习初期，学生几乎是本能地利用已有母语来理解记忆新的二语词汇知识，并高效地掌握二语词汇的基本概念知识，这些知识大都属于聚合类语义知识。由于母语的扶杖，学习者可以在较短时间内增加二语词汇量，这种成功效应又进一步强化了以母语为媒介学习二语词汇的策略，使得学习者在使用单词表记忆时停留在只记住其基本意义或母语对应意义，在查阅词典时也习惯只查找其意义阶段。这种在学习初期形成的"母语依赖症"固化成二语词汇学习的习惯和二语思维的隐性范式，使得学习者的二语心理词库中大量的语义层级关系和句法搭配习惯都是母语的变身。依赖母语可以帮助学习者很快获得共性的概念知识，扩大其聚合词汇网络，这是无可厚非的；但由于语言间的距离导致的二语特有知识（L2-specific knowledge）就会因为母语知识的介入而得不到掌握，或在二语词库中缺失，或被母语知识替代。在词汇联想中就表现为：二语学习者的聚合知识显得相对丰满，且随着语言水平的提高不断发展；而组合知识就略显单薄，且发展缓慢。因此我们可以推断，二语学习者的心理词库在其发展过程中的确表现出了由非语义联结向语义网络接近的趋势，但并未呈现出组合知识先于聚合知识发展的现象，而是聚合知识一直强于组合知识，没有出现组合→聚合转变的发展模式。

以上分析了二语学习者聚合知识发展快于组合知识发展的原因，说明二语词汇的发展需要重新定位，即组合知识的发展要比聚合知识的发展重要得多（Wolter, 2006）。组合知识即搭配知识的重要性将在4.3进一步讨论。

百科知识反应通常包括从一语和二语中习得的学习经验（McCarthy, 1990：41）。仔细研究发现，少量反应词与一语和二语文化背景密切相关。Jiang（2000）指出，二语词汇的理解和产出受到母语语义系统中介的影响。众所周知，二语语义系统与母语不同，为了完全掌握二语词汇，学生需要建立不受母语影响的二语语义系统。

4.2.2.2　非语义反应的发展特征

本实验的结果与前人的发现一致：如果用低频词作为刺激词，反应模式有很大区别，会产出相当数量的幼稚反应（Postman，1970；Stolz & Tiffany，1972；Meara，1983；Wolter，2000 等）。

本实验结果显示：

第一，三次测试中非语义反应（语音及其他反应和无反应）的比例高得多——测试 1 和测试 2 一半多，测试 3 接近一半。

第二，五种类型的非语义反应在三次测试间波动而没有稳定的模式。

第三，随着学习经验的增加，被试给出的非语义反应越来越少。

第四，非语义反应的比例在四种反应类型中最高（一半左右），即使在三个月之后也如此。

第五，抽象词、低频词及具有特定文化内涵的刺激词诱发了更多非语义反应，其中语音反应词与刺激词在语音或形态上有些类似，大多数有共同的词首或词尾。

第六，被试不断在语音或形态方面误认刺激词而产出大量无法分类的反应词。

第七，也有些反应词与刺激词属于同一词族。

新学生词诱发的语音及无关反应在测试中起了主导作用，这与以前的研究发现明显一致（Beck，1981；Meara，1983；张淑静，2004），表明二语心理词汇的组织首先是以语音为主，即把不熟悉的词通过发音和别的词建立联系也许是词汇习得过程的第一步。因此，二语心理词汇组织基于形式的特征不是语言水平的表现，而是每个单词习得必经的基本阶段。随着二语语言接触的增多，这些形式上的反应会逐步减少，语义反应会逐渐增多。三次测试中被试产出越来越少的语音反应，表明语言水平也许是语音反应存在的重要因素，但不是唯一的。仔细研究发现，低频词、抽象词和文化陌生词往往诱发更多语音反应（白人立，2005；崔艳鄢，2006；Namei，2004），这进一步说明语音反应深受词汇知识的影响。词汇知识的学习不是一劳永逸或一无所获的事情，而是一种掌握程度的问题——从不认识到部分认识再到准确了解（Harley，1995；Henriksen，1999；Namei，2004；Wolter，2001）。不熟悉或不太熟悉的词可能会诱发语音相似的反应，这证明词汇知识的掌握程度是影响语音反应产出的一个重要因素。

这些稚气的语音反应与刺激词在语音或形态方面有些类似，大多数有共同的词首或词尾。例如：*BLARE→glare*，*BREACH→reach* 和 *PARISH→Paris*（参见表4.12）。学习单词时，学习者往往记住其开头或结尾而不是中间，好像单词是一个人躺在浴缸里，头在水的这一端，脚在水的另一端，身体浸没在水中。这种现象被称为"浴缸效应"（Aitchison，1987：119），浴缸效应表明单词的开头或结尾在记忆中特别突出，如果人们忘记了两个单词间的差异而在记忆中把它们融为一体，这些差异经常有相似的开头或结尾。就二语心理词汇的组织而言，也许有两个原因可以解释被试对刺激词的误认现象。其一，被试混淆了刺激词和其他有相似开头或结尾的词；其二，他们对刺激词不熟悉，刺激词不在他们的心理存储中。词汇搜索的大部分结果是被试直接产出语音类似的反应词，正如本次研究中的 *BEET→beat*；*BLARE→ glare* 和 *MOAT→meat*（参见表4.13）。但有时被试会把刺激词误认为其他语音相似的词而产出相应的反应词，例如本次研究中的 *BREACH* 被误认为 *BEACH* 或 *BENCH* 而产出了 *ocean*，*bank*，*coast*，*sand*，*sea*，*water*，*river* 和 *sit*，*seat*（参见表4.13）。Meara（1983：30）和其他一些研究人员（例如 Hatch & Brown，1995；张淑静，2004）等曾经指出，二语学习者往往会误认某个刺激词，把它误认为与刺激词有相似语音的词。

对刺激词的误认表明被试对刺激词没有把握，也说明他们很大一部分单词还没有建立起语义联系，或至多建立了某种联系但这种联系太脆弱，难以通过联想通达相关词汇。没有语义联系、语义联系太脆弱或只能通达语音联系的单词很难说已被习得，有效的通达几乎是不可能的。这就是为何本次研究中很多被试没能产出语义反应的原因。二语学习者心理词汇中语义联系的缺乏阻止了他们有效地通达（提取）词汇，从而阻止他们找到合适的单词进行口头或书面表达。

本次研究中被试产出大量与刺激词属于同一词族的反应词，这一发现也与以前的相关研究结果一致（例如 Meara，1983；张淑静，2004）。有证据表明，母语者通常不会把与刺激词属于同一词族的词当作反应词（Postman & Keppel，1970），这说明在一语心理词汇中，同一词族的词大部分储存在同一单元，反应词与概念而不是形式相关（Schmitt & Meara，1997：20）。相反，二语心理词汇中同一词族的成员分别独立储存（Jiang，2000），这些形态上相关的反应词的存在表明形态也许比联想知识更早习得。

4.3 词语组合关系（搭配知识）的重要性

上述实验结果表明：成年二语学习者的聚合知识优先发展，显得相对丰满，且随着语言水平的提高不断发展；而组合知识就略显单薄，且发展缓慢（Aghbar，1990；Bahns & Eldaw，1993；Gitsaki，1999；Wolter，2006）。因此我们可以推断，二语学习者的心理词库在其发展过程中的确表现出了由非语义联结向语义网络接近的趋势，但并未呈现出组合知识先于聚合知识发展的现象，而是聚合知识一直强于组合知识，没有出现组合→聚合转变的发展模式。组合知识即搭配知识的发展要比聚合知识的发展重要得多，而二语词汇之间组合关系的构建过程远比聚合关系的构建过程困难得多（Wolter，2006：746）。二语学习者在产出可接受的组合关系方面一般处于劣势，学习者尽管了解单个词项的基本意义，但却不会使用它们的搭配句式（Aghbar，1990；Bahns & Eldaw，1993），即使高水平的英语学习者搭配知识也相对较弱（Gitsaki，1999）。下面来看一下词语的搭配即组合关系对英语学习的重要性。

词语的搭配，是指词与词之间的组合关系，特别是两个或两个以上词语的习惯搭配用法，即：一些词与另一些词同时出现的语言现象。从事这一方面研究的主要人物——英国语言学家 Firth 称搭配为词的结伴关系（1957）。语言学家们把这种关系称为组合关系（syntagmatic relation），是语言学习重要的一部分。搭配在英语中比比皆是，时时处处起着阐明语义、促进语用的积极作用。首先，正确、合适的搭配无疑会使英语的使用更加自然、地道，习惯成自然。其次，搭配丰富多彩的语言可以使表达更精确明了，使话语的内容更富有情感色彩。第三，搭配可以使语言交流形式多样、意义简洁。第四，搭配具有开放性的特点，可以与时俱进，充分表现人类社会和宇宙天地的发展和变化。词语的搭配关系是语言研究和语言学习不可忽视的一个方面，对于广大英语教师和学习者来说，了解词语搭配的种类、特点及其作用，对于英语教学及学习都大有裨益。

根据不同的标准，词语的搭配关系可以划分为不同的种类，按其搭配的灵活程度划分，可分为以下三种：固定搭配、常规性搭配和创造性搭配。

固定搭配指那些在长期使用过程中已经固定下来一起出现的词项。英语的习语或成语属于此类，如 pull a long face（愁眉苦脸），wear one's heart on one's sleeve（十分坦率），等等，英语中这样的习语或成语俯拾皆是。在习语或成语的固定搭配关系中有两个主要特征：一是语义的统一性（semantic unity），这种搭配关系在语义上是不能分割的统一整体，其意义往往是不能从字面上或组成这种搭配的各个词汇意义上来揣测的；二是结构的固定性（structural stability），这种搭配的各个组成部分是固定的、完整的，不能任意拆开或替换。如 A stitch in time saves nine.（小洞不补，大洞吃苦。）中 a 不能改成 one。

虽然词与词的搭配不是固定不变的，但它们常常一起出现，如 a lucky dog, cross the bridge，等等，这种搭配在英语中大量存在，称之为常规性搭配。提到 snow，人们立刻会想到 cold 和 white，其中 snow 和 white 同现的概率要高，cold 多数为提到 snow 时人们联想到的。因此，语言中的词汇搭配与联想有密切关系，但两者并不是一回事。虽然人们一看到"舌头"便会想到"舔"这个动作，但在英语中 lick 和 tongue 同现的概率并不高。从语法角度讲，以 Chomsky 为代表的语言学家们从选择限制的角度来研究搭配关系。实质上，看一个句子能不能恰当地表达一个命题内容，一是看它是否合乎语法规则，二是看它是否从词汇的语义特征上遵循了常规搭配。

　　创造性搭配也称超常搭配。这种搭配是违反语言常规的，在通常情况下不大使用。例如，人们常说 a year ago，two days ago，但 a dream ago 或 a grief ago 也时有所见，这种创造性的搭配在日常生活会话中较少见，而多见于诗歌或文学作品中。

　　固定搭配和常规搭配都有相互预示性、句法词义关系的固定性和不可解释性等特征。Firth 指出，两个词项间的搭配关系是一种互相预示自己"搭档"可能出现的结构，某个词的出现通常预示了同它经常结对的另外的一些词。以 tea 为例，在英语中，经常同 tea 组成的搭配有 strong/ weak/ green/ black tea，to brew/ make/ drink tea，tea service，等等。更广义地讲，某些词的出现向听话者预示了某个场景、某人的职业，等等。如邮局工作人员同顾客间的对话中共现的词项肯定是 letter，mail，stamp，parcel，envelop，registered，等等。而在某个对话里共现的词项如果有 text，lesson，exercise，question，answer，quiz 等词，则预示了此对话多半是发生在教室里，教师与学生之间或者学生与学生之间。从句法的角度讲，某一特定的词需要另一特定的词同它搭配才能组成符合语义和句法的句子。例如：

　　① spick-and-span

　　② cure somebody of a disease

　　③ I enjoy playing volleyball.

　　在①中，两个并列的定语词项 spick 和 span 不能单独使用；在②中介词 of 是不能用其他词来替代的；而在③中，作为动词 enjoy 的宾语一定是名词或动名词结构，而不能是动词不定式结构。某个词项为什么必须同另一个词项共现，通常是无法解释的，甚至讲英语的本族人对有些搭配结构的原因也无从解释。如英语表达式 green with envy，green-eyed（都是"忌妒"之意），为什么要用 green，而不用 red 或 blue 恐怕无人能解释清楚。此外，词项"结交伙伴"的能力各不相同，词项"结交伙伴"的多少也不一样。限制程度高，则搭配幅度小，而且不易扩展，这就形成了固定搭配。相反，有些词项所受限制低，搭配幅度可以扩大，如 bad 一词在搭配上几乎不受什么限制。词项都有一种不断扩大搭配幅度的趋势。新词的不断产生，可以扩展词项的搭配幅度，如 fat 从与 larder 或 kitchen 搭配，扩展到与 refrigerator 搭配。应当注意的是，不同语言中词语搭配的习惯也不同，汉语的"淡茶"和"淡酒"，译成英语后则为 weak tea 和 light wine，汉语的"红茶"译成英语则为 black tea 等等。因此，在学习英语时，为了正确地使用英语，掌握英语的词语搭配是十分重要的。词语的搭配是受不同文化的思维方式、心理因素、社会习俗等影响的。

研究和掌握词语的搭配关系在英语词汇及语篇学习和教学中都有着举足轻重的意义。词汇是构成语言的建筑材料，由词汇构成句子，再由句子构成篇章，而英语学习正是包含了这些内容在内的许多方面。语言能力的提高在很大程度上同词汇的扩展密切相关。词汇的扩展并不是单纯在数量上的增加，而是与现实生活及文化密切相关的有意义的积累。词语的联想是理解词语意义的极其重要的方面，而联想又同搭配有着密不可分的关系。有时两个词的字面意义相同，但引起的联想意义却不同，所表达的意义也不同，这主要基于不同的搭配。如 pigeon 与 dove 在字面意义上是毫无区别的，其联想却不同，基督教经常把 dove 作为"圣灵"的象征，在某些结构中如果以 pigeon 来取代 dove 则近乎渎圣。同 dove 和 pigeon 常搭配的结构有 dove-eyed, pigeon-toed, pigeon-holed, pigeon-livered, 等等。同理，同一个词不同的联想意义也是由其不同的搭配决定的，如：some cookies for dessert, cookies and coffee, a smart cookie。由此可见，搭配可直接影响到对某些词语意义的理解。Alexander（1984）指出，中高级学习者在学习英语时，应重点放在学习词汇的三个"C"（collocation, context 和 connotation）上，钱瑗教授指出，在三个"C"中，核心应是学习词项的搭配或同现（1997）。这一提法不无道理，因为同现的词汇是互为上下文的，而某一词项的内涵则往往是通过其语境或上下文显示的。

在语篇层次上，搭配（或词项共现）是语篇衔接的重要手段之一。在语篇衔接上，词项复现是通过同一词项的复现、词项间的同义及近义关系或上下义关系来实现的。词语搭配在语篇层次上还可起着消除歧义的作用。语篇是一个在意义上前后连贯的整体，意义上前后连贯的语篇通常都含有衔接语义的形式标记，这些标记可以是语法层的，也可以是词汇层的。词汇衔接包括重复、同义、反义、下义、局部和搭配等语义关系。而搭配和重复与同义等其他衔接手段的不同之处在于，搭配所起的衔接作用并不完全依靠不同成分间的语义联系，而是不同成分间的同现趋向。搭配可以确定多义词的意义，改变有关词项的意义。在语篇层次上，搭配还可以起到消除歧义的作用。对于某些歧义现象，一旦有了上下文，无论原来多么难以确定的语义都可迎刃而解，这可以说是跨句搭配所起作用的结果。

综上所述，英语词语的搭配有着自己的特点和不可忽视的作用。正确理解、掌握和运用词语的搭配，对于英语词汇学习、阅读理解以及写作都有十分重要的意义。而且，在外语教学中，让学生掌握英语词项搭配组合方面的知识对于扩大词汇量，提高语言能力大有好处，教师应注意引导。

4.4　教学启示

上述实验结果对我们的教学有一定的启示：第一，教和学不是同时发生的；第二，学过的单词要经常复习；第三，二语学习者经常误认相似的词；第四，词汇习得是一个渐进的过程。下面就具体讨论一下这几点。

第一，教和学不是同时发生的。本研究表明，即使是明确教过的单词仍有相当一部分被试不知其意。这说明：教过一个单词并不代表学生已经学会了这个词，教和学并不是同时发生的，而是两个完全不同的过程。实际教学中我们经常忘记：教师讲完了某个单元并不意味着学生掌握了其中的所有词。当发现教过的单词学生还是不认识时，教师会感到沮丧甚至愤怒。然而本研究表明，学过的词仍不认识，这样的事会时有发生。教师必须明白这一点，并学会接受这一事实。而且要切忌教完一个词后就万事大吉了，否则，学生也会学过以后就把它扔到一边。词汇习得需要不断重复，才能达到长期记忆。

第二，学过的单词要经常复习。上文对单个词及单个被试的分析充分说明：学过的单词会遗忘。尤其是刚学过的词，还没有完全融入学习者的心理词汇时，更容易忘记。而且词汇知识似乎比语音或语法等其他语言知识更容易减损。Schmitt（1998）发现，大多数遗忘发生在接受性词汇（receptive words）上，而产出性词汇（productive words）不容易忘记。遗忘通常发生在词汇学习的初始阶段，因为这时词汇知识掌握还不牢固。这也表明词汇学习需要遵循遗忘规律，不断复习才能巩固记忆。外语教师必须牢记这一规律，并以此来更有效地指导教学。

第三，二语学习者经常误认相似的词。Meara（1982）曾经提出过，二语学习者倾向于错误理解某些刺激词，把其误认为与刺激词语音相似的其他词。如本研究中的被试把 *VERSE* 误认作 *vase*，把 *BEACH* 误认作 *bench* 等。*Laufer*（2001）指出，有些词尤其容易被误认。比如，infallible 一词似乎是由 in + fall + ible 构成的，人们很容易想当然地以为该词的意思是 something that cannot fall；再比如，shortcomings 看似由 short + comings 构成，意思是 short visits。这些词被误认往往是因为这些词的结构富有迷惑性（deceptively transparent）（Laufer，1997：25）。人们经常根据以往的构词法知识来猜测，最终导致误认。这种误认的危害性很大，尤其是在阅读理解时，学习者自以为认识某个词。Laufer（2001）指出，当学习者不认识某个词时，他可有下列几种选择：可以忽略它（如果认为它不重要的话），也可以查字典、问别人，还可以根据上下文猜测词义。但这一切都建立在学习者知道不认识该词的基础上。假如他自以为认识该词，而且赋予它一个错误的理解，那么学习者就会曲解该词所在的上下文。更糟糕的是，该词很可能是学习者猜测他不认识的词时所依赖的重要线索，这样，对该词的曲解会导致更大的误解。这种误认的发生归根到底还是因为对某些词不熟悉，因此只有反复学习直到非常熟悉才能避免误认。

第四，词汇习得是一个渐进的过程。这就意味着需要多次接触才能习得某个词，词汇的附带学习（incidental learning）尤其是这样。有研究表明，一次接触某词后记住该词的概率只有 5% ~ 14%（Nagy，1997：74）。而附带学习是词汇习得的一个重要手段，即使是对于正式的课堂学习也如此，因为有太多的单词需要学习，而学习时间却有限，因此不是所有的单词都能得到详细的讲解。对于有意学习（explicit learning）来说，多次接触同样重要。每一次接触某个单词，学习者就要把该词从长时记忆中提取到短时记忆中来，相关知识也同时自动激活。每一次提取都是对相关知识的一次复习。这样，有关该词的知识就得以巩固，变成长时记忆的一部分。重复接触一个词不仅有助于保持词汇知识，还能深化词汇知识。我们都知道，词汇知识包括不同的类型，如：意义、拼写、读音、词性、搭配、语域、联想等。通常，这些知识不可能一次教完：即使有足够的时间，学生也没有足够的能力来消化吸收。要深化词汇知识，学习者必须在不同的语境中重复接触某个词。Schmitt（2000）指出，第一次接触，学习者可能只注意到了词形及意义，而且很可能只是该词在一种语境中的一个意义。或许也会注意到该词的词性。在以后的接触中，所有这些知识会得以巩固，而且会接触到该词的更多用法及意义。最后，关于该词的搭配、语域及联想知识都得以习得。总之，词汇知识的发展是需要时间的。

4.5　小结

本实验调查了二语心理词汇在一段时间内的发展变化。结果表明：随着被试词汇知识的增长，其二语心理词汇中的语义联系越来越多、越来越强，而非语义联系越来越少、越来越弱。但并不是所有的词汇联系都是从语音发展到语义。倒退现象会时有发生：即被试对某些词的反应会从语义反应退化为语音反应，因为词会从认识退化成不认识。教师及学习者必须牢记：教师教过一个单词并不等于学生习得了该词；学过的单词要经常复习；有时需要多次重复接触才能真正习得一个词，才能掌握该词的各类知识，以避免误认。了解心理词汇的发展过程对词汇教学具有实际指导意义，只有掌握了其发展规律才能更有效地进行词汇的教和学。

本研究进一步证明词汇习得不是一劳永逸的，而是一个终生的过程。这就需要教师和学生制定一个长期的词汇习得计划。

首先，二语教师的词汇教学要精心设计，遵循词汇习得原理，对不同的单词采用不同的教学方法。

其次，为了习得不同的词汇知识，学生必须养成日常泛读的好习惯，这是语言学习必不可少的部分。

第三，学过的单词要不断复习，以便在短时记忆中得到巩固，在长时记忆中加以夯实。

最后，教师应意识到二语词汇语义网络的重要作用，在词汇教学中注意语境教学及词汇的聚合和组合关系，帮助学生通过同义、反义、上下义以及搭配等关系掌握生词，尽快把新学生词融入到二语心理词汇中，以确保其快速提取和正确运用。

第五章

实验 2：结果与讨论

在第三章已经提到，实验 2 是一项横向的共时研究，目的是调查四组不同语言水平的英语学习者对常用高频词的反应是怎样的，是否随着语言水平的提高，被试二语心理词汇的语音联想反应向更多语义反应发展。实验 2 于 2008 年上学期在海南进行，包括四组不同英语水平的被试，其中三组来自三个不同的自然班，第一组被试有 52 人，来自某重点高中二年级，第二、三组被试分别有 57 人和 60 人，来自某大学英语专业一年级和三年级，另外该大学外国语学院的 30 名英语教师也参与了实验。因此，他们代表了四组不同英语水平的学习者。本章将展示研究结果并回答相关研究问题，内容包括四组不同水平被试的心理词汇组织总体的发展模式、上述四种反应类型的发展特点、反应词的共同性分析和多样性描述、聚合反应和组合反应的总体发展趋势、被试和母语者一致的联想反应，接着，作者把两次实验的结果进行比较，观察分析词频对反应类型的影响，即：是否高频刺激词产出更多语义反应，低频刺激词产出更多非语义反应？最后讨论了二语心理词汇重组的必要性和紧迫性并对本章进行了小结。

5.1 实验结果

5.1.1 心理词汇组织的总体发展模式

5.1.1.1 四组被试不同反应类型的组织发展趋势

先来回答研究问题 4：四组不同英语水平被试的反应类型有何共同趋势？

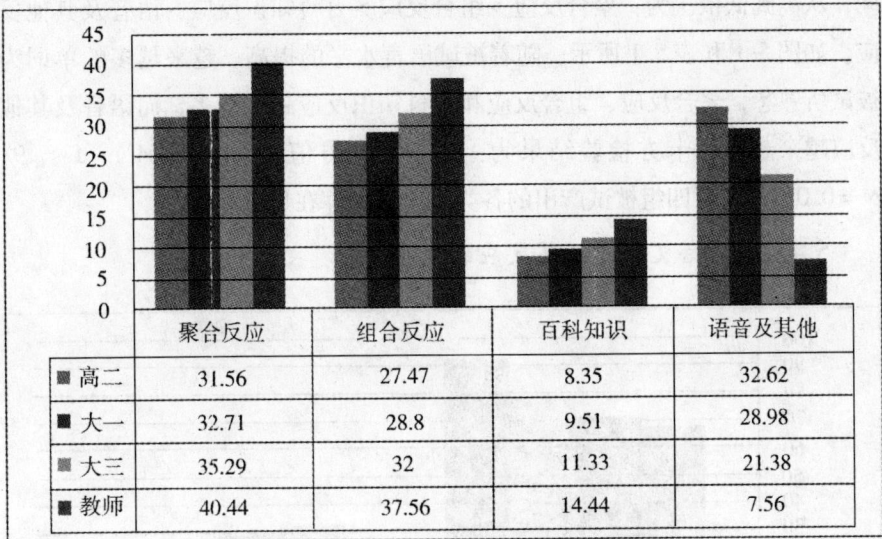

	聚合反应	组合反应	百科知识	语音及其他
■ 高二	31.56	27.47	8.35	32.62
■ 大一	32.71	28.8	9.51	28.98
▨ 大三	35.29	32	11.33	21.38
■ 教师	40.44	37.56	14.44	7.56

图 5.1　四组被试的各类反应比例

表 5.1　四组被试的各类反应比例统计表

	高二（人数 = 50）			大一（人数 = 50）			大三（人数 = 50）			教师（人数 = 30）		
	实际值	期望值	残差	实际值	期望值	残差	实际值	期望值	残差	实际值	期望值	残差
聚合反应	32	35	−3.0	33	35.3	−2.3	35	34.7	0.4	40	35.0	5.0
组合反应	27	31.5	−4.5	29	31.8	−2.8	32	31.2	0.8	38	31.5	6.5
百科知识	8		−2.8	10		−0.9	11		0.4	14		3.3
语音及其它	33	22.8	10.3	29	23.0	6.0	21	22.5	−1.5	8	22.8	−14.8
卡方值	$X^2 = 21.014^a$			自由度 df = 9			显著性 p = 0.013					

　　图 5.1 和表 5.1 描述了四组被试的各类反应总体变化趋势。可以看出四种反应类型的总体发展趋势大体一致：其中聚合反应比例最高，其次是组合反应，前三组被试产出的语音及其他反应比例明显高于百科知识反应，但教师组被试产出的百科知识反应比例略高于语音及其他反应（14.44% vs. 7.56%）。也就是说，前三组被试产出的四种反应类型排序高度一致，可以看到相同的模式，各类反应比例从高到低依次为：聚合反应 > 组合反应 > 语音及其他反应 > 百科知识反应；而教师组被试产出的四种反应比例略有不

同，从高到低依次为：聚合反应 > 组合反应 > 百科知识反应 > 语音及其他反应。如图 5.1 和表 5.1 所示，随着被试语言水平的提高，越来越多的单词为被试所熟悉，聚合反应、组合反应和百科知识反应越来越多，而语音及其他反应越来越少。卡方检验结果为：皮尔逊卡方值 $X^2 = 21.014^a$；df ＝ 9；p ＝0.013，说明四组被试产出的各类反应比例存在显著差异。

5.1.1.2　语义和非语义反应的发展趋势

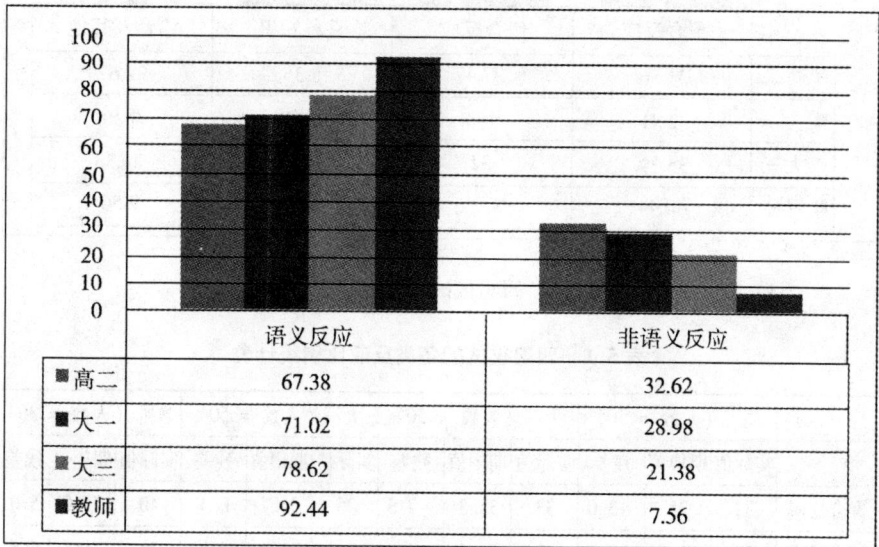

	语义反应	非语义反应
■ 高二	67.38	32.62
■ 大一	71.02	28.98
■ 大三	78.62	21.38
■ 教师	92.44	7.56

图 5.2　四组被试的语义 – 非语义反应比例

表 5.2　四组被试的语义 – 非语义反应比例统计表

	高二（人数 = 50）			大一（人数 = 50）			大三（人数 = 50）			教师（人数 = 30）		
	实际值	期望值	残差	实际值	期望值	残差	实际值	期望值	残差	实际值	期望值	残差
语义反应	67	77.3	−10.3	71	77.3	−6.3	79	77.3	1.8	92	77.3	14.8
非语义反应	33	22.8	10.3	29	22.8	6.3	21	22.8	−1.8	8	22.8	−14.8
卡方值	$X^2 = 20.755^a$			自由度 df = 3			显著性 p = 0.000					

同实验 1 一样，所有的聚合、组合与百科知识反应合并为语义反应，所有的语音及其他反应为非语义反应，这样就得到了被试词汇组织的总体发展模式（如图 5.2 和表 5.2）。四组被试的语义和非语义反应比例数据显

示，教师组产出的语义反应比例最高（92.44%），而高二学生产出的语义反应比例最低（67.38%）。语义反应比例在四组被试中均显著高于非语义反应，即使语言水平最低的高二学生语义反应比例也比非语义反应比例高出一倍多。因此我们说，被试对高频常用词的反应中语义反应占据了绝对的主导地位。卡方检验结果为：皮尔逊卡方值 $X^2 = 20.755^a$；$df = 3$；$p = 0.000$，说明四组被试的语义和非语义反应比例存在显著差异。

表5.3　四组被试语义 – 非语义反应比例的差异

	语义反应		非语义反应	
	X^2（df = 1）	p 值	X^2（df = 1）	p 值
高二　vs.　大一	134.026	0.000	58.048	0.000
大一　vs.　大三	146.015	0.000	45.979	0.000
大三　vs.　教师	167.000	0.000	24.210	0.000
高二　vs.　大三	142.001	0.000	49.874	0.000
高二　vs.　教师	154.925	0.000	34.880	0.000
大一　vs.　教师	158.958	0.000	31.334	0.000

　　为了进一步挖掘四组被试不同反应词之间的差别显著性，作者进行了卡方检验，结果表明，四组被试的两类反应比例均有显著差异，即：大一学生的语义反应比例明显高于高二学生，大三学生的明显高于高二和大一学生，教师的明显高于高二、大一和大三学生（见表5.3）。对非语义反应来说，结果也是一样的，即高二学生的非语义反应比例显著高于大一、大三学生和教师，大一学生的显著高于大三学生和教师，大三学生的显著高于教师。就总体模式而言，从高二学生到教师的反应中有一个从非语义到语义反应的转变。

　　因此，二语心理词汇的发展总趋势是词与词之间的非语义联系越来越弱、越来越少，语义联系越来越强、越来越多。对四组被试反应词的共同性和多样性及其反应类型的变化分析会进一步证实这一结果。

5.1.2　反应词的共同性分析

　　为讨论语义和非语义反应的共同性，作者收集了所有45个刺激词中反应频数最高的前三个词，共 135 个反应词。发现 18 个非语义反应中，有 16 个刺激词诱发了至少 1 个非语义反应；2 个测试词诱发了 2 个非语义反应，远远低于实验 1 中的数据比例（44.19% vs.13.34%）（见表 5.4 和附录 6）。这表明新学低频词比常用高频词诱发了多得多的非语义反应。就语义反应而言，学习者产出的聚合反应比例明显高于组合反应比例（实验 1 为 47.5% vs.8.31%；实验 2 为 54.07% vs.32.59%）（图 5.1 和表 5.1 也证实了这一点）。135 个反应词中，组合反应只有 43 个（*good* 出现 3 次，算一个词），而聚合反应有 72 个，这两种反应类型比例的差异再一次表明二语词汇联想知识有着与一语不同的特有路径，即成年二语学习者的聚合知识优先发展，组合知识的发展相对较弱。这两种联想反应之间的比例差距同时向前人的结论——伴随语言水平的提高，学习者的反应模式逐渐和母语者趋于一致，即发生所谓的"组合→聚合转变"（syntagmatic-paradigmatic shift）——提出了挑战，也表明聚合反应在学习者心理词汇中起着一定的作用。表 5.5 概括了四组被试聚合反应和组合反应的总体发展趋势。两种反应类型在四组被试中的总体变化趋势一致，即教师组反应比例最高，高二组最低。四组被试中聚合反应比例均高于组合反应，"组合→聚合"反应转变的现象同样没有出现。

表 5.4　实验 1 和实验 2 中诱发非语义反应的刺激词数量对比

.	诱发非语义反应的刺激词数量			
	至少 1 个	2 个	3 个	所占比例
实验 1	38	12	2	44.19%
实验 2	16	2	0	13.34%

表 5.5　四组被试聚合反应和组合反应的总体趋势

	高二（N.=50）		大一（N.=50）		大三（N.=50）		教师（N.=30）	
	频数	百分比	频数	百分比	频数	百分比	频数	百分比
聚合反应	710	31.56	736	32.71	794	35.29	546	40.04
组合反应	618	27.47	648	28.8	720	32	507	37.56

　　以上分析同样证实了前人的观点：二语词汇联想知识有着与一语不同

的特有路径，即成年二语学习者的聚合知识优先发展，组合知识的发展相对较弱。

5.1.3 反应词的多样性描述

同实验 1 一样，笔者计算了四组被试就每个刺激词给出的反应词形次比（见图 5.3 和附录 7）。如图 5.3 所示，教师组的平均形次比最高，高二组的最低，大一和大三组的介于两者之间，但大一组与高二组差别不大（50.27% vs. 51.69%），大三组比教师组低 4 个百分点，比高二组高 3 个百分点。这与实验 1 的结果基本一致，即：随着二语学习者语言水平的提高和语言接触的增多，其非语义反应逐渐减少，语义反应逐渐增多。

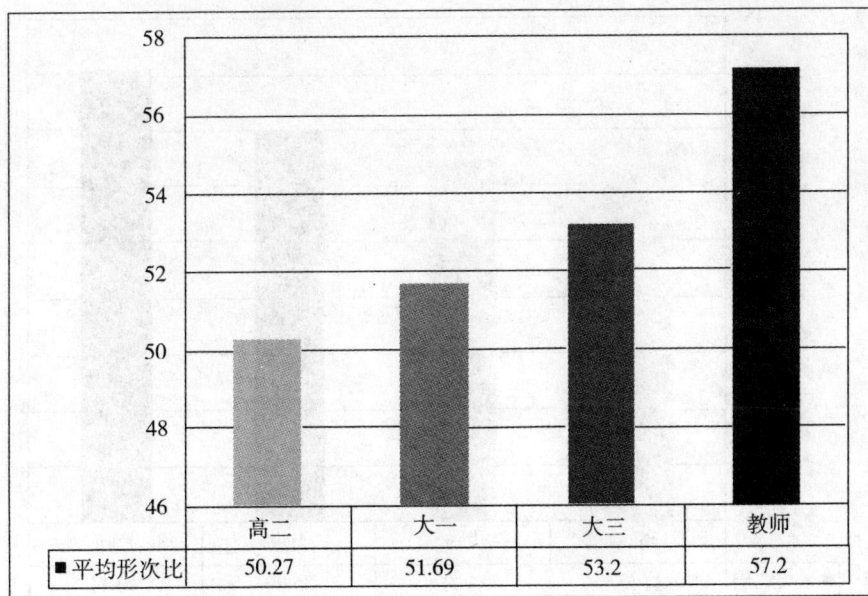

	高二	大一	大三	教师
■平均形次比	50.27	51.69	53.2	57.2

图 5.3 四组被试的平均形次比

5.1.4 四种反应类型的发展特征

以上分析的词汇组织总体发展模式表明：随着被试语言水平的提高，

二语心理词汇中的语义联系越来越多，非语义联系越来越少，本节将对所有四种反应类型的频数和比例的详细分配进行定量和定性分析

5.1.4.1 聚合反应

表5.1、图5.1和5.4的结果显示，聚合反应的比例有三分之一左右并在四组被试中变动，教师组的比例最高，超过三分之一（40.44%），而高二组最低（31.56%），大一组仅比高二组高出1个百分点，大三组基本介于中间（35.29%）。也就是说，就四组被试给出的聚合反应排序来说，可以看到相同的模式，从高到低依次为：教师组＞大三组＞大一组＞高二组。较明显的趋势是，随着语言水平的提高和语言接触的增多，被试产出越来越多的聚合反应。

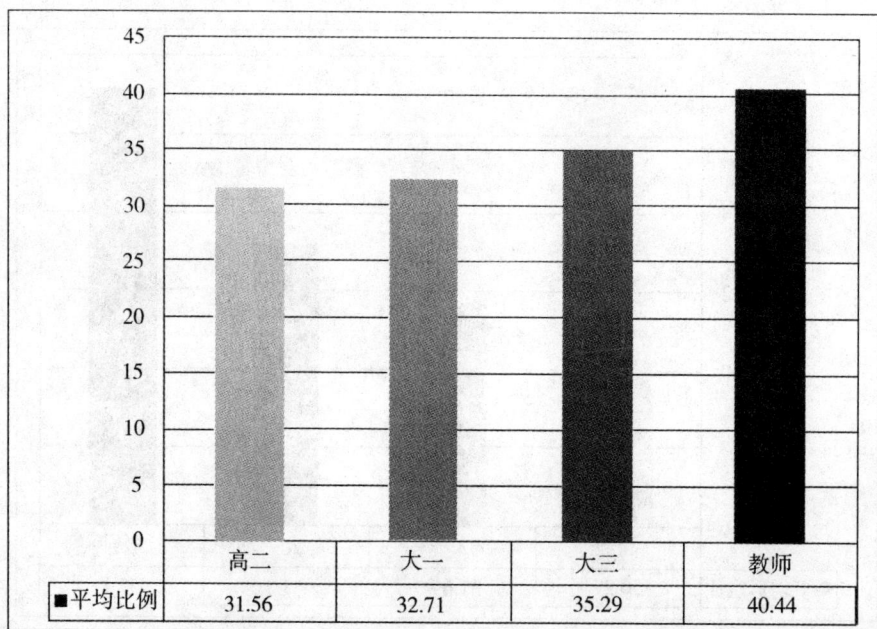

	高二	大一	大三	教师
■平均比例	31.56	32.71	35.29	40.44

图5.4 四组被试聚合反应的平均比例

为了比较聚合反应在四组被试间的差异，笔者进行了频数和卡方检验分析（见表5.6）。结果表明：每两组被试间的聚合反应比例均有显著差异。

100

表 5.6　四组被试聚合反应的差异

被试	平均值	最小值	最大值		X^2（df = 1）	p 值
高二组	17.27	2	36	高二组 vs. 大一组	61.061	0.000
大一组	17.51	5	37	高二组 vs. 大三组	63.052	0.000
大三组	19.82	6	36	高二组 vs. 教师组	68.007	0.000
教师组	14.67	4	25	大一组 vs. 大三组	64.055	0.000
				大一组 vs. 教师组	69.019	0.000
				大三组 vs. 教师组	71.036	0.000

表 5.7　三个频率最高的聚合反应举例

刺激词	反应词	高二组	大一组	大三组	教师组	总数
RIVER	*Water, fish, sea*	32	30	33	22	117
FRUIT	*Apple, eat, vegetable*	31	33	36	14	114
RED	*Green, blue, yellow*	36	32	28	13	109

仔细研究反应词发现，45 个刺激词都诱发了不同数量的聚合反应，出现频率从 10 到 117 不等。诱发聚合反应最多的前 6 个刺激词分别是：*RIVER*，*FRUIT*，*RED*，*CITY*，*HEAD* 和 *HAND*，其反应词出现频率分别是 117，114，109，107，105 和 105，这些词都是日常使用频率较高的具体词，词频比其他刺激词稍高。刺激词 *FRUIT* 典型的反应词是 *apple*，是 *FRUIT* 的下义词，出现频率为 65/50 × 3 + 30，这也许表明在多数二语学习者心理词汇中，*apple* 是 *FRUIT* 的原型，与 *FRUIT* 的联系最强，而 *orange*（6/180）、*banana*（4/180）、*pineapple*（1/180）和 *watermelon*（1/180）与 *FRUIT* 的联系不如 *apple* 更强，因为他们在 *FRUIT* 这一类词中居于更边缘的位置。此外，*apple* 在母语者的反应中也是最多的（EAT，Kiss et al.，1973）。刺激词 *CABBAGE* 的典型反应词是 *vegetable*（21/180），Rosch（1975）的研究中 *pea* 是 *VEGETABLE* 范畴中最好的例子，而 EAT 中 *carrot* 是 *VEGETABLE* 最典型的反应词（同上）。表 5.7 给出了三个频率最高的聚合反应实例。

仔细研究聚合反应发现，高水平的被试可以产出更多抽象的低频反应词，这也许是因为他们拥有更大的词汇量，词汇深度掌握好以及心理词汇组织良好。例如：对所有被试来说，刺激词 *MUSIC* 最典型的聚合反应是 *song*，而大三组和教师组被试给出了 *romantic* 和 *rhythm* 这样的反应词。同样的倾向可以从刺激词 *BUTTERFLY* 的反应词表现出来，高水平被试给出了 *worm*，*insect* 和 *dragonfly* 之类刺激词的上义词和并列词，而其他两组的被试没能产出这样的单词，说明他们心理词汇量小，词汇知识肤浅、不扎实。

5.1.4.2　组合反应

　　表5.1、图5.1 和5.5 的结果描述了四组被试组合反应的比例，教师组的比例最高，超过了三分之一（37.56%），而高三组的最低（27.47%），大一组和大三组介于中间（28.8% 和32%）。也就是说，就四组被试给出的组合反应的排序来说，可以看到相同的模式，从高到低依次为：教师组 > 大三组 > 大一组 > 高二组。较明显的趋势是，随着语言水平的提高和语言接触的增多，被试产出越来越多的组合反应。表5.8 显示了组合反应在四组被试间的差异，即：每两组间的组合反应均有显著差异。组合反应的总体发展趋势与聚合反应一样，即：随着被试语言水平的提高，组合反应的比例越来越高。

　　仔细研究发现，不同类型的组合反应中，名词短语的比例要高些，其数量在大三组和教师组高水平的被试中都有所增加，同实验1一样：这一方面是因为刺激词的词性以名词为主，另一方面也许表明被试习得名词短语要容易一些。这些名词短语既有和低水平被试产出的短语相同的，也有一些抽象程度高、词频更低的，说明被试的词汇组织模式更趋于抽象化。45 个刺激词都诱发了组合反应，出现次数从 5 到 114 不等。例如：*BABY* 是诱发最多组合反应的刺激词（114/180），高水平被试给出了 *hug*，*smart* 和 *babysitter* 等；四组被试就刺激词 *CHILD* 给出的最多搭配是 *lovely*，与崔艳嫣的研究一致（2008），高水平被试还能够给出 *cute*，*rear* 和 *innocent* 等反应词。刺激词 *BEAUTIFUL* 诱发了 *crystal* 和 *Mediterranean*。这些例子表明这样一个事实：高水平被试相对低水平被试拥有的心理词汇量更大、组织更完善。

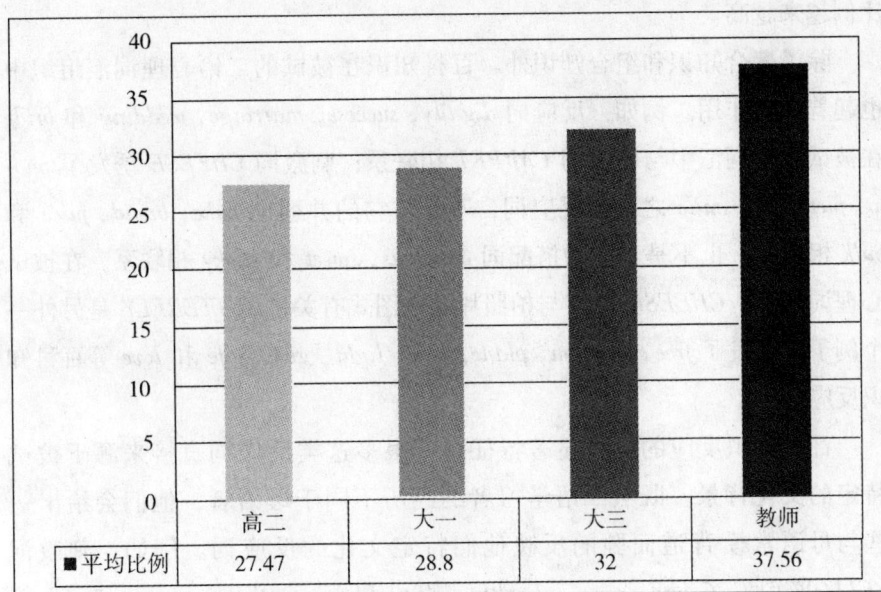

	高二	大一	大三	教师
■平均比例	27.47	28.8	32	37.56

图5.5 四组被试组合反应的平均比例

表5.8 四组被试组合反应的差异

被试	平均值	最小值	最大值		X^2（df=1）	p值
高三组	16.07	0	34	高二组 vs. 大一组	52.067	0.000
大一组	16.73	0	34	高二组 vs. 大三组	55.040	0.000
大三组	17.76	2	36	高二组 vs. 教师组	60.947	0.000
教师组	10.18	1	22	大一组 vs. 大三组	57.056	0.000
				大一组 vs. 教师组	62.988	0.000
				大三组 vs. 教师组	66.028	0.000

5.1.4.3 百科知识反应

百科知识反应在四组被试中比例最小，只有8.41%（见表5.1和图5.6）。教师组的百科知识反应（14.44%）略高于大三组（11.33%）、大一组（9.51%）和高二组（8.36%）。卡方检验结果显示，每两组间的百科知识反应均有显著差异（见表5.9）。百科知识反应的总体发展趋势与聚合反应和组合反应一样，即：随着被试语言水平的提高，百科知识反应的比例越来越高。

除了聚合知识和组合知识外，百科知识在被试的二语心理词汇组织中也起着一定作用。例如：反应词 *dignity*，*success*，*marriage*，*wedding* 和 *bride* 在被试心理词汇中与刺激词 *CARPET* 相联系；刺激词 *CHEESE* 诱发了 *photo*，*picture* 和 *smile* 之类的反应词，不是与它的并列词 *cake*，*bread*，*juice* 和 *milk* 相联系，也不是与它的搭配词 *delicious*，*sweet* 和 *sticky* 相联系，在被试心理词汇中，*CHEESE* 也许与拍照片这一图式有关；*BUTTERFLY* 是另外一个例子，诱发了 *free*，*freedom*，*plane*，*love*，*light*，*girl*，*wife* 和 *love* 等百科知识反应。

百科知识反应的另一显著特征是：很多这类反应词直接来源于被试特定的文化背景。既然二语学习者的经历不同于母语者，他们会给出一些与母语常模背道而驰的反映他们特定文化的反应词。例如：刺激词 *YELLOW* 引发了 *bad*，*sex*，*unhealthy*，*dirty* 和 *crime* 以及 *emperor* 和 *rich* 等联想，这些反应在母语者联想中是不存在的（Kiss et al.，1973；Postman & Keppel，1970：38），英语中表达前者概念的单词是 *blue* 而不是 *yellow*，但是汉语中的"黄"包含了 *bad*，*sex*，*unhealthy*，*dirty* 和 *crime* 以及 *emperor* 和 *rich* 等涵义，汉语翻译的意义被学习者强加在了英语单词 *YELLOW* 上；刺激词 *MOON* 的反应词 *moon-cake*，*home*，*homesick*，*hometown*，*rabbit* 和 *mum* 等也表明母语语义和百科知识（中秋月饼、思乡和玉兔）对二语心理词汇组织的影响，同样这些反应词在母语者联想常模中是不存在的；刺激词 *RED* 引发了 *china*，*love*，*active*，*enthusiasm*，*passionate* 和 *revolution* 等与中国文化密切相关的反应词；刺激词 *BUTTERFLY* 诱发了 *free*，*freedom*，*girl*，*wife*，*love* 和 *song* 等反应词，因为在中国文化中，蝴蝶既是自由自在的象征，也是年轻男女爱情的象征，是一种美好事物的媒体（但是英语中用 *butterfly* 描写女性时指其轻浮的特征）。可以说这些反应词与中国文化和信仰紧密相关，此外，二语心理词汇的结构很可能是二语语义和母语翻译对等词的混合。

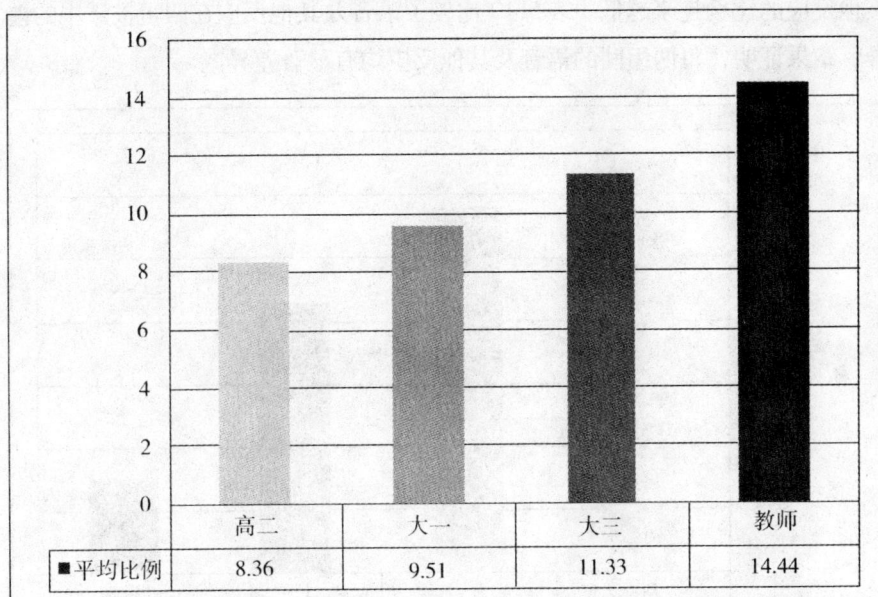

■平均比例	高二	大一	大三	教师
	8.36	9.51	11.33	14.44

图5.6 四组被试百科知识反应的平均比例

表5.9 四组被试百科知识反应的差异

被试	平均值	最小值	最大值		X^2（df = 1）	p值
高二组	3.04	0	12	高二组 vs. 大一组	14.178	0.000
大一组	2.73	2	17	高二组 vs. 大三组	15.119	0.000
大三组	3.51	0	14	高二组 vs. 教师组	17.891	0.000
教师组	3.42	0	15	大一组 vs. 大三组	17.182	0.000
				大一组 vs. 教师组	20.062	0.000
				大三组 vs. 教师组	21.106	0.000

5.1.4.4 语音及其他反应

表5.1、图5.1和5.7描述的结果显示，语音及其他反应占有一定比例并在四组被试中变动，高二组比例最高，占了32.62%（734/2250），大一被试给出652例，占28.98%（652/2250），大三被试给出481例，占21.38%，教师组比例最低（7.56%）。语音及其他反应的总体发展趋势与聚合反应、组合反应和百科知识反应正好相反，即：随着被试语言水平的提高，语音及

其他反应的比例越来越低。表 5.10 比较了语音及其他反应在四组被试中的差异，结果证明，每两组间的语音及其他反应均有显著差异。

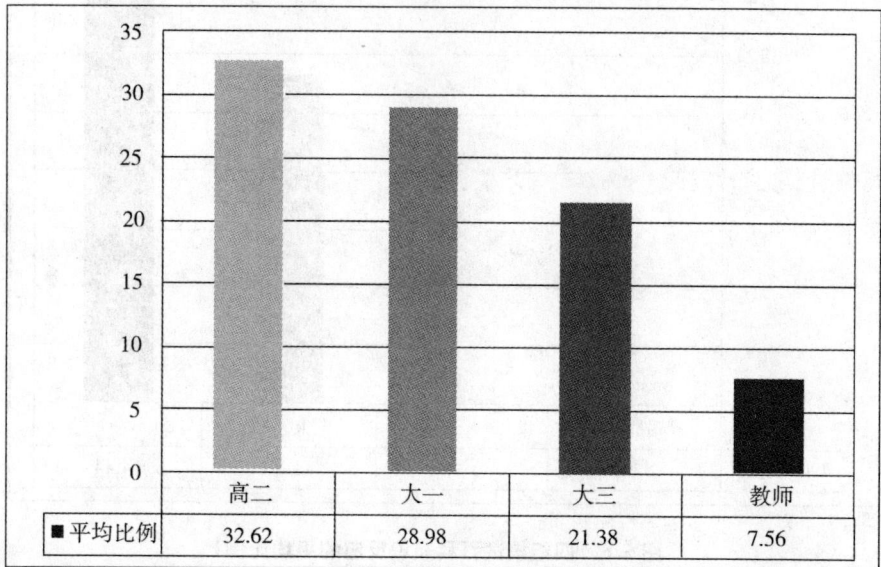

图 5.7　四组被试语音及其他反应的平均比例

表 5.10　四组被试语音及其他反应的差异

被试	平均值	最小值	最大值		X^2（df = 1）	p 值
高二组	13.62	0	48	高二组 vs. 大一组	58.048	0.000
大一组	13.02	2	42	高二组 vs. 大三组	49.874	0.000
大三组	8.91	0	27	高二组 vs. 教师组	34.880	0.000
教师组	1.78	0	7	大一组 vs. 大三组	45.979	0.000
				大一组 vs. 教师组	31.334	0.000
				大三组 vs. 教师组	21.210	0.000

　　仔细研究发现，所有 45 个刺激词都诱发了语音及其他反应，数量从 7 到 121 不等。笔者运用 AntConc 软件中的词表工具做出表 5.11，该表给出了诱发最多语音及其他反应的前 10 个刺激词、在美国当代语料库（COCA）中的词频及其三个典型反应词。很明显，这 10 个诱发最多语音及其他反应的刺激词主要是抽象名词（有 6 个）。抽象刺激词 *JUSTICE* 虽然词频不低，却

诱发了最多的语音及其他反应（在四组被试中分别是48，42，25，6，共121个），为了找到被试给出最多这类反应的合理解释，作者仔细检查了反应词发现，*just* 是四组被试中频率最高的反应词（分别是：21，13，7，2，共43个）。另外，被试给出的下列典型反应词都是英语中实际存在的单词：*juice*，*orange*，*drink*，*delicious*，*sweet*，*hot*，*water* 和 *hungry* 等。可以看出，学习者把 *JUSTICE* 误认为了 *juice* 而产出了与 *juice* 语义相关的反应词，这些反应词主要由低年级的被试给出，表5.12总结了词汇误认带来的反应词。

检查分析完 *JUSTICE* 的反应词后，我们用同样方法来检查分析一下词频略低的具体词 *CARPET* 的反应词，它诱发了118个语音及其他反应（分别是47，42，27，2，共118个）。刺激词 *CARPET* 诱发了 *car*，*cat*，*pet*，*cup*，*cappa*，*carret*，*carter*，*card*，*carbon*，*careful*，*cuport*，*cupboard*，*target* 和 *upset*，这些反应词中既有实际存在的单词，也有被试的生造词，它们在发音和拼写上很相似，特别是开头或结尾很相似，再次验证了"浴缸效应"。刺激词 *CHEESE* 是另外一个例子，它的词频介于 *JUSTICE* 和 *CARPET* 之间，是具体词，诱发了94个语音及其他反应（分别是36，29，25，4，共94个）。*CHEESE* 的这类反应词有两种，一种在发音和拼写上与刺激词很相似，特别是开头或结尾很相似，如：*choose*，*cheer*，*choice*，*chest*，*chess*，*check*，*chee*，*cheerful*，*nose* 和 *cheese* 等，另一种是 *CHEESE* 被误认为 *chase* 而诱发了与其语义相关的 *mouse*，*basketball*，*competition* 和 *person* 等。

表5.11 诱发最多语音及其他反应的前10个刺激词

刺激词	词频	典型反应词	高二组	大一组	大三组	教师组	总数
JUSTICE	1492	*Just*43，*juice*8，*orange*7	48	42	25	6	121
CARPET	4142	*Car*32，*cat*7，*pet*7	47	42	27	2	118
CHEESE	2122	*Choose*25，*cheer*5，*choice*4	36	29	25	4	94
COMFORT	2951	*Comfortable*43，*uncomfort*4，*come*2	27	26	23	6	82
CABBAGE		*Bag*12，*cat*4，*age*3	28	26	16	0	70
DEEP	978	*Sheep*6，*deeply*5，*depth*5	25	18	19	5	67
ANGER	2382	*Angry*23，*angle*6，*hungry*5	19	25	19	3	66
JOY	2840	*Enjoy*，*boy*4，*joyful*4	22	19	20	4	65

刺激词	词频	典型反应词	高二组	大一组	大三组	教师组	总数
MEMORY	894	*Money*5，*memorize*4，*member*3	19	24	11	4	58
HEALTH	345	*Healthy*26，*body*14，*wealth*5	17	22	12	6	57

表 5.12　被误认的刺激词及相应的反应词

刺激词	被误认为	相应的反应词
JUSTICE	*juice*	*juice*，*orange*，*drink*，*delicious*，*sweet*，*hot*，*water*，*hungry*，*treat*
CHEESE	*chase*	*Mouse*7，*basketball*2，*competition*，*person*，*goose*
THIRSTY	*thirty*	*Third*，*fifty*，*two*，*three*，*forty*
WISH	*wash*	*Cloth*3，*tired*
WINDOW	*wind*	*Rainbow*2，*fly*，*follower*
FOOT	*food*	*Eat*2，*taste*
SLEEP	*sheep*	*Pig*，*cat*，*grass*，*horse*
CABBAGE	*luggage*	*Schoolbag*，*hometown*，*trip*，*travel*，*train*

同实验 1 一样，本实验再次发现了某些刺激词被误认为与其发音和拼写类似的其他词的现象，例如，前面提到的 *JUSTICE* 被误认为 *juice*，*CHEESE* 被误认为 *chase*。对语音及其他反应词与其刺激词进行仔细检查对比之后发现，四组被试给出的反应词中还有其他词被误认并产出相应反应词的现象，详见表 5.12。

表 5.13　刺激词及同一词族的反应词

刺激词	反应词	刺激词	反应词
COMFORT	*Comfortable* 43，*comfortably* 1	*DREAM*	*Dreamer* 3
JUSTICE	*Just* 43	*QUIET*	*Quietly* 3
CHILD	*Children* 31	*SLEEP*	*Sleepy* 3，*sleeping*，*slept*
HEALTH	*Healthy* 26	*MUSIC*	*Musician*
ANGER	*Angry* 23	*MOUNTAIN*	*Mountaineer*，*mount*
JOY	*Enjoy* 23，*joyful* 2	*FRUIT*	*Fruitful*

刺激词	反应词	刺激词	反应词
FOOT	*Feet* 19	*CITIZEN*	*Citizenship*
THIEF	*Thieves* 6, *theft*	*WORKING*	*Work*, *worker*
DEEP	*Deeply* 5, *depth* 5	*TROUBLE*	*troublesome*
MEMORY	*Memorize* 4	*CITIZEN*	*Civil*, *citizenship*
BEAUTIFUL	*Beauty* 4	*SOLDIER*	*soldiery*

与上述借助语音和拼写相似性或误认其他词而产出反应词的方法不同，词频居于 2,000 ~ 3,000 的抽象词 *COMFORT*，*ANGER* 和 *JOY* 等刺激词诱发了另一类非语义反应词，*COMFORT* 的所有 180 个反应词中，出现频率最高的是 *Comfortable*（43 次，占 23.9%），该反应词与刺激词是属于同一个词族。至于 *ANGER* 和 *JOY*，最高频的反应词分别是 *Angry*（出现 23 次）和 *Enjoy*（23 次），词频低于 1,000 的超高频刺激词 *CHILD*，*HEALTH* 和 *FOOT* 也出现了类似模式，诱发了反应词 *children*（41 次），*healthy*（26 次）和 *feet*（19 次）。总体趋势是：被试倾向于产出与刺激词属于同一词族的反应词，表 5.13 总结了诱发了同一词族反应词的刺激词，共有 22 个。

表 5.14　四组被试没给出任何反应的前五个刺激词

刺激词	高二组	大一组	大三组	教师组	总数
CARPET	5	5	1	0	11
JUSTICE	8	3	0	0	11
CHEESE	4	4	1	0	9
CABBAGE	4	1	2	0	7
JOY	1	1	0	1	3

对刺激词仔细观察发现，有 25 个刺激词没有诱发任何反应，有 11 个被试分别对其中的抽象名词 *JUSTICE* 和 4,000 词频的 *CARPET* 没给出任何反应，其次是 *CHEESE* 和 *CABBAGE*。表 5.14 总结了四组被试没有给出任何反应的前五个刺激词。与测试卷中其他刺激词相比，这五个词词频略低，还有些抽象词。因此词频和抽象性可能构成了影响反应类型的因素。

表 5.15 和图 5.8 概括了四组被试各类语音及其他反应的总体趋势。从中可见，语音反应词比例最高，无反应词的比例最低，其中语音反应词的比例在四组被试各类语音及其他反应中均超过了一半，说明常用高频词的语音在心理词汇组织中占据一定的地位，换句话说，二语心理词汇的组织中语音起着一定作用。卡方分析表明，四组被试各类语音及其他反应的比例不存在显著差异（$X^2 = 11.189^a$；df = 8；p = 0.513）。

表 5.15　四组被试各类语音及其他反应的总体趋势

	高二组		大一组		大三组		教师组	
	频数	百分比	频数	百分比	频数	百分比	频数	百分比
语音反应词	267	36.38	249	38.19	196	40.75	41	40.20
无法归类词	265	36.1	245	37.58	178	37.01	34	33.33
词族反应词	107	14.58	89	13.65	80	16.63	23	22.55
误认反应词	44	5.99	32	4.91	14	2.91	3	2.94
无反应词	51	6.95	37	5.67	13	2.70	1	0.98

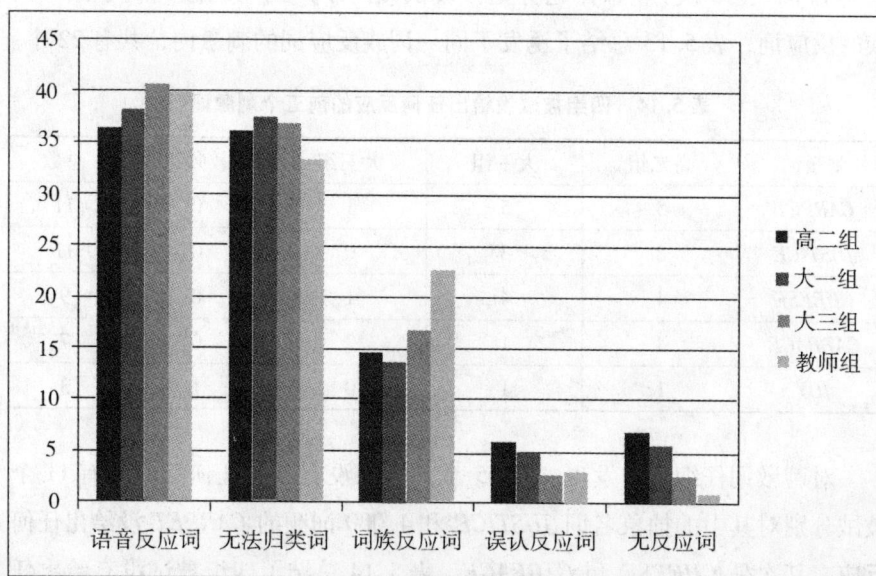

图 5.8　四组被试各类语音及其他反应的总体趋势

5.1.5 被试和母语者一致的联想反应

以上分析了二语心理词汇的结构，目的是了解二语词汇组织的发展特征。本实验的另一目的是调查二语者与母语者的联想反应是否有相似性（例如：Kruse et al.，1987；Schmitt，1998a；Wolter，2002），这种比较方法主要是把二语学习者的联想反应与母语者的进行对比，母语者的联想反应有两种来源，一种是已经确立的权威的联想常模，另一种是以母语者为控制组，让他们给出与二语者相同刺激词的反应词。由于条件所限，本实验采用第一种方法。大一组被试为中级学习者，大三组被试为高级学习者，其联想反应与 EAT 联想常模进行对比。这是因为 EAT 联想常模是由 100 名母语大学生产出的，刺激词也是来自 Kent-Rossanoff 联想词表，与本实验联想刺激词来源一致。

分析过程如下：首先，把两组被试就每个刺激词给出的所有反应词收集起来，存成纯文本格式的文档；然后用词表工具查出前三个频率最高的反应词，并做出表格（见附录 8）；接着查阅 EAT 联想常模，找出母语者给出的频率最高的前三个反应词，与本实验被试给出的反应词进行对比，一致的联想反应以粗体凸显。结果显示：尽管两组被试的心理词汇组织很相似，但与低年级被试相比，高水平被试就某些刺激词给出的联想反应与母语者的相似程度更高一些。

5.2 词频对反应类型的影响

为了检验刺激词的词频对语义－非语义反应的影响，以便回答最后一个问题，即：是否高频刺激词产出更多语义反应，低频刺激词产出更多非语义反应？作者把两次实验的结果放在一起进行了对比，即把实验 1 的 40 个低频词和实验 2 的 45 个高频词产出的语义－非语义反应进行了对比。如

图 5.9 和表 5.16 所示，高频刺激词比低频词诱发了多得多的语义反应，即使语言水平最低的高二学生对高频词产出的语义反应比例也要比英语专业大二学生对低频词产出的多（67.38% vs.56.83%），高频词诱发的非语义反应呈下降趋势，同时低频词诱发的语义反应略有上升。另一个明显的趋势是：低频词诱发的非语义反应在三次测试中基本没什么改变，表明低频刺激词比高频刺激词产出了多得多的非语义反应，同时也说明三个月中被试没怎么接触到这些低频词。

表 5.16　高－低频刺激词诱发的语义－非语义反应比例

	高二组	大一组	大三组	教师组	测试1	测试2	测试3
语义	67.38	71.02	78.62	92.44	42.68	48.82	56.83
非语义	32.62	28.98	21.38	7.56	57.32	51.18	43.17

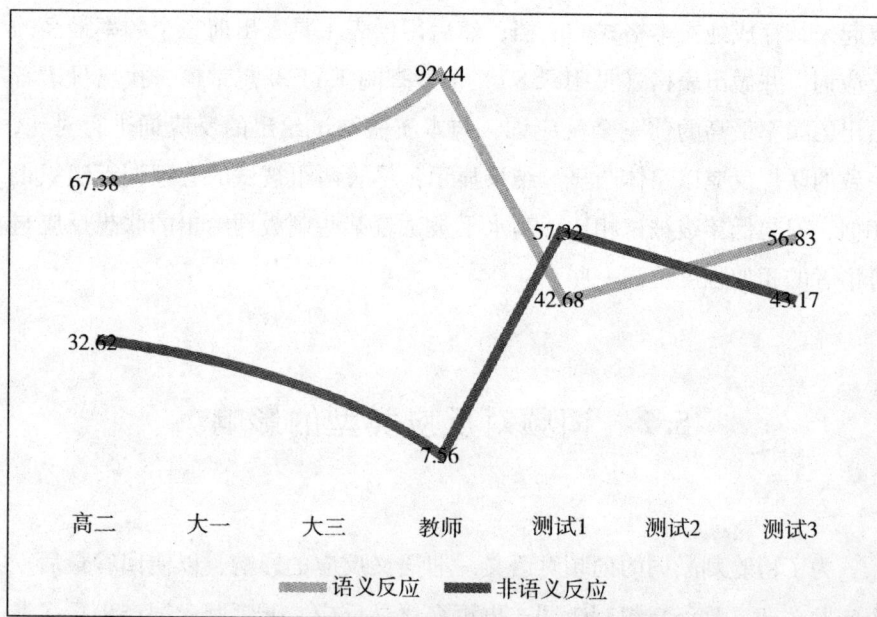

图 5.9　高－低频刺激词诱发的语义－非语义反应比例

5.3　结果讨论

5.3.1　词汇组织的总体发展模式

研究问题4是关于被试四种不同反应类型的共同发展趋势及语义和非语义联想反应的发展趋势。实验结果证明，从高二组到教师组，语义反应逐渐增加，语音反应逐步减少。因此，我们可以得出结论：随着二语学习者英语水平的提高，其心理词汇从语音向语义稳步发展。二语学习者的反应特征表现为：第一，即使是高水平的二语者也产出了语音及其他反应；第二，即使是低水平的学习者也产出了较多的聚合反应；第三，高水平的学习者产出了较多的组合反应。四组被试都产出了语音及其他反应（尽管高水平的教师组被试产出的该类反应较少），这也许表明：语音在二语心理词汇组织中起着重要作用，即使在语言水平的高级阶段，语音也没有被完全放弃，这是因为词汇学习是一个终生的过程。这再一次证明：把不熟悉的词通过发音和别的词建立联系也许是词汇习得过程的第一步，心理词汇组织基于形式的特征不是语言水平的表现，而是每个单词习得必经的基本阶段（Namei, 2004：363）。

因为词汇习得是一个终生的过程，词汇习得与否其实是词汇知识是否熟练的问题（Henriksen, 1999；Wolter, 2001；Söderman, 1993），所以组合→聚合转变不是整个心理词汇的组织特征，而是每个单词的发展特征，表明词汇知识在不断增长。Entwisle（1966）认为，每个单词联想的发展阶段都是由语言接触的不断增加决定的，随着接触的不断积累，某个特定单词的联想会从异常反应到早期组合反应、聚合反应然后到晚期句法反应。句法联系晚期不同于早期的地方在于它们是意义的扩展，表明学习者对概念有了更完整、丰富、准确的理解。这表明，整个心理词汇在所有的时间里都包括处于不同发展阶段的单词，

处在从不知到有所知，再到准确词汇知识的不断变化的连续体中
（Henriksen，1999）。

有关词汇知识掌握程度这一概念的解释，有几种不同的词汇知识连续
体框架模型（例如：Wesche & Paribakht，1996；Henriksen，1999；Wolter，
2001；Namei，2004）。Wolter 的模型强调词汇知识深度的重要性，这决定
某一特定单词在心理词汇中的位置，该词在心理词汇中与其他词之间形成
的联系强度被看成是对该词的熟悉程度，即它与核心词汇之间的距离；
Namei 的模型基于前人和她本人的词汇联想研究结果，把词汇知识连续体
框架与每一发展阶段的潜在组织范畴相联系，试图表明单词在词汇连续体
中是怎样发展变化的，强调每个单词组合→聚合转变的出现都是不同的。
二语心理词汇既包括刚学习的单词和学习了一部分含义的单词，也包括经
历了整个学习阶段的单词。刚学习的单词会诱发语音反应，表明它们在心
理词汇中主要是语音组织；学习了一部分含义的单词与其他词之间的组合
联系会强些，而那些已经熟悉并融合到心理词汇中的单词以聚合联想与其
他词联系在一起。正如 Singleton（1999：136）指出的：每个单词都有自己
的发展历史，随着与内部系统越来越融合，它会从更多语音联系发展到更
多语义联系。

5.3.2　四种反应类型的发展特征

5.3.2.1　语义反应的发展特征

本实验结果显示（见表5.1和图5.1）：

第一，四组被试语义反应（聚合、组合与百科知识反应）的比例均超
过三分之二，教师组的高达92.44%。

第二，随着语言水平的提高，被试往往给出更多的聚合、组合和百科
知识反应。

第三，四组被试各类反应的排序高度一致，即聚合反应 > 组合反应 >
百科知识反应。

第四，四组被试聚合反应比例均明显高于组合反应。

第五，词频高的具体词往往产出更多语义反应。

第六，少量反应与一语和二语的文化背景有关。

由于本实验中的45个刺激词都是英语学习中最常用的基础词汇，被试给出的语义反应比例均超过三分之二不难理解。随着语言水平的提高，被试也会给出更多的聚合、组合和百科知识反应。四组被试给出的聚合反应比例高于其他三种，但在四组被试中有些波动，原因也许在于语言水平不是决定聚合反应的唯一因素，单词本身固有的知识也会对反应类型有所影响；另外，这45个刺激词都是被试熟悉的高频词，而本实验只要求被试给出一个反应词，也许高水平被试头脑中的反应词不止一个，几个反应词竞争的结果可能是聚合反应胜出，也可能是组合反应胜出，甚至是语音及其他反应胜出。

我们发现刺激词 FRUIT 和 CABBAGE 的典型反应词分别是 apple 和 vegetable，这类反应词可以用原型理论（Prototype theory）来解释。原型理论是由原美国认知心理学家 Eleanor Rosch（1973，1975）提出来的一种概念构建模式，用于解释人类范畴理论，后来被应用在词汇语义学领域，以解释古典范畴理论难以描述的众多语言现象。原型理论不同于古典范畴理论的地方在于：同一原型范畴中的成员地位是不平等的，一些成员比另一些更典型（Lakoff，1987），原型处于核心地位；同一范畴的成员轮廓不是很鲜明，而是边缘很模糊；成员之间具有家族相似性（Family Resemblance）；具有相似性越多的成员越处于核心、焦点地位，具有相似性越少的成员，越处于边缘地位等。用在词汇习得研究中，该理论认为，在学习某一范畴时，学习者首先习得居于核心地位的典型成员，然后逐渐向次典型成员延伸（Taylor，1995）。Apple 也许是 FRUIT 范畴中的典型成员，比其他次典型成员如 pear，pineapple 和 orange 习得要早。词表的选择即是原型理论在教学中的应用，像 apple 这样属于基础范畴水平的单词应该设计在基础阶段教学词表中。

所谓的"组合→聚合转变"在这次研究中同样没有发现。一种可能的解释是，这种转变已经在之前发生了，因为这次研究中的刺激词是英语学习最常用的基础词汇，被试已经掌握，并给出了超过三分之一的聚合反应。另一种解释可能与 Wolter（2001）的发现一致，即：所谓的"组合→聚合转变"只不过是组合和聚合反应的增加与语音及其他反应的减少。这种转变不是整个心理词汇的组织特征，而是每个单词的发展特征，表明词汇知识在增加（Namei，2004：382）。还有一种观点认为：二语词汇联想知识有着与一语不同的特有路径，即成年二语学习者的聚合知识优先发展，组合知识的发展相对较弱。这一点在 4.2 已经论述，这里不再重复。

百科知识反应通常包括从一语和二语中习得的学习经验（McCarthy，1990：41）。仔细研究发现，少量反应词与一语和二语文化背景密切相关。Jiang（2000）指出，二语词汇的理解和产出受到一语语义系统中介的影响。众所周知，二语语义系统与一语不同，为了完全掌握二语词汇，学生需要建立不受一语影响的二语语义系统。因此，为了产出地道的、习语化的英语表达，二语学习者的心理词汇急需在语义上进行重组，以产出更接近母语者的而非与二语相关的联想。

5.3.2.2　非语义反应的发展特征

本实验结果显示（见表5.1和图5.1）：

第一，所有四组被试都给出了语音及其他反应，但均在三分之一以下。

第二，随着语言水平的提高，被试给出的非语义反应越来越少。

第三，抽象词、低频词及具有特定文化内涵的刺激词诱发了更多非语义反应，其中语音反应词与刺激词在语音或形态上有些类似，大多数有共同的词首或词尾。

第四，被试在语音或形态方面误认了某些刺激词而产出大量无法分类的反应词，也有些反应词与刺激词属于同一词族。

所有四组被试都给出了语音及其他反应，这与以前的研究发现明显一致（如 Söderman，1993；崔艳嫣，2008）。低水平被试比高水平被试给出了更多语音及其他反应，表明语言水平与非语义反应之间有一定关系，但该类反应即使在高水平的大三组和教师组被试中也存在（尽管数量不多）。这说明语言水平不是造成这类现象的唯一因素，仔细研究刺激词发现，还有其他因素。抽象词、低频词及具有特定文化内涵的刺激词诱发了更多非语义反应，这些结果表明非语义反应的产出主要受词汇知识的影响。词汇知识不能用认识或不认识、习得或未习得这种简单的"二分法"来判断，而是熟悉程度的问题，即从不认识到部分认识再到准确知识的过程（Harley，1995；Henriksen，1999；Wolter，2001）。所以不熟悉或不太熟悉的刺激词会诱发与其在语音上相似的联想，这说明词汇知识的熟悉程度，而不是学习阶段和语言水平，是产生语音反应的最主要因素。

本实验中的45个刺激词都是中学英语教学大纲中要求掌握的基础词汇，因此被试应该很熟悉这些单词，但还是有语音反应的存在，特别是高二组被试中这类反应占了近三分之一。从交流的角度讲，语音联系是没有多大意义的，因为通过语音联系激活的只是词形上相似的词，而不是语义上相关的词，这一点对于产出性任务（包括说和写）尤为明显。语言产出是从概念到词形，通过语义通达词形，所需要的是一种概念（语义）上的联系。二语学习者在用二语表达时常常搜肠刮肚仍找不到合适的词，就是因为在词之间还没有建立起有意义的语义联系，还不能达到"牵一发而动全身"的效果，因而也就无法激活所需的词。所以我们说二语心理词汇需要重组：在二语中建立词与词之间的语义联系，而不仅仅是二语－母语翻译关系。

二语者没能产出一个有意义的联想词，有时不是因为心理词汇中没有，而是储存不当，一时间没能激活：或是孤零零地没和其他词联系起来，或是联系方式不当，没有和合适的词建立联系，或是也建立起了某种语义联系，但这种联系很弱，似有却无，似无又有，不能通过一个词来通达、提取另一个词。这也表明二语心理词汇需要重构：一方面，独立储存在大脑中的词是没有用处的，必须和其他词发生联系才有用；另一方面，把词放错了地方也是导致提取失败的一个重要原因。经常有人把心理词汇比做图书馆，里面图书的摆放是很讲究次序的。如果一本语言类的图书放到了文学类图书里，那我们很可能找不到，因为我们根本想不到要到文学类图书中去找。即使是想到了，也去找了，结果很可能是浪费了时间也不一定能找到。同样，如果一个"水果"范畴的单词"orange"因其语音相似被储存到"颜色"范畴中，和 blue 放在一起，那我们需要该词时很有可能提取不出来。因此，二语学习者必须有意识地调整心理词汇的结构。同时，二语学习者也要巩固已有的语义联系，以便一想到其中的一个词，其他相关词就自动一跃而出。只有这样，我们才能和母语者一样轻松自如地用二语来表达自己。有证据表明，母语者通常不会把与刺激词属于同一词族的词当作反应词（Schmitt & Meara，1997：20），这说明在一语心理词汇中，同一词族中的成员是作为一个整体单位储存的，反应词与概念而不是形式相关，查阅 Postman & Keppel 和 Kiss 等的词汇联想常模都可以证明这一点。对母语者来说，他们词条中包括语义、句法、形态和形式（语音和拼写）（Levelt，1989），这种词条在心理词汇中以一种或另一种方式与其他词条建立联系。而二语心理词汇中同一词族的成员是分别独立储存的（Jiang，2000），这些形态上相关反应词的存在表明，形态也许比联想知识更早习得，但也表明二语心理词汇也许是受形式制约的，像 baby 和 hand 之类的日常高频词更是如此。这种独立储存显然不科学，一方面它多占用了宝贵的空间，造成资源的浪费，使新信息很难进入。另一方面，表达同一概念的词分散储存不利于提取。因此，二语心理词汇需要重组。

Meara（1983：30）等曾经指出，二语学习者往往会误认某个刺激词，把它误认为与刺激词相似的单词而产出与其具有某种语义联系的反应词。就二语心理词汇组织而言，被试对某些刺激词的误认也许有两种解释：

第一，被试在语音或拼写上混淆了与刺激词有相似开头或结尾的单词；

第二，被试不认识刺激词，该词没储存在他们心理词汇中，检索之后导致了提取语音或拼写相似词，这与 Aitchison 提到的语音在心理词汇组织中起着一定作用（1987）是一致的。这种误认为我们理解二语心理词汇的组织提供了独特的证据，即：有相似开头或结尾的单词在心理词汇中极有可能是紧密联系在一起的。对刺激词的误认表明被试对刺激词没有把握，也说明他们很大一部分词汇还没有建立起语义联系，或至多建立了某种联系，但这种联系太脆弱，难以通过联想通达相关词汇。没有语义联系、语义联系太脆弱或只能通达语音联系的词汇很难说已被习得，有效的通达几乎是不可能的。这就是为何本次研究中很多被试没能产出语义反应的原因。二语学习者心理中语义联系的缺乏阻止了他们有效地通达（提取）词汇，从而阻止他们找到合适的单词进行口头或书面表达。

以上的讨论分析表明，由于已有母语知识的介入，二语词汇知识的发展受到了影响。一方面二语学习者的聚合知识显得相对丰满，且随着语言水平的提高不断发展，组合知识略显单薄，且发展缓慢；另一方面二语心理词汇中有相当一部分词的联系还是非语义的，没有建立起语义联系，即使高水平的学习者也是如此。另外，二语心理词汇的结构远不如母语心理词汇的结构那么科学，因此迫切需要重组。

5.4 二语心理词汇的重组

有研究表明，母语心理词汇要经历重组。Harris（1992：69～74）认为词汇的发展要经历3个阶段。第一阶段是从婴儿对所听到的词有反应到能说出30个词或能说出两个完整的句子。这是一个艰难而缓慢的过程。第二阶段叫做词汇爆炸，因词汇迅速增加而得名，这一阶段要持续好几年，在这个过程中，儿童的词汇知识不断得以丰富。第三阶段是词汇知识的重组阶段。这一阶段从学龄前（3～4岁左右）开始，一直持续到上大学前。在这一阶段，儿童对词汇知识不断进行复习、重组和巩固。词汇重组从两方面进行：一方面把所学词汇按相关性归类；另一方面词与概念之间的匹配进一步复杂化。Aitchison（1987）以不同的方式表达了同一种看法。她认为，在词汇习得过程中，儿童面临着3个任务：贴标签、打包和建立网络。所谓贴标签，就是指儿童必须发现一串音符是用来指代某一特定事物这一事实。所谓打包，是指儿童必须发现有些事物可以打包，并存放在一个贴有同一标签的范畴内。所谓建立网络，是指他们必须发现词与词是如何联系在一起的。显然，Aitchison 的三个任务和 Harris 的词汇发展三个阶段基本上是一致的。需要指出的是，他们所谈论的都是母语者。二语学习者在开始学习二语时已经基本完成了 Aitchison 所说的三个任务。也就是说，在开始学二语时，二语学习者已在其母语中建立起了一个语义网络。然而到目前为止并没有任何证据表明二语学习者经历过二语心理词汇的重组。那么这是否意味着二语心理词汇不必经历这一过程呢？事实表明不是这样。我们的两个实验结果均表明，二语心理词汇亟待重组。

有意识地重组二语心理词汇需要学习者注意以下几点：

第一，减少母语中介，建立二语联系。人们对于母语在二语学习中的影响看法不一：有人认为母语在二语学习中起着不可忽视的积极作用（Tomaszezyk，1983：43）。等值在双语心理词库的形成词汇提取过程中发挥着重要的纽带作用，没有等值关系，就没有双语心理词库，也无法提取二语词汇（胡开宝，2005：59）；也有人认为导致二语心理词汇中语义联系缺乏的主要原因是母语中介。因为有了母语翻译，学习者往往不再注意利用上下文线索来获取词义，这就导致了不能在二语中建立词与词的联系，所拥有的只是二语－母语联系。我们说，尽管母语在二语学习中的积极作用是肯定的，但也无法否认其产生负面效应的客观实在。像那种完全利用二语－母语翻译的等值关系来学习二语词汇的观点，在某些时候是解释不通的。譬如，好多中国英语学习者常常把"步入社会"直译为：to go into society 或 to go to society 或 walk into society。这种表达会让西方人迷惑不解，他们认为人本来就在社会中存在，怎么还要走向社会呢？正确的表达应是 to enter a working world。这显然是由于过分依赖双语等值关系造成的。再如，英语中的 thing 和汉语中的"东西"也不具有完全的等值关系。由于中西文化差异所致，还有很多像 family，worker 和 card 等英语词，其词义与所给出的汉语翻译词义并不具有等值关系。所以，母语的中介作用只是在二语习得初期是积极的，词汇的习得主要是靠死记二语词形和母语意义。因为这时学生掌握的二语词有限，不可能用二语解释二语生词。然而，这种词汇学习方法有很多弊端：不仅由于母语的介入而减少了二语接触，而且还阻碍了二语词在心理词汇中的融合，因为二语词形－母语意义这种关系阻碍了在二语词之间建立联系。如上文提到的那样，没有足够的二语联系，词汇提取不仅慢，而且还没有保障。因此，二语学习者要注意减少母语的中介，在一个相对完全的二语环境中学习二语词汇。二语习得初期学的常用高频词也有必要重学，以排除母语意义，建立二语联系。

第二，利用电脑碎片整理原理，建立二语心理词汇语义网络。心理语言学研究者对心理词汇有着不同的比喻，而其中较为有名的比喻之一是McCarthy 的电脑比喻：电脑比喻体现出瞬间处理能力、带有无数相互参照的复杂存储，实际就是信息刹那间的获取。同时，电脑给人们的意象是动态输入、不断自我更新以及对数据进行再处理（McCarthy, 1990：35）。这一比喻实为恰当，因为电脑的创造在一定程度上就是人脑的模拟。因此，我们可以利用语义关系并结合电脑原理来构建词汇语义网络，从而达到重组二语心理词汇的目的。几种常见的语义关系包括：同义关系、上下义关系、反义关系、部分与整体关系以及翻译对等关系等。例如，water closet 与 toilet, bathroom, washroom, restroom 以及 lavatory 构成同义关系；color 与 red, blue, green, yellow 等构成上下义关系；deep 与 shallow 构成反义关系；hand 与 finger 构成部分与整体关系；thirty 与 "30" 构成翻译等值关系。我们知道，电脑磁盘需要经常进行碎片整理。我们在电脑上安装程序时，该程序的文件会被分开，分散在硬盘的几个不同位置，这就是存储碎片或（程序的）分段存储。存储碎片或分段存储会降低计算机的运行速度。对硬盘进行碎片整理可以把硬盘上分散的文件重新组织成一个连续的整体，从而提高运行速度（张淑静，2004：69）。因此，我们也可以运用这一原理来实施二语心理词汇的重组。

首先，对人脑空间（电脑硬盘）进行分区、命名并建立相应的语义网络（文件夹）。然后，按一定的语义关系把二语心理词汇中的词进行分门别类的整理，并置于相应的语义网络（把存错了地方的词重新归位，储存在应该属于它的地方）。即根据词性对二语心理词汇中的词进行粗略归类，也就是先构建一个庞大的二语心理词汇语义网络框架。然后，利用词汇语义关系，对所属区每种词性的词进行边构建"语义网络"（文件夹）边归类。这样，在每一个所划定的区内（电脑硬盘），就会生成大量的语义网络，而在每一个语义网络里又会生成若干个子语义网络。其道理与在电脑硬盘里建立文件夹是一样的。为了很快找到所需文件，关键是要记住相应的路径。同样，只要二语学习者构建起这些语义网络，并不断培养起较强的词汇联想意识，那么，一个语义网络与另一个语义网络之间必然会建立联系，而这种联系就构成了巨长的词汇链，其实也就是语义网络之间的路径（文件夹的路径）。只要任何一个子语义网络里的词被激活，整个词汇链也就被激活了，其他的词随之处于待命（被提取）状态。例如，我们现在利用语义关系中的反义关系和上下义关系对如下二语心理词汇中的英语词汇进行重组：tiger, living, animal, old, bird, rich, human, young, lion, dead, elephant, fish, plant, poor。仔细观察后会发现，这些词可归为形容词和名词两大类，因此建立两个语义网络。实际上在这两个大的语义网络下面，又衍生出若干子语义网络，而且以每个词为语义网络节（semantic web node），可以无限地衍生出许多更小的子语义网络，从而使二语心理词汇中本来零散的词形成一条词汇链，建立语义联系，最终实现重组二语心理词汇、加快词汇提取的目的。这种建立二语词汇语义网络的过程，其实与人们常讲到的词汇联想记忆法、词汇归类记忆法有许多相似之处。但这里要特别指出的是，心理词汇是指词在永久记忆中的表征，二语心理词汇重组是针对二语学习者已经学过并且对其有一定记忆的词汇。因为如果以语义场（semantic sets）为单位学习生词会产生很大的干扰作用（Waring, 1997：261）。Schimitt 也认为，若起初就把两个或更多相似的词放在一起教，实际可能会让学生学起来更困难，这种现象称为交叉联想（cross-association），对于二语学习者学习生词有一定的干扰作用（Schimitt, 2000：147）。

诚然，这种探索式的重组策略可能会引起许多异议。诸如面对第二语言中那么多的词汇，如何重组？是一次性重组还是要经过多次重组过程？

再有，对于二语学习者新学到的词，该作何处理等许多问题。其实，张淑静在谈到如何有意识地进行二语心理词汇重组时，作了如下论述：

其一，学习者应意识到母语心理词汇与二语心理词汇在结构上的差异。这些差异包括：语音在二语心理词汇中的作用大于其在母语心理词汇中的作用，词族中的成员在二语心理词汇中分别独立储存，而在母语心理词汇中作为一个整体储存；二语者的词汇量要远远小于母语者的词汇量等。

其二，把新学的词储存到它所属的范畴中，同该范畴中的其他成员建立必要的联系。新信息只有同旧信息挂钩，建立关系，才能记得牢，保持得长久，也有利于提取。这种联系越多、越强，越容易激活相关的词（张淑静，2004：69）。

另外，重组是一个循序渐进的过程，不可能一次完成。例如，在一个经过重组后建立起来的语义网络节 smoke 处，可以新建一个子语义网络，当二语学习者学得 fog 时，可以将其储存到此语义网络里，则 smoke 被重复记忆了1次；当二语学习者学得 smog 时，smoke 被重复记忆了2次，fog 被重复记忆了1次。依次类推，该语义网络里的每个成员就会不断重现。随之，记忆也牢固了，语义联系也加强了，词汇的提取就自然变得快捷、高效。

5.5　小结

本实验调查了二语学习者对常用高频词的联想模式，结果表明：被试对高频词的联想主要以语义为主，并且随着被试语言水平和词汇知识的增长，其二语心理词汇中的语义联系越来越多、越来越强。但即使高水平的教师组被试就高频刺激词给出的反应中也有语音反应存在，被试在语音或形态方面常常误认某些刺激词而产出大量无法分类的反应词，也有些反应词与刺激词属于同一词族。也就是说，二语学习者的心理词汇组织不如母语者的心理词汇组织科学，需要进行重组，以使其结构更合理，提取更快捷。学习者可以从以下几个方面入手对二语心理词汇进行重组：增加语言接触，注意建立二语联系，而不是二语－母语联系；把词汇分门别类进行储存；增加、增强词与词之间的联系，以便提高词汇提取的效率；了解二语与母语心理词汇的差异，注意缩短二者之间的差距。只有这样，二语学习者才能在各方面更像母语者，才更有可能达到母语者的语言水平。

第六章

结论、启示和建议

前面两章通过汇报两项实验研究的数据结果，从历时和共时两个角度讨论了二语心理词汇的组织发展模式与路径，分析了形成这种模式与路径的潜在原因。基于这些结果和讨论，本章首先总结本心理词汇研究的主要发现，然后讨论这些发现的理论意义和教学启示，最后指出本研究的局限性及其对未来研究的建议。

6.1 主要发现

本研究的主要目的是运用两个词汇联想范式，从历时和共时两个角度调查二语心理词汇组织的发展模式，并为二语词汇教学和习得提供一些参考建议。主要研究发现如下：

6.1.1 词汇组织的总体发展模式

实验 1 的结果证明，三次测试中被试对新学低频词的反应以语音及其他为主（占一半左右），但随着被试语言接触和词汇知识的增加，确实存在从语音向语义的转变。因此，我们可以说：随着更多生词被学得、熟悉并进一步融合，二语学习者的心理词汇逐渐从语音向语义稳步发展。对单个词汇发展路径和单个被试反应表现的分析也证实了这一发展模式，但也有倒退现象发生，即从语义反应倒退回语音反应，因为语言接触和实践的缺乏导致了单词的遗忘。故此，我们可以得出试探性的结论：第二语言词汇习得的发展路径不是线性的，而是有些∪形或∩形的发展趋势。心理词汇的这种动态特征表明"词汇学习是递增的"（Schmitt, 1998b: 283），"词汇习得需要反复的接触"（张淑静，2004: 197）。

实验 2 的结果证明，四组被试对常用高频词的反应以语义为主（占三分之二以上），随着被试语言水平的提高和词汇知识的增加，语义反应比例逐渐增大，语音反应比例稳步减少。四组被试都产出了语音及其他反应（尽管高水平的教师组被试产出的该类反应较少），这也许表明：语音在二语心理词汇组织中起着一定作用，即使在语言水平的高级阶段，语音也没有被完全放弃，这是因为词汇学习是一个终生的过程，词汇习得与否其实是词汇知识是否熟练的问题（Henriksen, 1999; Wolter, 2001; Söderman, 1993）。

6.1.2　语义反应的发展特征

第一，实验 1 中三次测试的语义反应（聚合、组合与百科知识反应）比例低得多——测试 1 和测试 2 不到一半，测试 3 刚过一半；而实验 2 中四组被试的语义反应（聚合、组合与百科知识反应）比例高得多，均超过三分之二，教师组的比例高达 92.44%。

第二，两次实验中的聚合反应比例均远远高于组合反应，这或许说明组合→聚合反应的转变其实不是整个心理词汇的组织特征，而是每个单词的发展特征，表明词汇知识在不断增长（Wolter, 2001; Namei, 2004: 382）。还有一种观点认为：二语词汇联想知识有着与一语不同的特有路径，即成年二语学习者的聚合知识优先发展，组合知识发展相对较弱（Aghbar, 1990; Bahns & Eldaw, 1993; Wolter, 2006 等）。

第三，随着学习经验的增加和语言水平的提高，被试往往给出更多的聚合、组合和百科知识反应。

第四，聚合反应中同义关系出现最多，组合反应中名词词组稳步增长。

第五，词频高的具体词往往产出更多语义反应，少量语义反应与一语和二语的文化背景有关。

6.1.3 非语义反应的发展特征

第一，实验1中三次测试的非语义反应（语音及其他反应）比例高得多——测试1和测试2一半多，测试3接近一半；而实验2中四组被试的非语义反应比例正相反，均不到三分之一，教师组的比例低至7.56%。

第二，随着学习经验的增加和语言水平的提高，被试给出的非语义反应越来越少。

第三，抽象词、低频词及具有特定文化内涵的刺激词诱发了更多非语义反应，其中语音反应词与刺激词在语音或形态上有些类似，大多数有共同的词首或词尾。

第四，被试不断在语音或形态方面误认刺激词而产出大量无法分类的反应词。

第五，也有些反应词与刺激词属于同一词族。

两次实验中语音反应的普遍存在再一次证明：二语心理词汇的组织可能首先是以语音为主，即把不熟悉的词通过发音和别的词建立联系也许是词汇习得过程的第一步。因此，心理词汇组织基于形式的特征不是语言水平的表现，而是每个单词习得必经的基本阶段（Namei，2004：363）。

6.2 理论意义

本实验研究从历时和共时两个角度调查分析了二语心理词汇的组织发展模式与路径，充实了当前二语心理词汇的理论并为其提供了有力的实证支持，具有一定的理论意义。

第一，本实验研究揭示了二语心理词汇的组织发展模式与路径：随着语言知识的增加和语言水平的提高，二语心理词汇中的联系逐渐从语音向语义稳步发展，但由于遗忘，也有倒退现象存在。也就是说，词汇习得不是一劳永逸的，而是一个终生的过程，第二语言词汇习得的发展路径不是线性的，而是有些∪形或∩形的发展趋势，呈螺旋式上升。心理词汇的这种动态特征再一次表明"词汇学习是递增的"，"词汇习得需要反复的接触"。

第二，本实验研究的发现向传统所谓的组合→聚合反应转变的发展模式提出了挑战，即组合知识优先于聚合知识而发展，聚合知识多于组合知识表明词汇知识掌握更好、发展更完善。长期以来，一语词汇联想研究证实，一语学习者的词汇能力是按照从语音到组合再到聚合联想的顺序发展的，学者们也常常把二语研究的发现与该结果进行对比，期望得到相同的词汇发展路径，但对比的结果通常是互相矛盾的。有学者开始质疑组合→聚合反应的转变在二语词汇习得中的有效性，通过分析一语概念知识在二语词汇习得中的作用，Wolter 指出：二语词汇间组合联系的建立过程好像比聚合联系的建立过程难得多（2006：746）。本研究的发现为这一观点提供了实证支持：实验 1 中新学生词诱发的反应词中聚合联想多于组合联想，而实验 2 中低水平的高二、大一学习者给出的反应词中，聚合联想占据了主导地位，这绝对不是二语词汇高度发展的表现；组合联想虽然数量少但一直处于不断发展中，这与之前研究宣称的反应有所下降的发现是不一致的。这让我们对成人二语词汇语义关系的建立有了新的理解：二语词汇联想知识有着不同于一语的特有发展路径，即成年二语学习者的聚合知识优先发展，组合知识的发展相对较弱，聚合知识一直强于组合知识。这种不同发展路径和模式的产生至少受两个方面的制约：语言输入的缺乏和早已存在的母语系统（Jiang, 2000）。因此，本研究的发现可以帮助理解二语语境下的组合和聚合联系。

第三，本实验研究还证实同一词族的单词在一语和二语心理词汇中的储存方式是不同的，即：同一词族的单词在一语心理词汇中大部分储存在同一词条下，而在二语心理词汇中往往分别独立储存。这种储存方式使得二语词汇不能像一语词汇那样被迅速高效地提取，故二语心理词汇需要重组。

第四，本实验研究表明，新学生词的语音和形态在二语心理词汇中占据主导地位。这说明二语心理词汇的组织可能首先是以语音为主，即把不熟悉的词通过发音和别的词建立联系也许是词汇习得过程的第一步。因此，心理词汇组织基于形式的特征不是语言水平的表现，而是每个单词习得必经的基本阶段。

第五，本实验研究进一步证实，二语学习者学习抽象词、低频词以及具有特定文化内涵的词汇要比学习具体词、高频词和没有文化内涵的词汇困难多一些。

6.3 教学启示

本实验研究的最终目的是指导二语词汇习得，教学启示主要从以下三个方面进行简要介绍：二语心理词汇重组的重要性、二语词汇教与学和二语词典的编撰。

6.3.1 二语心理词汇重组的重要性

作者在 5.4 已经提出了二语心理词汇重组的问题。母语者习得一个新词包括三个重要任务：贴标签、打包和建立网络（Aitchison，1987），Henriksen 把这三个任务压缩成两个相互联系的过程：增加新词和词汇重组（1999）。二语课堂环境下的学习者对贴标签和打包或增加新词更感兴趣，却很少关注重组他们的语义网络。也许他们有这样的误解：一旦他们懂得某一词形与一个给定的概念相联系，再为同一词项贴标签就是浪费时间和精力（Laufer，1993）。其主要原因之一可能是二语学习者不必在二语心理词汇中建立崭新的语义网络，因为现存的一语语义系统可以在一定程度上帮助二语的词汇提取，特别是初学者或当学习者首次接触到低频词和非常抽象的单词时。事实上，词汇习得最初的任务涉及已经习得的词项和将要碰到的词汇之间意义的重新定义和范围的重新调整。词汇学习不仅仅是恼人的记忆，也不单单是获得词义，而应该是语义网络不断组合与重新组合的复杂过程（Henriksen，1999：307）。

对二语学习者来说，词汇习得的主要任务不是建立新的语义网络（因为一语系统已经存在），而是充分利用他们已经理解的一语知识，并把它们重组到二语词汇领域中去。因此，在词汇知识发展中，特别是对已经习得了相当数量词汇的中高级二语学习者来说，二语心理词汇重组至关重要。学习者不应该只停留在扩大词汇量阶段，而应该去继续建立并加强这些最初的知识，这种语义化过程将促进语义相关的词汇信息发展，从而加强他们词汇知识的语义而不是形式联系。有些课堂活动可以加强相关词汇间的信息联系，以更好地利用已经理解的词汇。例如：流利性训练可以为句法和语法相关的项目（程式化词快）开辟一条新路，以提高学习者的组合知识，这涉及对同一材料的重复阅读、重复录音和复述等重复练习，以便于表演得更流利；丰富性训练有赖于对已知词项进行尽可能多的联系和联想，这样可以增加组合与聚合联想的信息密度，以便学习者重组他们的词汇网络。这类练习包括广泛阅读（例如梯级阅读系列）、快速阅读、连续写作和复述练习训练，目的是帮助学习者合理组织心理词汇信息，以使之结构更科学、合理，词汇提取更快捷、高效。

6.3.2　二语词汇的教与学

既然心理词汇的语义重组对二语学习者成功地习得词汇至关重要，重组又是一个循序渐进的漫长过程，这就需要特别注意二语词汇的教学策略和方法。

中国传统的词汇教学策略是二语心理词汇中存在非语义联系和组合联系相对较弱的部分原因，Nation 曾建议：在外语课堂上，发音和拼写十分相似的单词不能过早地介绍给学生，否则，这些单词会储存在一起而互相干扰，导致形式上很强的僵化模式的产生。此外，从上下文猜测、英语释义、查词典和记忆技巧等策略也会大大有助于提高学生单词的聚合知识，而对他们组合知识的提高起不到什么作用。在正规的课堂环境下，二语课程是语言输入的主要来源，在特定的上下文（如词块记忆）中记忆新的词项特别能加强二语词汇的组合联系，因此可以定期给学生布置一些背诵任务，让其多记些有用的习语或惯用法。在二语学习的初始阶段设计些搭配练习，根据典型的母语模式把单词结合起来，因为无论词汇搭配还是语法搭配，都是语言所特有的，不会在语言间迁移。为此，外语教师，特别是教中高级学生的教师，应该用更多的习语句法搭配丰富自己的语言输入并向学生解释语言间的不一致现象。

从本实验研究中组合－聚合知识的角度来理解一语的影响有助于教师重新评价母语的作用。一语影响总是出现在二语学习者大脑中并以各种各样的方式与他们的二语习得相联系，所以其在语言学习过程中的作用不容忽略，那种脱离一语而孤立地教学二语的传统理论既是不可能的，也是不现实的。本实验研究的分析为教师提供了在语言教学实践中区别对待一语影响的方法：

第一，他们可以小心区分一语和二语中共有的基本概念成分，减轻学习负担，以快速通达相应的二语词汇概念。

第二，他们可以描述两种语言间语言所特有的概念成分特点，设计相应的学习任务，例如：让学生进行语境化的词汇活动，以建立二语词项特定的组合联系。

这样，在二语心理词汇构建中能使一语中有利于二语学习的方面最大化，不利的方面最小化。

心理词汇中的两种组织模式，即聚合（语义场）和组合（句法和搭配）关系，也可以利用教学方法和技巧予以加强。Meara（1992）提出，可以用图论（graph theory）的方法来建立心理词汇的网络模型，这儿的图（graph）可以理解为概念间联系的地图，一种表征事物间联系的方法。Meara 给被试一个词汇联想任务，让他们任意想出第一个单词，创造一个联想链接，例如：OVEN—hot—desert—Arab—evil（Meara，1992：69）。

McCarthay（1990）给学生这样一个词汇练习：根据自己的联想倾向把某一特定主题的词汇用一种松散的图组织起来。一项对母语为德语的英语学习者进行的词汇实验已经证实了这种语义图的作用（Esser & Harnisch，1980）：他们以不同方式把一些二语单词呈现给学习者，包括图示词表、结构化词表和非结构化词表，结果显示，通过图示学习的被试词汇记忆效果最好（36.7%），而那些通过非结构化词表学习的效果最差（3.6%）。因此，如果学习资料呈现的方式与心理词汇的组织模式一致的话，会对词汇学习效果有益。

利用语言数据语料库进行词汇搭配学习也不失为一种好的词汇学习方法，因为利用语料库可以围绕单词进行有选择的组织和索引。Gass & Selinker 指出：学习单词最好的方法是熟悉大量的文本（1994：288），因此，语料库在许多方面有益于二语学习。和词典相比，语料库可以让学习者接触到更多语境化的、真实的例子，例如：如果和语料库数据相比，我们会发现词典中经常列为同义词的单词其实不是同义词。Become, turn, go 和 come 在大多数词典中被列为同义词，都可以表示"变化"，但词典中并没有说明它们的意义有可能存在怎样的区别；相反，语料库显示，它们在语境使用中是有很大区别的：turn 常常指颜色和身体外表的变化（如：His face turned pale.）；go 描述的是向消极或更糟糕的状态变化（如 go crazy, go wrong）；come 正相反，用来描述向更积极、更活跃的状态变化（如 come alive, come true）（Biber et al., 2000；Nation & Meara, 2002）。此外，语料库还可以提高学习者的自信心，让其了解：在二语语境下，什么用法是典型的、什么是可行的、什么是非典型的（Tribble & Jones, 1990）。

如果能用在大规模计算机操作的教学环境，即计算机辅助语言学习（Corpus Assisted Language Learning）（CALL）系统中，语料库数据的优势更能得以充分实现。这样语言教师可以为教学建立一个工作台，把相关的电子资源连在一起。第二语言教学工作台可以包括语料库（连续文本）、电子词典（百科全书）、可以储存、检索和提取词汇的建图工具和单词（文本）加工编辑包，这种 CALL 系统可以在语言室中使用。语料库数据提供给二语学习者大量词项的母语搭配信息，这种语料库可以是现成的，如英国国家语料库（BNC）、布朗语料库（the Brown Corpus）或美国当代语料库（COCA）等，也可以是自做的，如母语者学术写作语料库和中国英语学习者语料库（CLEC）等。电子词典可以是光盘驱动的（如《剑桥高级学习者英语词典》）或在线检索的 ① 等等。System Quirk（GraphEd）有一部分是建立概念图解的工具，升级的电脑系统如 Java Platform 和最新的 NVIDIA 显卡可以帮助创建数据库以存取词项信息。文本加工工具如 MicroConcord、KonText 和 AntConc 等允许教师和学生制作词表，以获取索引、检索、搭配和词频信息等。有了这些现代化的工具，教师可以更自信地展示丰富的语义语境，学生可以更自主地构建他们的语义网络，也会有更多机会储存和掌握组合知识，这对二语教与学来说是一种双赢的好方法。

6.3.3 二语词典的编撰

与在线或电子资源相比，纸质词典中的词汇知识相当有限，但在 CALL 语言室之外，它们对二语学习者更方便实用。二语词典是一种有用的词汇学习资源，为此二语学习者词典编撰应该满足学习者的词汇需求以便在二语语义（组合和聚合）联想的构建方面起到应有的作用。

然而，传统词典的词项信息大多数是按照字母表的顺序排列的，心理语言学家们认为，这种排列对二语学习者心理词汇的构建既不适合又不充分，因为心理词汇中的单词是按照意义而不是字母顺序储存、检索和提取的。本实验研究的发现表明，即使低水平的二语学习者也是按照概念意义的方式把单词储存在他们心理词汇中的。所以，尽管按照字母顺序的编撰方法可以帮助学习者快速查到单词意义，但当学习者需要信息以便在某一特定主题领域产出句法、搭配模式和相关表达时，这种方法编撰的词典帮

---

① 如：*Wikipedia*（http：//en. wikipedia. org/wiki/Main-page），*Oxford Advanced Learner's Dictionary*（http：//www. oup. com/elt/catalogue/teachersites/oald7/lookupcc = global），*Collin's COBUILD Students Dictionary Online*（http：//www. linguistics. ruhr-uni-bochum. de/ccsd/）。

助就不大了。词典编撰者已经注意到这一缺憾，并致力于按照心理词汇的联想模式编撰新的词典。

基于二语学习者需要寻找单词在语境中与周围其他词的互动信息，即组合关系，搭配词典应运而生。《LTP 精选意义搭配词典》是专门为中等以上水平的外语学习者编写的，该词典列出了五万多条搭配，并提供了把单词组成搭配的方法信息（Hill & Lewis, 1997）。《BBI 英语搭配词典》设计了使用词典的练习，其中大多数是建立搭配意识的，非常适合强化二语词汇的组合联想（Benson et al., 1987）。为了把两种语言的细微差别区分开，英语双语词典是学习者不错的选择（王文昌，1988）。除了这些纸质的搭配词典外，还出现了越来越多的在线、电子搭配词典，其优点不言而喻，最重要的一点就是便于随着用法的改变随时更新。《高级读者搭配检索词典》可以说是第一本基于语言加工的发现而编写的可检索搭配词典（Bogatz, 1997）。

词典编撰者从心理词汇联想网络得到的第二个启示是，二语学习者也需要学习概念网络信息，即同一语义场中的上义词、下义词等，也就是二语单词的聚合信息。同类词词典就是根据单词和短语的内在概念和范畴而编写的（Kirkpatrick, 1987；McArthur, 1981）。最著名的分类词典当属《罗格特同义词词库》，该词典按照单词的性质和词类进行分类，对中级以上的学习者很有帮助。《朗文多功能分类词典》（McArthur, 1981）根据实际应用的需要而分类编排，共分十四个主题，一百三十多个项目，还包括语用信息和语境实例，是英语写作及翻译的必备工具书。《朗文英语联想活用词典》（Rudman 1993）是基于语义组织形式呈现给学习者词汇信息的另一种尝试，列出了 1052 个关键词作为基本概念词目单元，组成英语的概念图（Rogers, 1996）。该词典对学习者很友好，每个关键词都可以通过参见系统（cross-reference）找到任意词目所属的关键词或概念词目，每个关键词都可以通过意义、同义词和定义加以区别。该词典还基于语料库为二语学习者提供了单词在自然语言和语义场中的用法。

尽管纸质词典有其自身的优势，许多词典编撰者还是强烈建议，电子词典（在线词典）对二语学习者更有利，至少词典的厚度和重量不再是学习者头痛的问题，更重要的是，在线词典可以包括更多必要的例句和语法解释。这种电脑词库的一个典型代表是普林斯顿（Princeton）大学的心理学家、语言学家和计算机工程师联合设计的一种基于认知语言学的英语词典《词网》（WordNet）（Miller & Fellbaum, 1991）。它不是把单词以字母顺序排列，而是按照单词的概念顺序排列的。它是一部基于心理语言学原则的机读语义类数据库，其信息组织原则和传统的纸质词典不尽相同，如果说传统词典的信息组织是平面结构的，那么，机读语义类词典的信息组织则是"以语义为本位，把所有与词目在语义上（并不囿于语义上的联系，甚至包括词形、构词上的联系）有关联的语词聚集在一起，每一条目都是一个以该词为中心的、发散式的、描述词目的几乎所有基本语义关系的语义网络集"（如图6.1）。该词典目前最新版本是 WordNet Search-3.0，可以免费在线使用，也可以免费下载使用（http：//wordnet. princeton. edu/wordnet/）。

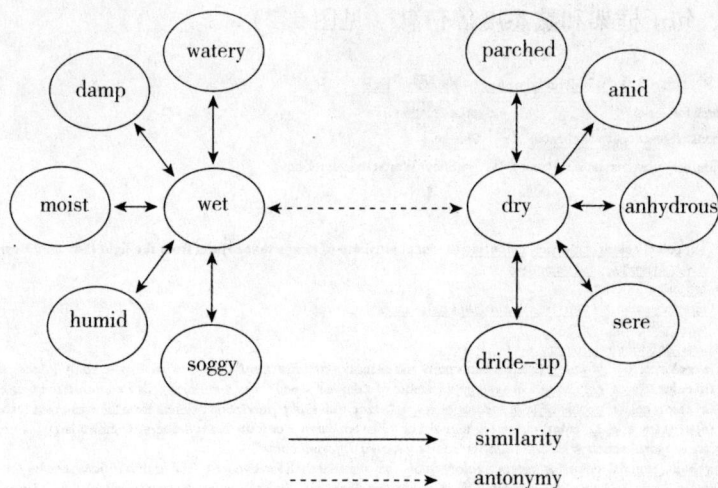

图 6.1　WordNet 中的修饰语

《词网》目前包含大约 155,287 个词条（它们被组织成约 117,659 个词义或同义词集），描写了上下义、同义、反义、部分－整体等词汇语义关系。《词网》和普通词典之间最明显的区别就在于《词网》将所有英语词汇分成五类：名词、动词、形容词、副词和功能词。实际上，《词网》

只包含名词、动词、形容词和副词。相对来说较小的英语功能词集被省略掉了，这是基于它们可能被作为语言的语法成分的一部分单独存放的假设。名词在词典存储中是按主题的等级层次组织的，动词按各种搭配关系来组织，形容词和副词以 N 维超空间组织。每一种词汇组织结构都反映了一种不同的分类组织方式（试图使用一种组织原则对所有文法分类，将词典知识中的心理学复杂性表达出来是很难的）。

《词网》会根据词条的意义将其分组，每个具有相同含义的词条组称为一个同义词集合 Synset（在一定上下文中可以互换的同义词形的列表）。以单词 color 的处理为例，在《词网》的搜索框中键入 color 后，出现一个和传统词典释义无异的界面。该界面显示，color 可以做名词、动词和形容词，每种词性意义（sense）的数量以及每个意义的使用频率。另外，点击每个意义前的大写字母 S（Show Synset relations）可以看到该词的同义词、并列语词（具有相同上义词的语词）、上义词、下义词、蕴涵义、相关派生形式、句子框架和熟悉度等信息（见图 6.2）。

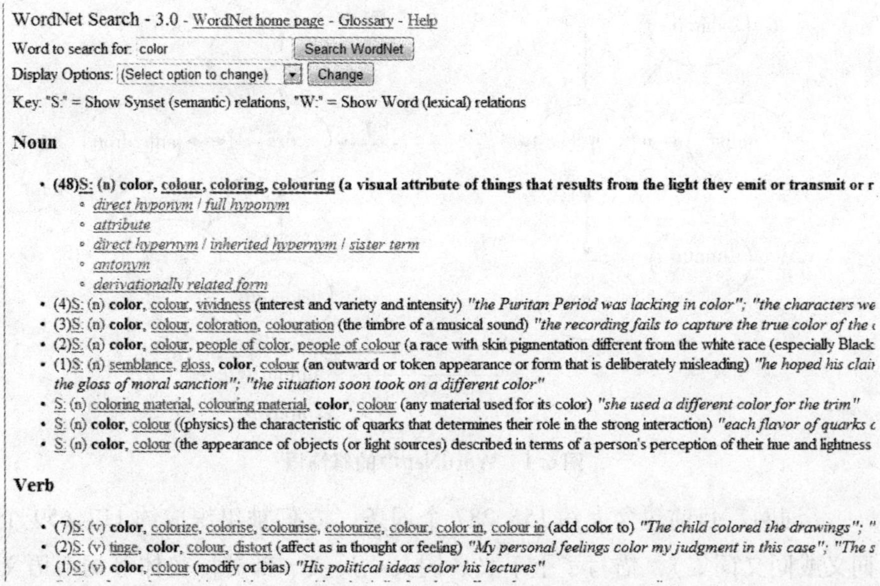

图 6.2　WordNet 中 color 的部分释义

和传统词典相比，机读语义类词典的最大特点是其认知特性。心理词库研究已经证明，语词信息是以网络形式而不是按字母顺序组织的，机读语义类词典的语词信息网络的体现是对大脑词汇记忆规律的最大限度复写，因而具有认知词典的特性。

电子词典（在线词典）为二语学习者提供了切实可用的词汇学习工具，但词典编撰者还是面临好多问题，概念的分类就是很大的挑战。不同的词典编撰者有不同的概念分类标准，这在他们编撰的词典词条中有所反映，然而，他们看待世界的方式也许与二语学习者是不同的，因为人们对概念的普遍性没有一致的看法。此外，二语学习者的语义网络中总有一些特定的语言联想，这样他们难以准确理解这些同类词汇或基于联想词典中的概念词条。这就为词典编撰者留下很大空间，尽管要编撰出所有二语学习者都喜欢的词典需要很多年的研究和大量的人力与物力。

6.4 本研究的局限性及其对未来研究的建议

对词汇的调查研究总是难以操作，lengyel & Navracsics（2007）指出：对认知和语言学发展的描述常常受到推理和不确定性的影响，当调查对象大脑中有两种语言时，这种难度就加倍了。本实验研究同样存在一定的局限性。

首先，作为历时研究，实验 1 持续的时间太短，仅仅 3 个月。如果能持续更长时间，词汇习得的发展过程和路径会更科学可信；

其次，由于条件所限，本实验研究没能找到母语者参与，仅有二语学习者参加。如果能有母语者的反应和二语者的相比较，结果会更有效度和信度；

再次，在反应词的分类方面，因为缺乏统一的分类标准，还是有不确定性。为保证分类的一致性，尽管每种反应类型都提前给出明确的定义并以实验中出现的反应词为例加以说明，有些分类还是存在一定的困难，特别是实验 1，因为是历时研究，不可能找到被试询问其实验当时的想法。

最后，没找到母语者进行分类。为使分类更客观可信，作者和两个有应用语言学背景的评判老师共同参与进来。显然，如果能有英语母语者参与分类，结果会更准确可靠。

毫无疑问，一项研究不可能解决所有的相关问题，但本实验研究的发现为以后的进一步研究指出了方向：

第一，通过设计持续较长时间（最好两年以上）的历时研究，使用更科学的刺激词和分类标准调查二语心理词汇中词汇联想的发展模式与路径。

第二，因为时间和精力有限，本实验研究只收集了词汇联想任务的一个反应词，以后的研究可以收集并分析第二、第三个反应词，以观察其中的区别。

第三，为检查不同数据收集方法对词汇联想测试结果的影响，可以采用听说法（aural-oral method），听写法（aural-written method）和看说法（written-oral method）而不仅仅是看写法（written-written method）。

第四，不同母语背景的学习者产出的反应词是否有文化方面的差异，需要进一步的调查。

第五，尽管本实验研究没有充分考虑刺激词的词性，尽管刺激词表中包括了名词、动词和形容词，但名词最多。直觉告诉我们，不同词性的刺激词很可能产出不同类型的反应词，因为动词好像比名词组成更多的搭配，但直觉需要进一步的科学调查和数据分析来证实。

第六，词汇量大的学习者应该有更多的反应词选择，产出的反应词是否会不同于词汇量小的学习者，未来的研究可以把学生的联想反应与其词汇量大小结合起来调查研究。

如果这些问题能够得以充分调查，我们对心理词汇，特别是二语心理词汇应该会有更全面的了解。

第七章

英语词汇的教与学

从第一章到第六章，作者重点介绍了本实验的研究背景、研究设计、研究结果与讨论以及研究结论、启示和建议。从研究结论可知，我国英语学习者心理词汇组织并不理想，其原因归根到底与我们对词汇教学的策略和方法有关。因此，本章将对英语词汇教与学的相关问题进行探讨，主要包括英语词汇教学的重要性、英语词汇教学方法、英语词汇教学内容、英语词典的选择与使用和英语词汇学习策略等五个方面。

7.1　英语词汇教学的重要性

词汇学习的重要性不言而喻，它贯穿整个语言学习的过程。一定的词汇量是顺利进行听、说、读、写、译等语言交流的基础。词汇教学是贯穿语言教学的重要组成部分，但传统的英语教学强调向学生传授语法知识，在一定程度上把语法作为英语教学的终极目标，这就忽视了学生实际语言应用能力的培养。在传统的英语教学中词汇教学有一段时间是受到特殊重视的，如 Michael West（1953）专门为英语学习者编写了 *A General Service List of English Words*。Palmer & Hornby 等也对英语词汇进行了深入的研究，并从教育学的角度编撰了词汇学习的工具书。但传统英语教学中的词汇教学强调词的字面意义，教学的方法主要是对比和翻译，忽视了实际使用中的词汇意义。即使到了 20 世纪 60 年代，很多英语教师仍然将语法结构的教学作为英语教学的重点。

　　70 年代后期开始，人们开始重新重视词汇教学在英语教学过程中的作用。尤其是在对词汇研究素有传统的英国，人们充分利用词汇和语义研究的成果，设计了许多旨在帮助学生掌握语言中基本词汇用法的练习和教学活动；同时通过对儿童母语习得过程的观察，研究词汇习得的特点，寻找英语教学中词汇教学的最佳途径。

7.2　英语词汇教学方法

　　根据不同的教学目的和特点，英语词汇教学方法分为两种类型：直接的词汇教学（direct or explicit teaching of vocabulary）和间接的词汇教学（indirect or implicit teaching of vocabulary）。所谓直接的词汇教学，就是把词汇教学明确作为教学目标的一部分，通过对词的语音、词形、语义、用法等进行分析、讲解与操练，使学习者掌握词汇的一种教学方法（束定芳、庄智象，1996：120）。Sökmen（1997）将课堂词汇直接教学分为：建立大量的可视词汇，结合已学过的词汇学习新词，提供大量词汇重现机会，促进深层次加工，想象与具体相结合，运用各种技巧，鼓励自主学习等内容。对于绝大多数的成年学习者来说，直接词汇教学可帮助学习者学会适当的词汇习得策略，以提高词汇能力（Oxford & Scarcella，1994）。间接词汇教学则是通过其他的学习活动，如阅读和听说等，间接地达到扩大学习者词汇量的目的。这就是 Krashen（1981）的语言学习输入理论，它发生的条件是：第一，学生对所接触的语言内容感兴趣（可以发生在阅读、听说或其他交流中）；第二，语言内容要高于学生的目前水平，如包含新词汇或新结构等；第三，学生不会因为要学习新东西而感到紧张。这两种教学方式都有助于词汇学习。因为后者提供了语境，学生能够在语言的使用中达到学习目的，所以教师应该给学生提供比直接式多得多的间接式词汇学习机会。

在传统的英语教学中，对处于不同阶段学习者的词汇要求是不一样的。通常由于教材的限制，教师对其中词汇的处理也必须根据明确的教学方法来进行。多年来的实践表明，在英语学习的初级阶段（小学或初中），通过死记硬背的方法来掌握基础词汇是非常有效的。因这一时期的学习者对英语知识的了解没有系统化，对诸如联想、对比、类推等方法还不了解，无法去总结规律。而随着学习的深入，特别是到了大学阶段，学习者在掌握了一定词汇量的基础上，要想真正获得准确理解和使用词汇的能力，就应强调通过间接的方法学习词汇。Honeyfield（1977）提出：即使一个刚刚学完 3,000 单词的非常勤奋的学生，在遇到一篇未简化的文字材料时，他仍然有 10% ~ 20% 的生词。这些词可能不是一般意义上的常用词，但它们对理解全文的意义至关重要。由于词汇学习是一个连续不断的过程，因此，教会学生通过上下文猜测词义并掌握词汇用法就显得十分重要。同时有研究表明，学习者随着英语水平的逐渐提高，对推理和间接学习词汇的需要和可能性也越大。

Nation 把词汇教学从最间接到最直接分成四种：第一，在教材内容的选择上考虑到词汇的学习。最普遍的例子是使用简化的原版读物和最初学习英语时精心的词汇选择和分级；第二，在教学过程中遇到生词时作解释，这是最为普遍的方法。处理这些生词时，教师要遵循一些原则，例如：关注生词潜在的概念意义而不只是给出语境定义；指出拼写和语法特征，这样学习该单词将帮助其它单词的学习；注意单词的学习负担，谨慎避免"反教"现象①；决定教一个单词要花费多长时间时考虑其频率和有用性；第三，词汇的教学与其它语言活动相联系。比如，在学习一篇阅读文章（做听力练习）之前就讲授文中的生词或在一场辩论之前提供一些相关的主题词汇（通过直接教学和阅读，学生在正式言语活动之前就熟悉了

---

① 根据语言学家 Nation Paul（1990）的理论，英语教学会产生正效应，中性效应和负效应。当产生正效应时，学习产生效果，向着掌握所学语言知识目标靠近一步；当产生中性效应时，学习没有产生任何效果；当产生负效应时，学习也产生效果，但这种效果干扰所学的，正在学习的，或将要学习的语言知识。这种产生负效应的教学被称为"反教"现象（unteaching）。

需要掌握的主题词汇）；在阅读或听力材料之后进行词汇练习，最常见的例子是 "Find the words in the passage which mean⋯"；第四，课内或课外专门的词汇学习活动。例如，拼写规则的练习、词典的使用、词义的猜测、词根词缀学习和生词表的学习等等。这些活动可以涉及全班同学，比如学习单词记忆方法、两人或小组改写活动或者重组练习，还可以是个人进行单词猜谜或解码练习。

在运用以上方法时教师需要考虑以下三个问题：

第一，学生需要掌握哪些词？

词汇可以分为三类：高频词汇、低频词汇和专业词汇。在词汇教学中，教师需要决定学生要学习的单词属于哪一类，因为这将影响单词处理的方式、期待学习的时间和必要的学习类型（接受性还是产出性）。教学目标会影响词汇选择的方式，例如，如果目标是阅读，根据 *Longman Structural Readers*，*The Newbury House Readers* 和 *Collins English Library* 等词表编写的大量分级读物是不错的选择，目前国内引进的有床头灯英语系列、企鹅英语简易读物、牛津书虫系列等，有计划的分级阅读可以增加词汇知识，同时提高阅读技巧；如果学习目标是提高听说读写综合技能，像英语最常用词汇表（*The General Service List*）或剑桥英语词汇手册（*Cambridge English Lexicon*）这样的词表更合适；如果学生想读大学课本，可以大学词表为目标。词汇量、特别是母语者词汇量也可以帮助确立学习目标。

第二，学生应该怎样学会这些词？

在词汇教学中要区分接受性词汇和产出性词汇。接受性词汇是指能听懂或读懂意思但尚不能灵活运用的词汇，而产出性词汇是指在口头表达和写作中能正确而熟练使用的词汇。如果学生学习英语是为了听懂演讲，接受性词汇知识就足够了；如果学生需要掌握听说读写等语言技能，那么除了需要 3,000 左右产出性词汇外，还要有更大量的接受性词汇。此外，教学中选择词汇时还要考虑已有的母语知识，避免词汇组织和呈现中的"反教"现象。如果产出性学习很重要，有必要提高已掌握词汇的深度，口语和写作中的词汇精度练习就是一项有益的活动；如果接受性学习很重要，那么词汇量就是主要目标，就有必要教给学生学习大量词汇的技巧。

第三，如何通过测试来了解学生需要掌握和已经掌握的词？该问题将在7.4作详细介绍。

通过回答以上三个问题，教师可以更好地安排课程中词汇教学的内容。

7.3 英语词汇教学内容

7.3.1 英语专业词汇教学内容

我们在教学中应该教哪些单词？应该教单词的哪些方面？这个问题涉及英语词汇教学的基本框架问题。我国现行的《高等学校英语专业英语教学大纲》对英语专业学生在词汇方面规定了具体要求（详见表7.1）。可以看出，该规定把词汇分为认知词汇和产出词汇两种。该大纲规定学习者通过英语专业四年的学习，认知词汇从刚入学时的2,000增加到八级要求的13,000。也就是说，以每年2,000~2,500的速度递增；而产出词汇从1,200增加到5,000~6,000，每年的增长速度是1,200左右，比认知词汇增长缓慢。应该注意的是，词汇知识的增长有质和量两个维度，认知词汇的增加只是词汇量的增加，而词汇的发展不只是一个量的问题，词汇知识可能在不同的学习阶段从表面发展至深层。词汇的发展也不只是熟悉新词而已，它还包括深化已知词汇的知识，词汇的深度知识和词汇量同等重要。如何促进词汇深度知识的发展对于进入到高级语言学习阶段的英语专业学生来讲显得尤为重要。那么教师在促进词汇深度知识的发展，提高学生驾驭词汇的能力方面该做些什么呢？另外，英语词汇的数量庞大、浩如烟海，其总词汇量达一百万以上，对于数量如此庞大的词汇群，教师首先要弄清楚哪些是认知词汇，哪些是产出词汇，以便确定词汇教学的重点内容。

为了帮助基础阶段的学生尽快打好词汇基础，必须首先帮助他们掌握好基本词汇，即产出词汇。我们要针对英语专业基础阶段学生学习的特点，把基本词汇作为学生掌握的重点，以便使他们在较短时间内掌握最迫切需要的词语，尽快提高运用英语的能力。因为语言研究者们发现，学会英语常用的 1,000 个词，就能理解一篇规范文章 80.15% 的内容；学会常用的 2,000 个词，就能理解 89% 左右的内容；学会常用的 3,000 个词，就能理解 93% 左右的内容；学会常用的 5,000 个词，就能理解 97% 左右的内容。也就是说，基本词汇一般来说有一些明显的句法和语义特征：能替代或解释其他词义、易找到反义词、具较强搭配能力、具类别性和概括性、是多义词且使用频率一般来说比较高。目前对基本词汇进行逐一统计的系统研究还未见到，但 Ogden 为我们提供的 850 个常用词汇表包含了常用的功能词、动词、一般名词、有图像效果的实物名词、品质形容词和常见的意义相反的词，这些基本词汇对我们的词汇教学有一定参照意义。

表 7.1　对英语专业学生在词汇方面的具体要求

入学要求	二级要求	四级要求	六级要求	八级要求
认知词汇不少于 2,000 个；掌握 1,200 个左右的常用词和一定数量的习惯用语及固定搭配，并能在口笔头语中运用；认识 740 个左右的单词和一定数量的习惯用语及固定搭配，能根据上下文的提示理解其含义。	通过基础英语课、阅读课和其他途径，认知词汇达 4,000～5,000 个（其中含中学已学 2,000 个），正确而熟练地使用其中的 2,000～2,500 个及其最基本的搭配。	通过基础英语课、阅读课和其他途径，认知词汇 5,500～6,000 个（含第二级要求的 4,000～5,000 个），正确而熟练地使用其中的 3,000～4,000 个及其最基本的搭配。	通过课堂教学和其它途径，认知词汇达 7,000～9,000 个；且能正确而熟练地使用其中的 4,000～5,000 个及其最常用的搭配。	通过课堂教学和其它途径，认知词汇达 13,000 个；且能正确而熟练地使用其中的 5,000～6,000 个及其最常用的搭配。

确定了基本词汇（产出词汇）和认知词汇后，在词汇教学中就要区别对待。认知词汇需要教授其词义、在语境中的特殊含义以及与其他相关词汇的搭配等等，而产出词汇还应教授包括发音和拼写形式、语法和搭配信息、意义和联想、出现的频率和使用场合，等等。

7.3.2　通过测试了解学生需要掌握和已经掌握的词汇

7.3.2.1　词汇测试形式

由于英语词汇数量大，对英语学习者的词汇总量很难进行直观统计，仅仅能通过有限的样本进行预测。测试时选择词汇样本需要考虑词频与词分布，采样方法有词频法和词典法（Nation，2001：363）。词频法是以词汇频率为依据进行词汇采样，其理由是词频高的词易于为语言使用者所掌握，而且高频词在交际中使用的频率也高。具体方法是，借助计算机语料库，确定词汇频率。然后按照不同的词汇频率进行词汇分级，按级别随机采样，组合成词汇测试表。词典法是以一本词典为调查对象，等距离抽样进行测试。如黄建滨等 2004 年使用了 J. Sinclair 的 *Collins COBUILD English Dictionary* 中所列的 14,585 个带星号的高频词，对其进行随机抽样。利用该词典的词频，根据被测试对象可能的词分布进行随机抽样，既可以减少词样本不足所造成的误差，又可以避免有限的语料库对词频确定的限制。它将词频法和词典法结合起来，是比较好的词汇量测试工具。

《大纲》项目组对各地大学生的入学词汇量进行了大规模调查之后指出，我国现行的《高等学校英语专业英语教学大纲》对英语专业学生入学时在词汇方面的要求是认知词汇不少于 2,000 个。我们也可以像国内其他学者一样，运用分层随机抽样的方法从英语教学大纲词汇表中抽出样本，形成由若干个多项选择题组成的词汇量测试卷，每个词后配以 4 个汉语的正确答案和干扰项目，即 1 个正确答案和 3 个干扰项。要学生选出和目标词意思相同或相近的选项，选项可以是目标词的同义词或近义词，也可以是对目标词的解释。根据测试成绩推断出学生已经掌握的词汇。

除了多项选择的测试形式外，还可以采用词表法、翻译法和释义法等。

词表法（Checklist tests）是将选出的目标词列成词表后，让学生判断是否知道这些词，如果知道某个词就在该词后打"√"。这种形式最大的优点是可以测试大量词语，但它的问题是学习者很可能高估自己的水平。

为了弥补这一缺陷，测试的设计者要在词表中加进一些符合目的语构词法的假词。如果学习者选择了这些假词，那么就说明他对自己的水平估计过高（Read，2000）。影响较大的 *Euro-centre's Vocabulary Size Test* 采用的就是这一形式。

翻译法是让学习者写出目标词的母语对应词。Nation（1990）认为"让学习者给出母语对应词是辨认测试的最好形式。这一形式容易设计，而且任务也和学习者平时阅读或听的过程相似。其缺点是评分比较复杂，且评分者需要熟悉学习者的母语。"

释义法是 Nation（1990）设计的 *Vocabulary Levels Test*（以下简称 VLT）所采用的形式，是 99 年以来全世界词汇研究中最出名的词汇测试工具（Read，2004）。它从不同频率等级中选出若干名词、动词和形容词，然后要求学习者选出目标词正确的意思。该测试对阅读的要求最低，做起来也比较快，因此能测试较多的词语。1993 年 Schmitt 对该版本进行了修订，设计了四套平行题；Laufer & Nation 又于 1999 年基于 1993 年版本四套题的目标词编写了四套产出性词汇测试题。因此，目前的"英语词汇水平测试题"包括两种测试卷：接受性词汇量测试卷和产出性词汇量测试卷，目标词选自 2,000、3,000、5,000、10,000 词和学术词汇，学术词汇来自"*The University Word List*"中的 836 个词族。每千词测试 18 个小题，共有 4 套平行套题。其中接受性词汇量测试测量在没有任何语境的情况下认识或理解词汇的能力，每个题目中有 6 个供选择的单词和其中 3 个单词的解释（定义或意思相近的词语），要求被试从给出的 6 个词汇中选出与解释相符合的 3 个词。例如：

1. choice
2. crop　　　　＿＿＿＿＿＿heat
3. flesh　　　　＿＿＿＿＿＿meat
4. salary　　　　＿＿＿＿＿＿money paid regularly for doing a job
5. secret
6. temperature

产出性词汇量测试所使用的词汇范围和接受性词汇测试相同。不同的是，这种测试在小语境中进行，即使用简短的句子引发学生写出目标词。为了避免答案中出现其他可能的正确答案给评分造成困难，题目中还给出了目标词的前一个或几个字母。例如：The pirates buried the trea _____ on a desert island.

学习者也可以用这种接受性和产出性的英语词汇水平测试题进行在线测试，以了解自己的词汇量（网址是：http：//www. lextutor. ca/tests/，该网站还提供 Read 设计的词汇联想测试和 Meara 设计的 Yes-No 测试）。不过无论是接受性词汇还是产出性词汇的测试，都是研究者以词频分布为基础对词汇进行取样来设计词汇测试为主流。这类测试的优点在于研究者在选择测试词方面有较大的主动权，而且所选词汇的词频覆盖面比较全，设计和评分方便等。不足之处主要表现在：这类测试不是以交际为基础，忽视或削弱语境的作用，因而不能充分反映学习者实际产出词汇的能力。以学习者口头或书面语篇产出为基础，分析学习者产出过程中的词汇使用情况来判断和评估学习者词汇丰富性（lexical richness）成为词汇评估的另一个重要层面。

7.3.2.2 基于 RANGE 的产出性词汇评估方法

词汇丰富性评估的一项重要内容是词频（word frequency）分析。为此，Laufer & Nation（1995：307 ~ 322）率先设计出词频分析程序—— Vocab-Profile（简称 VP），并证实了词频量表的有效性。他们首先讨论了其他自动词汇评估存在的问题，譬如传统的形次比（type/token ratio）分析（计算文本中不同单词的总数与实际出现的单词总数之比），即词汇变化性（lexical variance）分析，不能反映出词汇使用的质量（即词汇在不同频率上的分布），且测出的比率往往随文本长度的不同而呈现波动性。相比之下，词频分析受文本长度的影响较小。他们发现，针对同一个学习者同一种体裁的两篇作文，词频分析结果较为稳定可信。而且，词频分析结果与词汇量的独立测量结果表现为正相关，能够较好地预测学习者的词汇水平。

后来，Nation and Coxhead（2002：1~15）扩大了 VocabProfile 的功能，并重新将之命名为 RANGE（字面意思为"范围"）。RANGE 不限于 Vocab-

Profile 具有的词频分析功能，还有其他一些用途，比如能同时处理多达 32
个不同的输入文本，比较不同文本中的词汇使用等等。RANGE 是重要的
词汇量化统计分析软件，可从因特网上免费下载使用（网址为：http：//
www. victoria. ac. nz/lals/staff/paul-nation. aspx）。鉴于其适用性、操作方便
等特点，下面主要介绍如何在二语教学中使用该软件评估学习者的产出性
词汇使用情况。

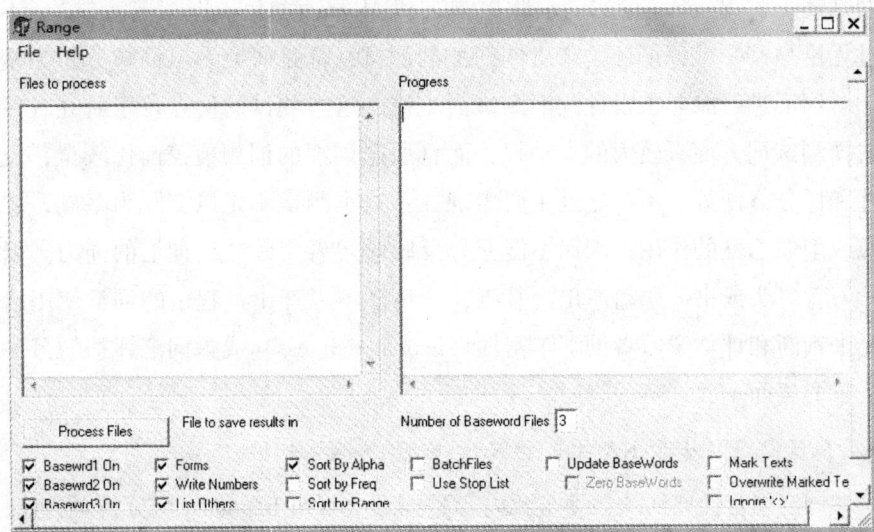

图 7.1　RANGE 的主界面

　　RANGE 使用的原始数据包含 3 个词频表，分别命名为 BASE-
WRD1. txt，BASEWRD2. txt 和 BASEWRD3. txt。BASEWRD1. txt 包括最常用
的约 1,000 个英语词族（word family）（实际为 999 个），BASEWRD2. txt 包
括次常用的约 1,000 个英语词族（实际为 987 个），BASEWRD3. txt 包括前
两个词频表之外的、高中和大学各科教材中最常用的学术词汇（academic
words），包括 570 个英语词族。一个词族包含主词（head-word）及其派生
和屈折形式，比如：

ASTONISH

ASTONISHING

ASTONISHES

ASTONISHED

ASTONISHMENT

这5个词语形式中，ASTONISH 为主词，ASTONISHING，ASTONISHES 和 ASTONISHED 为屈折形式，ASTONISHMENT 为派生形式。如果以词次为单位，BASEWRD1. txt 容纳 4,119 个词，BASEWRD2. tx 容纳 3,708 个词，BASEWRD3. txt 容纳 3,107 个词。RANGE 处理输入的目的文本或学生作文时，会自动以这3个词频表为参照，输出目的文本或作文的词频等信息，以供学习和研究之用。

RANGE 有多种用途，可用于回答一系列的问题（Nation & Coxhead，2002：2），如：1）哪些词汇是不同文本中共有的？2）阅读某文本需要多大的词汇量？3）如果学习者有 2,000 词的词汇量，该文本中有多少词汇是他（她）所熟悉的，有多少词他（她）可能不认识？4）教材在多大程度上使学习者能对付报纸上的词汇？5）二语学习者在自由写作中词汇的丰富性如何？当然，RANGE 的作用还不限于这些。本文拟着重介绍 RANGE 在产出性词汇评估方面的三个主要用途。

第一，比较学习者作文中产出性词汇量的差异。

词频统计的内在逻辑是：一般说来，高频词因出现和使用的频率较高而先被习得，低频词因出现和使用的频率较低而后被习得。鉴于此，低频词掌握的多少一定程度上体现出学习者二语水平尤其是词汇水平的高低。选择与主题风格恰当的低频词，包括专业术语和行话以及允许作者以准确和复杂的方式表达意义的非常用词，而不限于只使用常见的通用词汇，这是词汇表达范围的一个方面（Read，2000：200）。该特点可称作词汇的复杂性（lexical complexity）。RANGE 可根据已有的词频表将输入的英语目的文本中出现的词汇以词形、词次和词族的形式按词频分布将其总数和百分比列出来。若目的文本中的词超出词频表的范围，则以"不在表中"（not in the lists）的形式将结果给出（不包含词族统计）。词频统计结果不仅可用于比较不同学习者产出性词汇的水平，也可用于检查同一个学习者在英语写作不同阶段的词汇产出水平。这种检查既可以由教师来做，也可以由学生自行完成。

　　第二，比较学习者措辞异同。

　　RANGE 不仅可以用于就同一个作文题目比较不同学习者作文产出性词汇量的大小，而且可用于比较学习者作文措辞（diction）的异同。这种比较既可以是纵向的，也可以是横向的。在纵向比较中，不同的作文是同一个学习者在不同学习阶段写成的。在横向比较中，不同的作文是由同一学习阶段里不同学生完成的。上面提到，RANGE 可同时比较多达 32 篇的不同文本。对于文本中的每个词，该程序以高、低词频为类别提供以下数据（Nation & Coxhead, 2002: 1～2）：1）词汇范围（range）或分布（distribution）——该词在多少文本中出现；2）主词使用的频率——实际使用的主词类型出现在所有文本中的总次数；3）词族使用频率——该词及其词族成员出现在所有文本中的总次数；4）该词出现在每篇文本中的频率。比较学习者作文措辞差异是件非常有意义的工作，其重要性尤其表现在：当我们将成功学习者的同类作文比较时，或许会发现他们在措辞上的许多相同之处，这些共同的词汇可以用来促进学习不成功者的作文写作。

　　第三，发现词汇过度使用的倾向。

　　词汇产出丰富性除了表现在学习者能产出与主题切合的低频词和专业词之外，还表现在学习者能根据词汇之间的同义、反义和上下义关系等灵活使用词汇，避免过度使用（overuse）一个或若干个词。在一篇文本中，某个（些）词是否过度使用很难界定，这要看具体情况。但就一般情况而言，语料库研究在这方面为我们提供了重要的参考依据。我们除了用RANGE 统计的结果比较学习者措辞异同之外，还可以根据不同词汇实际出现的频数，参照母语书面语语料库的统计结果，来判断学习者是否有过度使用某个（些）词的倾向。

　　RANGE 的应用范围很广，潜力也很大，它的诸多用途都有待于研究者自己去开发或利用。譬如，研究者拟比较 RANGE 提供的词频表与我国《大学英语教学大纲》规定的英语分级词汇表哪个对中国英语学习者的写作质量更有预测力，就可以根据 RANGE 提供的模式制作一个新的词汇量表来达到研究的目的。再如，若研究者不打算统计文本的某些词汇（比如功能词）而只欲研究文本中实词使用的情况，以便了解文本提供的信息量多少，研究者也可以用 RANGE 提供的功能词表（也可以自制）作为"排除词汇表"（Stop List）来进行统计（操作时需选择 RANGE 中的"Use Stop List"一栏）。由于 RANGE 操作简便、权威性强和开放性等特点，它不仅可用于教师对学习者产出性词汇的各种评估，而且学习者也可用之进行自主学习，自我检测。

7.3.3　增加学生词汇学习负担的因素及其减轻负担的方法

单词学习负担是指学习并记住该单词所需要花费的精力，有三个方面给单词学习造成了负担：母语影响、单词教学的方式和单词内在的困难。

7.3.3.1　母语影响

很多证据表明，不同语言在相互接触过程中因干扰或迁移而使其中某一语言携带了其他某种或多种语言的特征，此谓语言迁移。Odiin（1989）认为语言迁移是学习者以前所学的任何语言与目标语言的相似和差异给目标语习得带来的影响。大多数二语学习者在学习目标语时都已经较为完善地掌握了母语知识和运用能力，学习者在储存目标语词汇信息时，往往会有意无意地借助于一个母语中介，依托母语的词汇概念知识，利用母语词汇的语音、语义、用法等在目标语词汇与对应的母语词汇之间建立一个对等关系，其"中介语"（interlanguage）在很大程度上体现了母语对目标语的"正迁移"或"负迁移"。在这里，我们把母语对二语习得者词汇学习方面产生的干扰称为负迁移。我们从以下几个方面来看一下母语汉语对英语词汇习得的影响：

第一，汉语发音规则会对英语词汇习得起负迁移作用。语言习得研究发现，无论是母语习得还是二语习得，错误的发生都是难免的，而且，有些错误的出现有其规律性，甚至是语言学习所"必须"的，学习者正是借助这些"跳板"逐步接近目的语。母语为汉语的英语学习者在英语习得过程中同样会犯各种错误，这是很正常的现象。但是，我们也必须看到，有些错误是作为母语的汉语规则负迁移作用所造成的，表现在词汇习得上，主要是音、形、义等方面的错误。英语发音方面的错误受汉语的影响非常明显，因为这两种语言在语音上存在很大差别，汉语是声调语言（Tone Language），靠声调（即四声）辨义；英语则为语调语言（Intonation Language），更多的是靠重音的差别来判断意义。例如"we're thinking…"，我们的很多学生都读成了"we're sinking…"，这显然是由于学生没有真正掌握 [θ] 这个汉语普通话音系中没有的音素。其次，两种语言的音节结构也存在差异。汉语都是单音节的，后一段无辅音，即没有韵尾（coda），一个音节只包括起音（onset）和韵核（nucleus），音节以元音结尾；而英语往往是多音节的，大多数单词有韵尾，由辅音或辅音丛构成。正是由于这个原因，学生常常犯增音错误，如将 week/wiːk/读成/wiːkə/、将 cup/kʌp/读成/kʌpə/等，这就是在韵尾的后面加上了弱央元音/ə/。

有学者研究发现，学生对词汇的拼写错误与误用母语发音规则或目的语的发音规则有关，其中包括直接使用母语发音规则来拼写目的语词汇。汉语与英语在发音系统和书写形式上有很大不同，因此，中国学生的英语词汇拼写错误会因误用汉语发音规则而产生，或因汉语发音规则在英语中的负迁移而出现。例如，中国学生常将 enslave（奴役）拼写为 inslave，nose（鼻子）拼写为 noze，reflect（反映）拼写为 reflekt，sandwich（三明治）拼写为 sanwich，cypress（柏树）拼写为 sipress，degenerate（退化）拼写为 digenerate，embrace（包含）拼写为 imbrace，faithful（忠诚的）拼写为 faisful，periphery（周围）拼写为 perifery，presbyter（牧师）拼写为 prezbyter，等等。

第二，汉语词汇与英语词汇之间存在语义上的交叉。由于语义场合的不同，两种语言的词汇之间并非是一一对应的，如英语中的"table"与汉语中的"桌子"不是完全对应的。除一些科技语外，其他的几乎没有任何两个词是完全的一一对应。汉语中的某个词在英语里常常对应多重含义，但中国学生往往把两种语言里的单词看成是一一对应的等值关系。如：1) The rain was so big.（应为 heavy）；He is a much smoker.（应为 heavy smoker）。在这里，学生对英语中 heavy 的用法显然缺乏足够的了解，或许只是简单地把它等同于汉语里的"重"了，类似的还有用"busy traffic"代替"heavy traffic"等。2) Don't talk to him, he's opening the car.（应为 driving）。"开车"在汉语里虽然也用了"开"字，但显然这个"开"字并非是"开启、打开"的意思，而是侧重在"开动、驱动"。

第三，关于两种语言在意义上有对应关系的词汇。在特定环境下，两种语言之间的词汇会有某种对应关系，但其用法却未必相同，在感情色彩、语体色彩、使用场合等方面会有所差别。我们的学生往往把汉语中某些在语义或结构上与英语近似的词汇直接迁移到英语中来。如：1）——Do you agree with him?——Of course. 使用者在这里用"Of course."是为了加强语气，表示充分肯定，意即"当然、毫无疑问"。原本是想表达"Yes, I do."。但在英语中，"Of course"虽然也可表示"当然"之意，但却含有"你怎么连这都不知道?"、"What a stupid question"的潜在意味。2）Good morning, Teacher Zhang. （应为 Mr.）Teacher 是一种职业称谓，一般不用于 title。

第四，汉语言文化背景也会影响英语词汇的识别与记忆过程。根据 Craik 等人的加工水平说，词汇记忆的方法有两种：浅编码法与深编码法。浅编码法指从词形或词音记忆单词的方法，如熟词法、读音法、谐音法、词表法等；深编码法则是指从语义特征记忆单词的方法，如联想法、构词法、上下文法等。母语为汉语的英语学习者对词汇的识别与掌握方式是怎样的呢? 研究发现，中国学生在学习英语词汇时，更多依赖词形特征记忆英语词汇，然后是词音，即采用浅编码法进行记忆。这一研究也支持词形激活音、义的中国学生英语词汇识别结论：根据心理语言学界对英语单词识别的研究，以汉语为母语的英语学习者在识别书面英语单词时，依赖最多的是词形，其次是词音，最后才去注意词义。对词形的识别直接影响其对词音和词义的掌握。

这一过程和汉语词汇的识别进程惊人地相似：根据国内外心理学界对汉字形、音、义激活时间进程的研究，对汉字的识别，字形的激活在先，字音和字义的激活在后。这与汉语的字形有关：汉语是象形文字，属于表意体系，汉语字形有助于会意，其视觉效果很明显，有利于视觉表征。以上的研究结果表明：母语为汉语的英语学习者识别英语词汇与识别母语词汇的进程极其类似，而且在对词汇的记忆上，也多从词形特征或发音特征开始。

　　该结论一方面说明了词的识别方式会对词的记忆方式产生影响，另一方面也说明母语的某些规则会转移到英语学习中去：尽管英语属于表音体系，其字形并非如汉语一样明显有助于会意，但由于受汉语规则的影响以及身处汉语语境之中，汉语的某些规则与内容会很容易转移到英语中去，从而对英语学习产生影响。在汉语环境中，中国学生学习英语时通过视觉通道输入信息的机会要比通过语音等通道的机会多得多，即他们阅读的机会远远大于听说，这也有利于他们首先注意词形，然后是读音，最后通达词义，这和因汉语言自身特点所导致的词汇的形、音、义通达方式显然有所差别。

　　以上从四个方面总结了汉语对英语学习的影响。当然，由于语言环境的局限性，学生很难脱离这种影响。如何有效地利用汉语词汇与英语词汇在发音、词义、用法等方面的近似处，去建立一个有利于英语词汇习得的对等关系，充分发挥汉语词汇对英语词汇习得的正迁移作用就成为广大英语教师应该认真考虑的一个问题。

　　第一，利用自然拼读法进行语音教学。

　　自然拼读法在20世纪中期产生于美国和加拿大，最早是一种教英语本族语儿童识字、拼写和阅读的方法，其显著效果得到了广泛的认可，并逐渐推广和应用到英语作为第二语言和外语的教学当中。在中国，该方法又常被翻译为英语看字读音教学法、英语拼读法、英语读音法、英语直拼法和英语拼音法等，其核心是建立英语字母或字母组合与语音之间的对应关系，使学生做到"见词能读，听音能写"。其基本原理是要求学生掌握代表英语44个基本音的字母和字母组合（即这些字母和字母组合在单词中的发音，而不是它们的名称音，如在自然拼读法中，辅音字母 b 代表 /b/，而不是读 /biː/；元音字母组合 ai、ay 等代表 /ei/，以及一些英语拼写和读音关系的基本规律，让学生看到一个英语单词，就能读出来；或者，想到一个单词，就能按照规律拼写出来，做到见其形知其音，听其音知其形。研究表明，85% 的英语单词能够通过字母音形对应的规则来拼写。自然拼读法包含了字母音和形之间的关系，是向学生讲授英语中最普遍的音形关系，使之能够解读或拼读单词。这种解读单词的能力是阅读成功的关键因素。教学实践研究发现，自然拼读法是任何年龄、任何学生学习单词最快、最简单、最有效的方法。当学生拼读与拼写单词的能力达到"见词能读，听音能写"的程度后，就可以很快地进行阅读教学，在大量的阅读中扩充单词，熟悉语法，培养语感，从而进一步促进听说能力的发展。

由于汉语拼音中有许多音与英语的发音相似，如英语中的辅音与汉语拼音中的声母发音都很相似，汉语拼音的 ao 与英语中的元音 /ɔ：/ 的发音基本相同，等等，在英语学习的初级阶段及早采用自然拼读法进行语音教学，就可以利用汉语拼音对音素教学产生的正迁移作用，有效地帮助学生掌握英语字母和字母组合的发音。

第二，利用概念流利理论进行词义教学。

Danesi 首先提出了概念流利理论（2000）。他将概念流利定义为"根据隐喻结构了解一个单词如何反映概念并将它编码"。他后来又指出，所谓概念流利，就是把目的语的表层结构（如词汇、语法）与其所反映的概念底层结构匹配起来所达到的能力。在他看来，要达到这个目的，英语学习除了要对目标语词汇进行初步的概念认知之外，还必须经过概念重组（conceptual reorganization）的过程。概念重组大致分如下三种类型：1）当本族语和目的语表面形式折射相同概念结构时，概念重组是同形的（iso-morphic），如"手"与"hand"，"计算机、电脑"与"computer"；2）如果只存在部分重叠（overlapping），英语学习者就必须内化有别于本民族的概念结构，如 goat 在英语中除指"山羊"外，还可指"好色的男人"，有"色鬼"之意。再如，owl 和猫头鹰虽指同一种动物，但 owl 在英语中象征"智慧"，而"猫头鹰"对中国人来说则预示着"凶兆"；3）如果两种语言的词汇语法反映迥然不同的概念结构，概念重组则只能是"重新洗牌"。如 eat one's words 是"收回自己的话"，而不是"食言"（break one's promise）。由于人类面对相同的自然物，受同一自然规律支配，因而对物质世界的认识有相同或相似的划分。但是，任何两个民族看待和划分抽象世界的方式都不可能完全相同，因此英语学习初期经历的同形概念重组在中高级阶段逐渐让位于后两种类型的概念重组。这就要求我们教学中注意词汇的形式和意义的结合，多传授构词法知识。英语单词虽然数量庞大，但是其构成单词的基本要素有限，常见的词根约有 300 多个，常见的前后缀各 100 多个。现代英语吸收了大量的希腊语和拉丁语词汇，其中很多以词根的形式保留下来。只要记住词根的意义，能从单词中辨认出词根，再考虑前后缀对其基本意义的扩展，就能理解并记住这个单词的意义。通过构词法习得单词，不仅能够快速记忆单词，而且能够深刻理解词义，巩固掌握程度并灵活应用于语言输出。例如，在了解到 spect- 是"看"的意思后，我们可以快速牢固地记住 spectator, spectacular, retrospect 等词汇。除了构词法知识外，还可以利用联想法、分类法和上下文法等进行词汇教学，这里不再详细介绍。

第三，注意词汇文化教学。

语言作为人类文化的载体，在历史发展过程中受到其赖以存在的社会习俗、生活和行为方式、价值观、宗教信仰等因素的制约和影响。因此学习语言，除了掌握一定的词汇、语法知识和必要的语音外，还必须重视其民族文化发展的历史，重视语言隐含的文化内涵。由于历史发展轨迹的不同，英语和汉语所代表的两种文化存在着巨大差异，这给中国学生带来很多障碍。在表达时，常常是词汇误用、用词单一，内容幼稚可笑或言之无物。这就要求教师在教学中注意词汇的文化背景知识，引导学生积累语言材料，扩大知识面，了解英语的文化。如 When you are down, you are not necessarily out 这句话最初用于拳击领域，是指在拳击比赛中拳击手若被对方击倒，不等裁判数到 10 便爬起来了，就可以继续比赛。因此，这句话寓意为：虽然你遇到了挫折，但不一定丧失了成功的机会。再如，butterfly 的隐喻意义带有美丽的意思，但是在英文中用 butterfly 去描写一个女性则是指其轻浮的特征，因此 The girl is as beautiful as a butterfly 这句话在英语中是难以接受的。再如认识到 money is a liquid 这一概念隐喻之后，可以很容易地理解 He spent money like water 和 Money is a great traveler in the world。

7.3.3.2　单词教学方式

一个单词的学习负担会受到教学方式的影响，即单词学习困难会因教学组织方式的不完善而增加。不幸的是，这种"反教"现象普遍存在，下面从英语同义词和反义词教学方面剖析一下该现象。

第一，英语同义词教学中的"反教"现象。

英语语言中的同义词极其丰富，当学生掌握了一定量的词汇后，教师常常运用同义词方法讲授新知识，这已成为大学英语精读课教生词的方法之一。其优点很明显，既可便于教师用英语进行教学，又可复习已学过的词汇，还可以此接受新知识。因为处于同义关系中的各个词语单位属于同一语义场，它们具有共同的语义特征，所以它们之间的共性会使掌握这些词汇更加容易。如当学会了 like 一词后，再教 prefer 时，我们就可以给出其同义结构 prefer ＝ like better（国玮秋 1996），这样在语义上它们具有互释性，可以增加两词之间的联想，使新旧知识融会贯通，很容易被接受和记忆。但严格来讲，任何语言的同义词语从来不存在绝对的同义关系。所谓同义，只是相对而言。处于同义关系中的各个词语单位除了共同的语义特征外，还具有相互的区别特征。换言之，没有两个单词能在彼此出现的所有语境中完全替换。英语同义词的区别特征比较复杂，如：感情区别、语义强度区别、所指区别、句法区别、语体区别、修辞区别、搭配区别等，而且一个同义聚合里各词语单位之间的区别点往往是多方面的。例如，有些词之间可能共有某些成分特征，但感情特征对立构成了褒与贬的同义关系：表达"策划"概念的同义聚合包含 1）plan；2）scheme, conspire, intrigue；3）plot 等词。1）组为褒义，含"运筹帷幄"之义；2）组为贬义，含"阴谋策划"之义；3）组是中性词，既可用作褒义，也可用作贬义。再如，有些同义词"概念意义"相同但表达风格不同：1）Small and poor as the country was, it refused to receive help from big countries. 2）Now, let's commence the meeting. 3）With a heavy heart, the poor old man retired to his humble cottage. 例 1）中一个国家对另一国家的"经济援助"应该用正式用语或书面语"economic aid"；例 2）中的 commence 是书面语，一般不用在口语里，这里应改用 begin；例 3）的 retired 不合适，因为 retire 是庄重、高雅的用语，拿它和 to his humble cottage 搭配，在风格上不协调。还有，表达"愤怒"的同义聚合 anger, irritation, indignation, fury, rage 和 wrath，除了语义强度方面的区别外，还有所指、语体方面的区别。

Indignation 尤指对非正义行为产生的愤慨，fury 和 rage 为盛怒，wrath 为文学用语。

如果教师一味地把同义词放在一起传授，或者使用同义词教学不适度而又解释不详尽，片面地追求词汇的数量，忽略或牺牲词汇的质量和深度，就会产生"反教"现象。因为，虽然同义词之间的共性使它们紧密相连，容易产生联想，便于记忆而获得词汇量的发展，但它们之间的区别却会互相干扰。有明显区别的同义词在使用中是不能错位的，如果错位，便词不达意、语不得体，交际效果可想而知。例如，一份正式报告里如果白话连篇，报告人至少会被认为文笔欠佳或态度不严肃认真；一个人在非正式交际场合如果不时地引经据典，满嘴之乎者也，就会有矫揉造作、故意卖弄学问之嫌，不但达不到预期的效果，反而会引起人们的反感；粗俗的俚语用在朋友之间会使关系显得亲密无间，如果用于下对上、幼对长就蕴含了对上级或长者的不尊重，如果用在严肃的宗教仪式上，就会被看作是对神灵的亵渎，如此等等，不一而足（李军 1998）。这些同义词如不加以区别就会产生交叉联想，以致错误地理解及运用，而区别它们或讲解过分又增加了学生的学习负担，无助于词汇习得。

因此，教学中同义词讲解要适度，避免简单地用同义词替换方法讲解新词。如要讲，一定要详尽区别两词的差异所在。为避免给学习增加不必要的负担，建议如同义词之间差异很大，最好弃之。不要放在一起传授，应自然地在适当的语境中传达其同义词，这样效果更好。例如在讲 limit 一词时，硬要给出其同义词 restrict, confine 和 constrict 并要求学生区别他们实在是一种事倍功半的教学方法。不如顺其自然，何时遇到何时讲解，待都接触后学生自然会自己去区别它们。在不同的时间内和不同的语境中，结合上下文学习这些词会容易得多。因此，虽然同义词教学有其优点，但在进行同义词教学之前一定要看这个同义词是会促进所学或将要学习的知识，还是反其道而行之干扰它们。虽然英语母语者心理词汇中存在的语义联想网络能促使交际者快速选词以进行有效交际，但是以同义词的方式向英语学习者直接灌输这些语义联想并不一定是最好的教学方法。指出："在本族语人的心理词汇中存在的有意义的联想，可以作为第二语言学习者的学习目标，但这并不意味着直接灌输这些联想是达到这一目标的最有效方式，事实上，这种直接灌输能使学习变得更困难。"

第二，英语反义词教学中的"反教"现象。

把意义相反或相对的词放在一起教学，对比鲜明，印象深刻，可以增进记忆，收到事半功倍的效果。这种教学方法在英语教学中很普遍，如：exit→entrance；accept→reject；active→passive 等。又如在学了 hope 一词后，可同时教给 hopeful（有希望的）和 hopeless（无希望的）。这样讲授效果好，主要是因为学生只需要掌握不同的后缀形式及其代表的意义，即 ～ful 代表"充满"之意，～less 代表"缺少"之意。这样的后缀在英语中应用很广泛，因此将这样一组意义相反的词或结构有机地联系在一起，对学生来说即容易又有指导意义，能合理地扩展记忆表象，也不会增加学习负担。

在英语词汇中，有些反义词虽然意义截然相反，但其应用结构、词形、语音方面极其接近。同时向学生讲授这样的反义词，很容易使学生混淆，造成"反教"现象。例如 optimistic 和 pessimistic。一些教师喜欢在讲解其一时，同时教给其二。这种反义词教学方法很容易使学生混淆二词的意义及形式和用法。一位青年教师曾想出一个很好的办法来区别这两个词。他说 optimistic 以开口元音/ɔ/开始，可以联想为"开口笑"，因而意为"乐观的"。Pessimistic 是以闭口辅音 /p/ 开始，可以联想到"闭口哭"，因此意为"悲观的"。这种教学方式极易导致词义混淆，产生负效应。为了区别这两个词，学生学习的负担大大增加。众所周知，词汇之间的共性会使学生掌握这些词汇更加容易，然而反义词之间不但互相联系，具有共性，同时它们之间又有许多区别。它们之间的共性增加两词之间的联想，而二者之间的区别又互相排斥与干扰。例如：optimistic→pessimistic；gobble→nibble；inductive→deductive；intrinsic→extrinsic 等，各词对之间的共性是：词性相同；语境相同；后几个字母的拼写与发音部分均相同。这些反义词对共性很强，极易产生交叉联想。而区别两词的难度增加了词汇学习的难度，区别难度越大，词汇的掌握难度就越大，词汇学习的负担就越重。试比较，让学生区别 wide 与 narrow，同时区别另一对反义词

optimistic 与 pessimistic，学习者会明显感到，后一对反义词较前一对更难区别，因为它们更容易混淆。这同时验证了 Higa（1963）关于词汇学习的理论，他对六组互有关系的词与一组互无关联的词的学习结果做了比较，结果表明"在学习词汇过程中，相互联系紧密的反义词比互无联系的词更难掌握……"

可见，反义词教学中的"反教"现象主要表现在对词义进行交叉联想，而造成交叉联想的主要原因是两词之间的共性。如能减少或淡化这些共性，交叉联想就可避免。为此，教学中要注意：第一，共性很强的反义词不宜同时讲授，而应把它们当作互无联系的词，结合所处的语境自然托出。切忌人为地把两个反义词强拉在一起教授，让学生硬性去区别。如实在需要讲授，则需要在前一个词学习了一至二个月之后再讲授第二个词。因为这时第一个词已被熟悉和掌握，不容易再混淆。第二，现代语言学家以语义对比为依据，把反义词划分为相对反义词、互补反义词和换位反义词。相对性反义词的特点是相对性（relativity）与等级性（gradability）。如比 beautiful 和 ugly 之间可插入 pretty, good-looking, plain 等词。由于这种反义词只是进行语义的两极比较，而真实的世界中这类反义词实用价值不强，而且极容易使学生产生错误的理解与运用。例如想表达一个女孩很美，另一个不漂亮，我们不能用 beautiful 和 ugly，而应选用 beautiful 和 not beautiful，或后者用 plain。同样地，有很多人既不富有又不贫穷；世界的许多地方既不热也不冷。因此，在真实的世界里，不能把人们分为好的、坏的、正确的、错误的。所以，要尽量避免讲授相对反义词。第三，避免讲授多义反义词。由于英语词具有一词多义的特点，因此其反义词不可能固定不变。如 fast 作"不退色"解时其反义词应为 loose "易退色的"，而当其作"放荡"解时，反义词应为 temperate "有节制的"。这一类反义词如同时讲解，容易造成错误的理解。如当学生学会了 rise 和 decline 一对反义词后，很可能造出下列句子："My grandfather's health is rising while my grandmother's is declining." 而实际我们应写成："My grandfather's health is improving while my grandmother's is declining."

7.3.3.3　单词内在的困难

一个单词的学习负担也会受单词本身特征的影响，一方面，词性会影响单词的意义。Rodgers（1969）发现名词最容易学习，形容词次之，动词和副词最难学习。这一发现与通过上下文猜测单词的经历部分一致：名词和动词通常比形容词和副词更容易猜测。中国学生常通过母语翻译词的词性来猜测英语单词的词性，而词性误用是他们使用英语时常犯的一种错误（蔡虹 2002）。另一方面，单词是需要进行接受性学习还是产出性学习也会影响学习的困难，学习认知单词的形式和意义要比在适当时间产出该单词容易得多。据初步估计，对单词进行产出性学习比接受性学习难度要大50%～100%。

除了词性和词汇学习要求会造成学习负担外，英语中的难词也会给学生造成负担。研究表明，学习者心目中的难词主要指词形上难的词，即容易造成拼写错误的词。引起拼写困难的主要因素是字母或字母组合与其发音之间的不一致、误读以及单词过长。据调查（吕文澎 2000），我国学生认为，具备下列词形特征之一的词就是难词：1）至少包含一个可有多种书写形式的音素的单词，如 martyr/'mɑːtə/中的/ə/音可书写为"-ar"，"-er"，"-or"，"-a"等形式；2）至少包含一个有多种发音方式的字母或字母组合的单词，如 fatigue/fə'tiːg/中的字母"i"可发/i/，/ai/，/iː/等音；3）至少包含一个不发音字母的单词，如 ghastly/'gɑːstli/中的字母"h"为不发音字母；4）容易引起吞音现象的词，如许多学生读 cafeteria/kæfi'tiəriə/时，经常吞掉其中的第一个/i/音；5）固有长词（intrinsical long words），词长一般以音节来衡量，词（不包括复合词）的最佳长度是两个或三个音节，可以认为四个或四个以上音节的词为长词。一个词具备上述词形特征愈多，则愈难，学习负担愈重。

针对学生英语使用中的词性误用现象，使学生更有效地习得英语词汇。另外，教师要了解不同学习阶段学生必须掌握的接受性词汇和产出性词汇，对这两类词汇的教学方式有所区别，以减轻学生负担。对于学习中的难词，引导学生采用深编码法，从快速记忆单词，深刻理解词义，巩固掌握程度并灵活应用于语言输出。

7.3.4　网络环境下的英语词汇教学

关于记忆的研究表明，人们一般能记住自己阅读内容的 10%，听到内容的 20%，看到内容的 30%，自己听到和看到内容的 50%，在交流中自己所说内容的 70%。这说明多种感官的参与能有效地增强记忆。在传统词汇教学中，学习材料封闭，输入方式单一。相比之下，网络环境下词汇信息的输入渠道呈现多元化的特征。网络环境提供了音频、视频、图像、动画、游戏、聊天室、博客、学习论坛等多种形象生动的传播元素，合理地运用这些元素作为词汇输入来源，能够大幅度提高学生对词汇的认知效果。因此，教师可以在词汇教学过程中有机地结合这些元素，对学生进行"图文并茂、声情融会"的词汇输入，引导学生眼、耳、脑、口等多种器官共同感知网络上丰富而真实的语言材料，这种多感官参与的词汇教学是传统教学方式所无法比拟的。例如：在讲解 Clone，Tsunami，Black hole，Information highway 等科技语和专业词汇较多、内容较抽象的课文时，可以给学生展现一些相关图片，各国领导人在相关问题上的讲话、接受记者访问、新闻发布会的视频和音频资料，形式多样的词汇输入方式刺激学生大脑，能帮助其记忆大量相关词汇。另外因特网上有许多英语学习网站，里面大部分有专门针对词汇拓展的各种活动，它们往往提供大量关于词汇的学习、练习、游戏、测试及相关阅读等，尤其是编选了高频词汇集中出现的英文报刊、杂志及广播（如VOA、BBC）中的文章供学生根据自己的英语程度选择阅读，进行词汇拓展，然后逐步提高。很多类似的学习资料同时提供音频文件，学习者可以用 MP3 下载，以便随时重复收听，巩固所接触的新词汇。也有专业的词汇学习网站，如"英语词汇网"（www. wbw. com. cn）、吾爱单词网（http：//www. 52words. cn/）、大耳朵背单词（http：//word. ebigear. com/）和金太阳背单词（http：//word. kingsunsoft. com/），等等，其中前两个网站是专门针对有一定基础的英语学习者。前者致力于各种英语速记方法的研究，介绍记忆理论、英语速记理论与方法，有速记词典（http：//dict. wbw. com. cn/）提供各种英语单词的速记及学习，英语单词的音标、读音、单词释义、同义词、反义词、词义辨析、相关试题等，还有专业词汇大全（http://special. wbw. com. cn/）提供各类行业词汇、专业英语词汇等等；后者包括词源妙记、词根词缀、名师专题、英语背景知识等板块，该网站的独到特色在于追根索源和巧妙记忆，把单词记忆和词汇来源联系在一起，并利用联想法推出词源妙记词典。如图 7.2 所示的 English 及其同源词：English 本来意思是"来自'钩形'地区人的语言"，因为不列颠岛上的盎格鲁人（Angles）是五世纪从德国西北部一块"钩形"半岛来到不列颠的，所以 English 中的 eng 暗含"钩、弯曲"的意思。下面是与 English 同源的四个词：angle：表示因有一定程度的弯曲而形成的"角度"；anchor：指用来固定船的金属弯曲物"锚"；ankle：指脚与腿的弯曲处"踝"；Ankara（安卡拉）：土耳其的首都，据说公元前 700 年左右加拉西亚的弗里吉亚国王米达斯在此发现一铁"锚"。上述词中，eng -，ang -，ank -，anch -，unci - 都是表示"弯曲"的词根，与 English 这个简单词属于同源词。另外，该网站还别出心裁，把单词记忆和一个个故事，特别是词源故事联系在一起，增加了趣味性，有利于记忆，值得词汇教学借鉴。

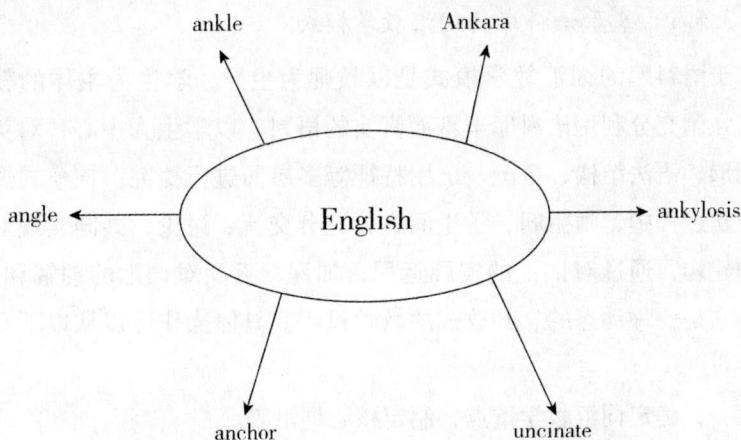

图 7.2　English 及其同源词

7.3.5　基于语料库的英语词汇教学

语料是人们运用语言时自然产生的书面或口头语言材料（语言素材）的集合，按照一定目的和方式建立起来的大规模储存这些语言材料的"仓库"就是语料库。近年来，随着计算机语言学和语料库语言学的发展，语料库以其具有代表性的宏大数据库为词汇教学提供了更可靠、更客观的语言信息，从而为词汇教学提供了科学、直观的教学依据。通过语料库索引工具所获取的语言材料最大的特征是凸显语言焦点，其常用格式——语境关键词，强化了学习者对关键词的注意，创造了输入时的凸显效应。语料库索引行在凸显关键词的同时，提供了与之共现的语境，借助于语境，学习者很容易找出与关键词习惯性共现的搭配词，然后对之进行集中学习和运用。所以，基于语料库的词汇教学有利于词块的习得。基于语料库的教学模式，强调学生充分利用语料库资源，对英语词汇进行探究式、发现式自主学习和协作学习，找出目标词在语义、语用、结构等方面的规律特征。

7.3.5.1　基于语料库的词汇教学模式

基于语料库的词汇教学模式是以教师为主导，学生为主体的教学模式，它强调充分利用语料库丰富而真实的语料，以学生为中心，对英语词汇在词形、语法结构、搭配、语用特征等多层面进行探究。该模式要求在整个教学过程中，师生间、学生间进行充分交流、讨论，共同实现对词汇知识的建构，通过对词汇的实际运用，加深、巩固对词汇的理解和掌握。因此，它是一种动态的、开放式的教学过程。具体操作可以从以下几个方面着手：

第一，确定词汇教学重点，制定核心词汇表。

教师可以从权威语料库资源（如 BNC、COCA 等）提取高频词表，结合教学大纲和课程要求，确定本课程词汇教学重点，制定出课程重点词汇表。然后，结合所选教材，将课程重点词汇进一步细化，确定各学期的词汇教学重点，制定学期重点词汇表。学期重点词汇表人手一份，在学期初发给学生，要求学生根据该表制定各自的学期词汇学习计划，便于日后有效、顺利地开展自主学习。

第二，利用语料库资源，建构多层面的词汇知识。

在组织学生开展自主学习之前，教师的首要任务是启发、引导学生利用语料库索引行对词汇开展多层面的研习。

1. 词汇结构层面：在学生掌握了基本的发音和拼写后，利用语料库资源，让学生进一步了解词汇的内部构成、屈折变化形式及派生形式。如在对 compete 一词的教学中，我们可以在线检索 COCA，首先对前缀 com-进行学习。输入 com＊，可得到许多以 com- 为前缀的关键词及其所在的索引行，教师可组织学生对该前缀的内涵进行学习。接着，输入 compet＊，我们不仅能提取到该词的各屈折变化形式，还能得到它的派生词 competent，competence, competitive, competitor, competition, competitiveness 等，利用索引行所提供的语境，教师可引导学生对这些词的词性进行分析（见表7.2）。

表7.2 输入 compet＊ 后得到的索引行

---

800 and by 1992, we will lost another 1,000 of our most experienced, **competent** and seasoned airline captains, all ejected in the name of safety by a government

---

the age of 60, the FAA can no longer guarantee their health or their **competence**. interviewing Do you think you're as good a pilot today as you were

---

He just wants the FAA to make some exceptions when pilots are still healthy and **competent**. Capt BOS We know, Mr. FAA, that you allow many pilots to

---

allow him to continue flying. So to prove that he's still healthy and **competent**, Lipsky put himself through a series of physical and psychological tests far more extensive

---

trucked off to the slaughterhouse. There, modern, fast-moving machinery and human hands **compete** on the processing line, cleaning, butchering and packaging the birds. The pay

---

poultry passes. Even Perdue concedes the work is grueling. It's a highly **competitive** industry and speed count for everything. Workers here who handled 56 chickens a minute

---

kind of inexpensive water supply Boswell enjoyed because that would have reduced the company's **competitive** edge. Boswell gets its water supply from these huge canals which farmers

---

U. S. government statistics show that the CJ is much more unstable that most of its **competitors**. Even on paved road, CJ's can rollover unexpectedly. In 1980,
hype and keep those fingers crossed. Disney Studios wants a hit and the summer **competition**'s really steep. voice-over Well, Bob Brown talked with Warren Beatty to find
turned it into one of the world's most powerful economies- productive, prosperous, **competitive**. But there's a dark side to Japan's success now coming to light
say the government looks the other way because this cheap middle-management labor gives Japan a **competitive** edge in the world marketplace. voice-over Japan's labor ministry is supposed to
financial institutions. How did they do it? Well, while most of the **competition** took advantage of the new rules by lending to speculators with no money down,
But the answer isn't to let them simply do whatever they think they're **competent** to do STOSSEL voice-over After we interviewed London, another bar committee proposed giving non-lawyers
have no incentive to make it simpler, because they won't allow anyone to **compete** with them. I think it's outrageous DOWNS Thank you, John WALTERS Well
companies work together exclusively to control the supply of parts and components and block foreign **competition**. Dunlap claims that over two and a half years, from 1985 to 1987
Germany as economic powerhouses. We see our educational program failing. We see our **competitiveness** in doubt. This is only two years after your administration. Do you feel
be the greatest athlete in the world. He's the only athlete ever to **compete** at all-star level in two professional sports. He's got world-class speed and enormous
local government off the hook- JARRIEL: Well, the city ambulance services are friendly **competitors**. They believe they actually have improved their service by the Bed-Stuy volunteers

2. 词汇意义层面：意义层面的学习在词汇教学中始终处于举足轻重的地位。教师可利用语料库索引行，引导学生借助关键词所在的语境，归纳词汇的不同意义（包括概念意义、关联意义和比喻意义），还可根据与之共现的搭配词，引导学生探究词汇的语义韵①信息。为加深对所学词汇的

---

① 一种特殊的搭配现象，指某些词语由于经常同具有某种语义特征的语言单位共现而产生的一种语义特征。

理解和掌握，还可组织学生对其近义词、反义词进行探究式学习。

3. 词汇的语法或句法特征：基于语料库的词汇教学另一大优势便是将词汇与语法融合在一起，因为"一定的词语和意义总是以一定的语法形式表现出来；一定的语法结构也总要以最经常和最典型的词语来实现"（杨惠中，2002：83）。因此，在利用索引行进行语义分析的基础上，教师应进一步指导学生对各语义所采用典型句法模式进行归纳总结，更全面地建构词汇知识。

4. 词汇的搭配：语料库索引行是进行搭配、词块学习的有效工具，教师在先前词汇意义、语法模式探究的基础上，进一步引导学生找出目标词在不同语义下、不同语法结构中的搭配规律。另外，Wordpilot、AntConc 和 Wordsmith 等语料库检索软件本身就有 Collocation 功能，运行该功能，便可帮助学生更完整地了解该词的搭配情况；也可借助 Sketch Engine 工具①进行词语搭配或近义词辨析教学（详见 7.4.6.3）。

5. 词汇的语体特征：正确而得体地运用词汇，要求学习者学会区分正式语与非正式语、口语体与书面体，了解目标词汇经常会在什么样的语域中出现。通过调查目标词汇在口笔语语料库中的使用频率，便可得知该词的正式/非正式程度；考察索引行所提供的语境，学生便可了解其语域特征。

第三，围绕重点词汇，自主建构词汇知识。

在学生掌握了利用语料库开展多层面的词汇学习方法后，教师即可组织学生对词汇进行自主学习。学生可通过以下三个途径获取语料库资源：网络语料库（如 Web concordancer），自建的教学语料库，教师统一印发相关索引行资料。每学期初，学生参照学期重点词表，根据自己的英语基础，制定出学期词汇学习计划，然后，严格按照该计划进行自主学习。每次学习，都要求填写词汇学习日志，对目标词汇在结构、语义、语用、搭配等方面的特征、使用规律进行归纳总结。教师定期对日志进行检查，发现问题，及时进行个别辅导。

---

① 该软件无须下载，使用者可登陆 www.sketchengine.co.uk/ 网页注册即获得 30 天的免费使用。根据所选语料库的用词情况，该软件能提供词汇语法搭配的频率和用法、同义词词表、同义词辨析等信息。

第四，定期交流，总结提高

在学生对词汇进行自主学习、探究的基础上，教师要进一步组织学生进行协作学习。学生自主寻找学习搭档，几个人一组，成立学习小组，交流学习心得，讨论难点问题。要求各小组对重点词汇形成基于语料库的调查分析报告，对其具体用法、模式结构进行总结，并通过举例、编写小对话、段落等形式进行创造性运用。教师每月组织一次全班性交流展示活动，对前阶段的学习进行总结、评价，学生间同时也进行互评。最后，为进一步检测学习效果，促进词汇知识的活用，教师在每学期期末专门组织一次词汇测试，测试重点放在重点词汇的具体运用上。

7.3.5.2　基于语料库的词汇教学特点

第一，词汇学习的自主化：基于语料库的词汇教学，是学生在教师的指导下，利用语料库资源自主进行的。学生通过对索引行的独立分析，归纳总结目标词的结构及使用规律，自主建构词汇知识；通过对目标词的创造性使用，巩固对其的掌握。

第二，词汇学习的精细化：借助于现代化语料库技术，对词汇的构造、意义、语法特征、搭配、使用频率、语体特征开展多角度、多层面的研习，强调学生词汇知识的深度发展，提高对词汇的"加工水平"。

第三，词汇学习的探究化：基于语料库的词汇教学是一种对真实的原始语料进行发现式、探究式学习的过程，词汇知识由学生通过自主研习、学生间和师生间交流、讨论和总结来建构。

第四，词汇学习和创造性运用相结合：该模式在突出自主探究学习重要性的同时，还强调对目标词汇的具体运用。要求学生在归纳总结目标词汇的各种使用规律后，立即进行创造性运用；要求教师为学习者设计多种教学活动，为学生创造近似于现实生活的语言使用环境。

基于语料库的词汇教学倡导在教师的引导下，学生借助语料库资源对英语词汇在结构、意义、搭配、语体特征等多层面上开展自主探究和协作学习，促进词汇知识深度的发展，提高学生的词汇实际运用能力。该模式克服了传统词汇教学的弊端，能有效发挥学生的学习主动性和能动性，极大地调动其学习积极性，达到培养学生英语自主学习能力和实际语言运用能力的目的。

7.3.5.3　借助 Sketch Engine 工具进行词语搭配或同义词辨析教学

Sketch Engine 是语料库专家 Adam Kilgarriff 基于词典编撰学家们对于如何从语料库中挖掘出最有价值信息的关注而设计的一种词典编撰辅助工具，是一个结合了庞大语料库、有效总结词汇的语法知识产生系统。它的主要功能包括：1）自动产生"词语速描"（Word Sketches）（一个从语料库中抽象出来的页面，该页面对特定词的语法及搭配特征进行信息汇总）；2）辅助词典编撰人员对词义进行分析；3）根据词典编撰人员对词义的分析，建立词义数据库，用于对相关词的其它使用实例进行词义消歧（Word Sense Disambiguation）。

图 7.3 显示了 SkE 软件预设的不同语种的语料库（preloaded corpora），我们以英国国家语料库 BNC 为参照进行检索。注册选择目标语料库后，使用者可进入一个界面如图 7.3 的窗口，并根据需要对所选语料库的用词情况进行检索、生成词表、描述词汇特性、同义词汇总及辨析等工作。

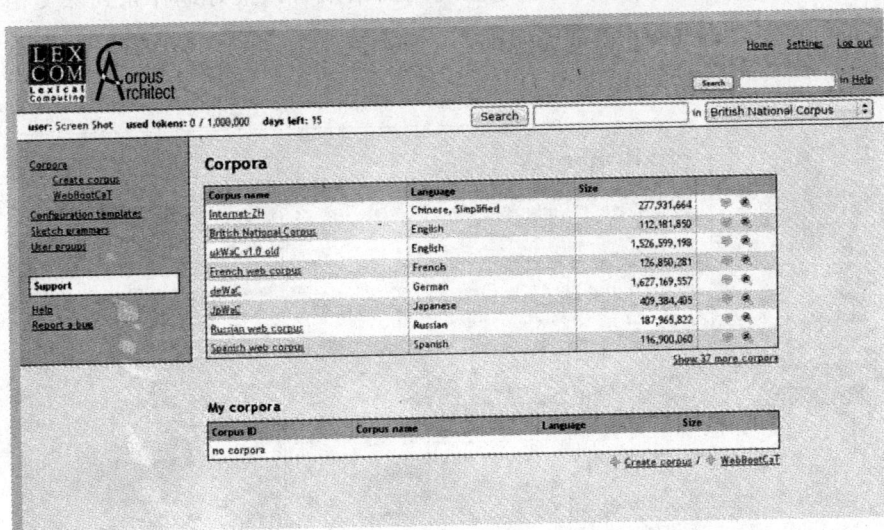

图 7.3　SkE 预设的语料库

第一，在词语搭配教学中的应用。

SkE 工具的一大特色在于其可根据用户需要自动生成所查询词汇语法

搭配特性的描述总结页面，且所呈现的信息均来源于真实的语料，所以其实质上是一个数据库，该数据库在词语搭配与语义之间架起一道桥梁，使用户学习到的不再是孤立的知识点，而是彼此有关联的信息。我们以 challenge（名词）作为索引词来介绍该工具的这一功能，在窗口右部选择 word sketch，依次在 lemma 框输入所查询词汇，并设置好所对应的参数（不同词汇可设置不同的参数）。图 7.4 显示了检索名词 challenge 后 SkE 的具体描述，图中共包括 6 类语法关系，各类中又包括若干个搭配词，按照搭配的显著性大小排列。如，图中第一列所反映的语法关系为 object _ of，共计 1816 条，这一列所产生的数据显示 challenge 一词通常做哪些动词的宾语，同样，图中第二列反映的是 challenge 可作哪些动词的主语，依此类推。教师可根据教学需要从显示的信息中筛选出学生最应该掌握的知识点，尤其是使用显著性高的词汇（无下划线的数字表示显著性）和高频率使用的词汇（有下划线标出的数字表示频率），如：与 challenge 搭配的典型谓语动词有：pose，relish，mount，face 等词，常用的修饰语有：greatest，biggest，serious 等等。这些查询的结果可以很好地补充到课文相关的练习中，扩大学生的词汇储备。

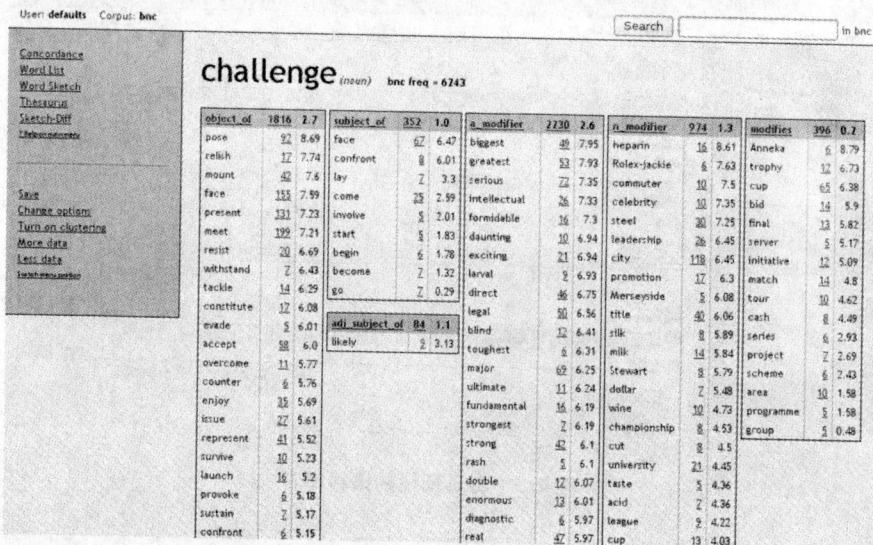

图 7.4　检索单词 challenge 的具体描述

在每个搭配类型和搭配词后面都有一个超级链接点（有下划线标识的），直接把对应的搭配方式或搭配词与语料库中的实例连接起来，如果要进一步了解某个搭配词使用的具体语境，用户可以点击超级链接点，浏览语料库中的对应实例。如果继续点击每一检索行中的节点词，还可以观察更大的语境。由此可以看出，SkE 工具所呈现的是一种动态的资源，这不仅可以为教学提供丰富鲜活的语料，更可以激发学生对词汇特性的探知欲。

第二，在同义词辨析中的应用

教师在学生的口语或书面表达中经常会发现：他们或者重复使用单一词汇，或者以中文近义词错误地套用英语同义词。SkE 工具的另一重要功能是：同义词辨析可以在教学上帮助教师和学生减少或避免这些问题，我们以 clever 和 intelligent 为例进行介绍。查询结果页面（图 7.5）描述了 clever 和 intelligent 可互换使用的情形、只能用 clever 的情形和只能用 intelligent 的情形（同样，通过点击有下划线的连接点就可以看到具体的例句）。借助以上查询结果，可提炼出辨析 clever 和 intelligent 两词的关键信息（从被修饰成分角度来看）：

1）clever 和 intelligent 两词均可用来修饰：people，woman，man 和 eye 等。

2）只能用来修饰 clever 的典型副词：fiendishly，extraordinarily，awfully 和 fucking 等，口语化色彩较浓；只能用来修饰 intelligent 的典型副词：highly，reasonably，seemingly 和 obviously 等，用词比较正式。所以 intelligent 的并列词也很正式，如：articulate，thoughtful，sensitive 和 well-educated，等等。

由此可见，SkE 所输出的速描词语差异既能反映两词之间的共同之处，又比较了两者间的差异，十分便于了解同义词在用法和意义上的异同，对学习者辨别不同词汇很有帮助。

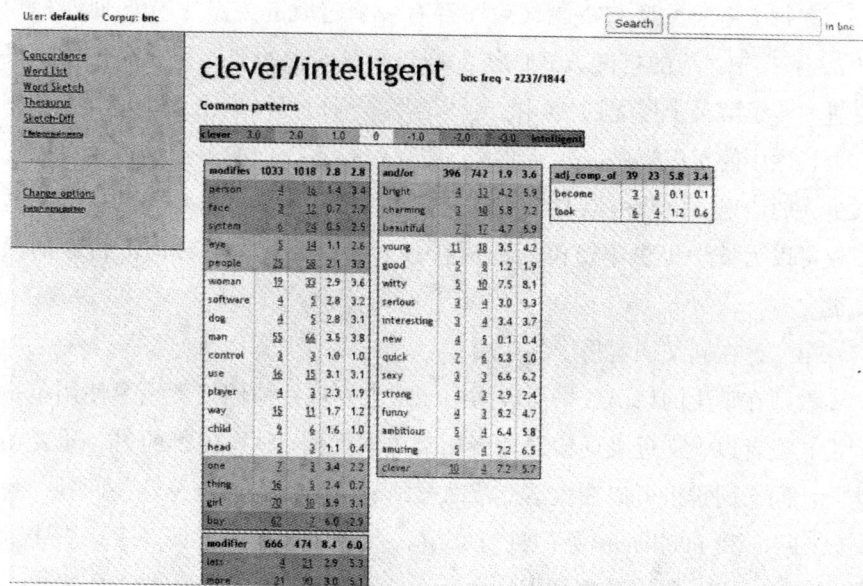

图 7.5　**clever** 和 **intelligent** 的辨析部分检索结果

　　SkE 索引工具提供的词汇搭配的频率和用法、同义词词表、同义词辨析等信息功能的优势主要体现在针对名、动、形三类词性的检索上，虽然对其它词类的搭配检索方面（如副词、介词仍被排除在外）存在缺陷（杨节之，2007：45），但足以用来纠正学生绝大多数的搭配失误，以及不地道的词语表达行为，而且还能帮助教师解决平时靠语言直觉无法确定的问题，所以教师应该鼓励学生使用索引工具，特别是通过检索教材语料库，达到温故而知新的目的。利用语料库辅助教学所提倡的数据驱动式学习（data driven learning）让学生带着问题在语料库的真实实例中发现自己所学语言的事实，学生容易记牢通过自己努力所发现的内容。在这种学习中，学生由被动接受变为主动探索，学习变成自我发现、自我提高的过程。

7.4 英语词典的选择与使用

词典是我们朝夕相处、百问不厌的良师益友，学会使用英语词典，学生就可以独立解决英语学习中的各种困难，进一步培养自主学习的习惯。在矫音方面，词典是学生心目中可靠的权威；在释义方面，词典有着至关重要的学习价值；词典例句可以提供词汇的语法、搭配、文化背景和词源等信息；词典中的插图是词典与读者沟通的重要手段。因此，英语词典对于学习英语的人来说极其重要。

在选择英语词典之前要注意以下几点：第一，要熟悉各种不同类型的词典，普通的语言词典有英英词典、英汉词典、汉英词典；专门的语言词典有发音词典、成语词典、用法词典、搭配词典等等。第二，可以通过多种途径（教师、图书馆、媒体、网络等）了解词典的基本情况，确定适合自己水平的。第三，选择词典时要注意出版时间和地点：由于语言是不断发展变化的，作为词汇记录的词典内容也必然随之变化；而且英国英语和美国英语间存在差异，英美词典的内容也不尽相同。第四，要了解词典特色：不同词典在词条排列、音节划分、释义等方面各有体例；为了节省篇幅而使用的符号、缩略语也不尽相同，我们要仔细阅读所用词典的前言和用法说明，以便有效使用。第五，对各种词典有所了解后，要有针对性地选择词典：首先考虑应选择英英、英汉还是英英（英汉）双解词典。简而言之，英英词典帮助我们用英语思考和表达，使用者在查阅词典的过程中还接触了英语解释，增加了学习英语的机会，英语专业二年级以上的学生应尽量使用此类词典。对基础差些的学生来说，如果在读完英英解释之后不能清楚地理解单词的意义，也可以选择英汉词典，因为英汉词典提供汉语对应词，能加深记忆，但过多接触汉语对英语学习不利。英英（英汉）双解词典是以英英词典为蓝本，把定义、例句和用法说明等内容逐字逐句地翻译成汉语，旨在结合英英词典和英汉词典两者的优点。《牛津高阶英汉双解词典》和《朗文当代英汉双解词典》都是不错的学习者双解词典。

在词典使用方面：第一，用科学的方法"读"词典而不是"背"词典。人脑不是电脑，要储存词典里海量的信息显然是不切实际的，抱着词典背单词是不可取的；所谓"读"词典，有两种情况，第一是在查阅目标词时顺便浏览一下该词条概貌，最后定位在所需的定义上。实际上要准确地找到所需的定义，往往必须扫视一下该词条的全部内容。用这种方法泛泛地了解单词，虽然不可能一下子记住所有意义，但它无形中能起到一种"走马观花"的作用，留下一个初步印象。好多词，尤其是复现率很高的单词，都是通过一次次"走马观花"的印象，最后达到牢固掌握的效果。第二是有空时专门翻翻词典，不是无目的地翻到哪儿算哪儿，而是有意识、有针对性地阅读一些常用词，这是扩大有效词汇量的一个"秘诀"，也是好多名人的经验之谈。第三，选择恰当的词义。对于英语学习者来说，词条提供的每一种信息都是有用的，我们不能忽视任何"小地方"，如不规则动词的词形变化，但最有用的还是词义。英语单词中一词多义现象相当普遍，查阅词典时必须十分仔细，切忌看到一个义项（通常是第一个义项）就匆忙下结论，结果在理解时产生偏差，甚至闹出笑话。要在词典帮助下，根据上下文提供的线索来确定单词的含义。第四，为了熟练使用词典，我们要勤查、细查，逐步养成良好的查词典习惯，日积月累，以丰富词汇量。查生词时，一定要先看英语释义，个别时候实在看不懂了，可借助汉语解释。经验证明，英语释义往往比汉语释义更清楚明了，习惯之后会发现：对英语释义的理解有时比英汉词典上的意译还要"高明"，因为我们是把它放到特定的句子里去理解。"牛津"、"朗文"等学习词典除了释义外，还有许多语用、语法信息（如固定搭配、习惯用法、词语辨析等），对学生的实际学习需要有很强的针对性。

随着计算机技术的迅速发展，传统的纸质词典受到各种各样电子词典和在线词典的冲击和挑战。电子词典主要有便携式电子词典、光盘词典和电脑软件词典，而在线词典可以看作网络化的电子词典。在线词典有以下突出特点：可实现实时共享查询服务；检索途径和手段多样化，除精确匹配检索外，还可支持基于单词前缀、后缀和词干的模糊查询与全文搜索服务，并可利用词语间的超链接关系实现扩检，可并行检索多种不同词典资源，从而获得更全面、准确的内容解释；由于不再受印刷本体积和发行的限制，其收录的词汇量更大，更新速度更快；依赖多媒体技术使网络用户不仅能看而且能听、能说。下面推荐几个免费的优秀英语在线词典和词典搜索引擎。

《朗文英语在线词典》（http：//www. ldoceonline. com/），以《朗文当代英语词典》修订版为蓝本，共收单词、短语 16,000 余条，另配许多精美图片，包含大量关于现代英语词义和用法信息，适合中、高级英语学习者。微软《Encarta 世界英语词典》（http：/encarta. msn. com）是一部百科全书类词典，英语背景知识特别丰富，是一个很好的学习资源库。http://www. onelook. com 网站目前链接了 1,062 种网络词典，共收录词条 19,044,271 个，实现了多种词典资源的并行搜索服务，并输出集成的检索结果，有助于学习者获取对某一单词较全面的认识。该网站内容涉及综合（其中包括《牛津简明英语词典》、《剑桥国际英语词典》、《韦伯斯特英语词典》等权威词典的在线版）、艺术、宗教、科技、医药、体育等十大领域，语言包括汉语、英语、法语、德语、意大利语和西班牙语；可以查询词语的定义，实现词源的翻译，支持使用通配符（wildcard）的扩检功能，还提供目录导航方式，通过浏览词典分类目录进行查询，英文界面清晰简洁。以"effect"为例，执行搜索后，页面上出现一条信息告知"我们找到有 effect 释义的词典 41 部"。并提示"点击相应的超级链接可直接进入包含 effect 释义的在线词典网页。"其中，匹配的普通语文词典 21 部，艺术词典 4 部……同时，为了免去使用者在各个词典网站之间奔波的辛劳，Onelook 在页面右边开辟了"快速释义"（Quick Definition）板块。还提供了基于维基百科（Wikipedia）的相关百科知识。在检索结果页面的下端还列出含检索词的短语（Phrases that include effect）以及相似词（Words similar to effect）。

7.5   英语词汇学习策略

教学活动不能没有学习者的参与，学习者积极的学习态度、学习策略的应用、认知能力的发挥都是确保教学成功的关键因素。教与学之间是相互依赖、相互促进的关系。教学的有效性取决于学习行为的质量，有效学习行为的结果是学习者学习的成功，学习成功又给予学习者继续学习的兴趣和信心，使得学习者付出更多的努力，进而引发学习者的再次成功，从而形成良性循环。

当代认知学习理论达成了一个基本共识，即学习不是一个被动接受的过程，而是学习者主动加工信息的过程。学习的效果不仅依赖于教师的课堂教学，更取决于学习者对学习策略的主动运用。学习策略是学习者认知能力的一个重要方面。学习策略可以分为宏观和微观两个层次。宏观层次的学习策略活跃在学习的全过程之中，对学习全局发挥作用，主要通过宏观计划、评价、调控策略等干预学习全过程；而微观层次的学习策略是宏观层次学习策略的具体化，是指采用的具体方法与技能等。它反映了在信息加工活动中，学习者依据一定的要求和情景而采取的学习和解决问题的方法。同时，学习者不可能在课堂上学习所需的全部词汇，课外独立地进行词汇学习是对课堂词汇学习的有益补充。因而，学习者词汇学习策略也是词汇教学的一个重要组成部分，以便学习者能够在课外独立地处理词汇学习的问题。

所谓词汇学习策略，就是指学习者在学习目标语词汇的过程中所采用的能够促进词汇学习的具体行动、行为、步骤或路向等。学习者使用的词汇学习策略往往比较单一，大部分只是单纯地试图记住不认识的单词，采用的也大多是一些机械的记忆策略，而那些需要对信息进行深加工的策略却很少使用。为提高学生词汇学习效率，下面从元认知策略、认知策略、社会情感策略、记忆补偿策略和课外阅读中词汇策略的运用等几个层面来介绍词汇学习策略。

176

7.5.1　元认知策略（meta-cognitive strategy）

元认知策略是指通过对学习过程的总体把握来控制和评价自己的学习，包括建立学习重点、安排和计划学习、评价学习。元认知策略是比较宽泛的策略，作用在于促进学习的有效性。就具体的词汇习得策略而言，元认知策略包括以下四方面的内容：第一，使用英语媒体（包括歌曲、电影和新闻报道等）；第二，使用间隔复习法；第三，遇到生词时跳过；第四，对自己进行生词测试等。

要想有效学习第二语言，必须最大限度地接触第二语言。学习者不但要积极接触英语报刊、原版电影、电视，还要利用网络资源进行在线阅读。此外，有意识地找一些英语母语者聊天也是一种元认知策略。对复习词汇的时间进行安排要比随意复习有效得多。心理学关于遗忘规律的研究表明，遗忘在学习结束后很快就会发生，而且遗忘率相当高，在这之后，遗忘速度逐渐减慢，遗忘率也下降。了解遗忘规律后，就可以科学安排词汇的复习，最佳的复习时间应该是在将忘而未忘之际。间隔复习法就是在学习结束后立即安排复习，然后复习的间隔逐渐延长：隔天复习，隔一星期复习，隔一个月复习，隔六个月复习。总之，要清晰地记忆一个单词需要 5~10 次的复现。

元认知策略还包括建立学习重点。英语词汇学习是一个没有穷尽的过程。一个人穷其一生也只能学会整个词汇系统中的极小一部分，对英语母语者来说是如此，对二语学习者来说更是如此，因此要学会把有限的精力和时间用来学习对自己最有用的词汇，要学会建立词汇学习的重点。即：要知道何时可以跳过一些生词，换句话说，如何判断一些以后很长时间内不会再遇到的低频生词。判断的标准主要有以下三点：第一，这个词是我必须掌握的专业词汇吗？第二，这个词包含我知道的词根和词缀吗？第三，这个词已经出现至少两次了吗？如果回答是否定的，可以跳过。学会判断是词汇学习事半功倍的重要策略之一。

对自己的学习进行评价也是重要的元认知策略之一，因为通过评价可以对自己的策略选择是否得当有一个反馈，如果反馈表明学习进步了，说明策略是有成效的，应该加强；反之，则应仔细分析原因，进行调整。在比较后会明白自己运用的策略是什么，用之前是怎样的情况，如果成效不佳，应探究原因。是因为使用时间不够长，还是因为实施过程有问题，如果最后发现该策略不合适，再考虑改用其它策略。没有自我评价就不可能有效管理学习活动，学习词汇可以定期或不定期地给自己做一下词汇测试，及时了解自己的学习成效。

我们的心理词汇实证研究也进一步证明：英语词汇学习不是一劳永逸的，而是一个终生的过程，需要学生制定一个长期的词汇习得计划。

7.5.2　认知策略（cognitive strategy）

认知策略指的是学习者在对学习材料进行分析归纳或转变过程中所运用的策略，常用的认知型词汇学习策略多种多样，传统的包括：词汇表（word list）策略、语义场（semantic field）策略和语境（context）策略。

词汇表策略一般为：一列是按照字母表顺序排列的英语单词，另一列是这些单词的汉语意思（等值词、同义词或近义词）。词汇表策略能够使学习者迅速且有效地学会大量单词，而且许多单词也能够得到长时间的保持，这是扩大词汇量最直观的方法；语义场策略就是通常所说的把词汇按某个主题进行分类。语义场理论由德国学者（J. Tries）最先提出，指的是语言中的某些词可以在一个概念支配下组成一个语义场。研究表明，使用语义场策略记忆的单词比用词汇表策略记忆的单词多得多。语境策略是指上下文，即词、短语、语句或篇章的前后关系，具体用来指位于某个词、片语甚至长至句子或段落的语言。例如，"loud"在loud music中应理解为"吵闹的"，而在a tie with a loud pattern中则为"花哨的"。通过语境策略学习单词是比较有效的词汇学习策略之一，其一方面可以扩大词汇量，同时还可以让学生了解目的语的文化知识。词语的意义只有通过语境才能学到。要想记住意义就必须在各种使用场合去接触它，就好比要记住一个人的面孔必须从不同角度去看它一样。其实，通过语境进行词汇学习就是让学生通过语境所提供的信息对出现在该语境中的生词进行猜测，从而习得这个单词。如教师在教授"reward"这个词时，可以通过这样一个语境让学生猜测出它的意思：The police offered a reward of ＄1,000 for information about the kidnapped boy。学生在通过句子层面的小语境猜测"reward"这个生词时就会认为，"reward"在该句中是名词，因为它前面有"a"，并且还是个可数名词。"reward"是某种能够得到的好东西，因为"＄1,000"是一种"reward"。通过语境学生能比较准确地猜测"reward"的词义，而且记住该词含义的可能性也很大。

7.5.3 社会情感策略（social/affective strategies）

社会策略是指为学习者提供更多接触语言机会的策略，包括询问问题、与别人合作、同情别人等。词汇学习中运用的社会策略主要有以下几点：第一，遇到生词时请老师给出汉语意思；第二，遇到生词时请老师给出英语解释或同义词；第三，遇到生词时请老师给出例句；第四，遇到生词时问同学；第五，通过小组合作习得新词、练习巩固新词；第六，请老师检查自己在课外习得的新词是否准确；第七，与英语母语者交流。其中前几个策略用于新词习得，后两个策略用于新词的巩固。当然每次不是只能用一个策略，往往是几个策略结合使用。请老师给出汉语意思当然理解起来最快最容易，但从汉语中找出与英语单词完全对应的词往往很难，另外汉语词的搭配、使用场合等也容易迁移到英语中，同时给出的同义词与新词也有语法、搭配、文体特征等方面的差异，因此使用这些策略时要慎重，结合使用对词汇习得效果可能会更好些。小组合作是社会策略的重要组成部分，不仅能用于习得新词，也能用于练习巩固新词。输出是语言习得的关键，所以与英语母语者交流也不失为一种理想的词汇学习策略

情感策略是指在学习中认识和调控情绪的波动，减少消极情绪，保持积极态度，为自己创造有利于学习进步的愉悦、向上心境的策略，包括了解自己的情感状态，鼓励自己，降低焦虑程度等。学习者在词汇学习过程中会碰到很多挫折，容易产生消极情绪，这时需要及时认识到自己的情绪

并加以控制，否则很容易放弃学习。首先，要树立学习词汇的信心。根据心理学的理论，自信心是第一要素，因为其它情感因素要在自信心的前提下才能充分体现其作用。有了自信心，人的整体心理状态和精神就会焕然一新，充满拼搏的勇气和决心。自信心不足的原因很多，第一可能是与其他同学相比自己的词汇量很少，上课有时听不懂，不能充分而流畅地表达自己的意思，考试成绩落后等。针对这种情况，不能急于求成，要分析落后的原因，采取相应的措施，有一点进步时要及时鼓励自己。自信心不足的另外一个原因可能是自己确定的短期目标过高，如要在一个月内使自己的词汇量增加 5,000，这种目标不符合词汇学习的规律，一时难以实现，也体会不到成就感。久而久之，会对自己的能力产生怀疑，挫伤了自信心。其次要克服词汇学习的焦虑。焦虑是一种以担心、紧张或忧虑为特点、复杂而延续的情绪状态。心理学家指出，焦虑具有积极价值，它能约束人的行为，是学习的内驱力量，是注意的基础。一定程度的焦虑能维持一定的紧张度，集中注意力，提高学习效率。通过使学习者处于一种比较高的觉醒和紧张状态，焦虑能促进学习者各种知识技能的获得，处理好人际关系，激发最有效的学习行为。但焦虑水平过高会引起对学习的抑制，焦虑水平过高的学习者常表现为精神紧张、心焦、烦躁不安、发愁、抱怨、心绪烦乱等，他们不能集中注意力，难以全神贯注地做某一件事。克服过度焦虑的方法有很多，可以向同学、朋友、家人诉说，也可以记日记描述，倾吐自己的心情。

7.5.4　记忆补偿策略

英语学习者最头疼的问题莫过于单词的积累，因此合理运用一些记忆补偿策略是必要的：第一，能区分重要词汇和非重要词汇并对此采取不同的策略；第二，把猜测词义和查词典有机结合起来；第三，不孤立地记忆单词，而是记忆短语、句子，并和文章结合起来；第四，朗读、背诵部分精彩段落；第五，就课文中的关键词进行话题讨论，逐步养成用英语思考的好习惯。

7.5.5 课外阅读中的词汇策略

众多教学实践和调研发现，大量阅读是英语学习者习得词汇的重要途径之一。大量阅读需要大量时间，课堂教学时间有限，教学内容又高度概括，只能起到画龙点睛的作用。因此，课外自主阅读成为词汇习得的重要保证。通过课外阅读，学生除了习得很多新的单词外，还可以巩固曾经学过的单词。阅读中习得词汇不仅指学习新词，而且最重要的是能够巩固以前学过的词，也能对重复率较高的词汇加深印象。对多数学生而言，课外阅读中遇到生词是很正常的，重要的是应该有所取舍，采用不同的方式处理。可以跳过，也可以猜测；可以查词典，也可以先猜再查词典。至于什么时候采取什么策略应视具体情况而定。如对一个出现过，但根据上下文判断不是产出性词汇的单词就可以用猜测的方法；而当一个生词影响到我们对文章的理解，根据上下文又无法猜出其意时就需要查词典；也可以在查词典前先猜测一下意思，锻炼猜词的能力，然后通过查词典来验证猜测的结果。下面具体介绍猜测词义时策略的运用。猜测词义时使用的策略主要有两种：根据上下文猜测和利用构词法知识猜测。

当学生词汇量达到 2,000~3,000 时就可以通过上下文猜测词义，前提是学生必须具备一定的语言知识（linguistic knowledge），包括能判断新词的词性，在句中充当的成分，及对该词可能表达含义的预测（word schema）；同时还需要具备所涉及话题的基本常识（word knowledge/ common sense）。另外，上下文中其他生词出现较少。据统计，只有当学生对阅读材料中词汇的认知达到95%时，才能顺利地通过上下文猜测词义。利用上下文猜测的关键是要找线索，线索不仅存在于该生词所在的句子，或相邻的句子，线索还包括语法、标点、定义、对比、连接词、指代词及学生的经历和常识。面对众多的线索，学生应该有序地加以利用。

猜测生词时，首先要利用语法线索，即判断该词的词性及与之搭配的修饰词；其次是判断该词所在的句子与其他句子间的关系，甚至与其他段落的关系，这种关系有时通过连接词来体现，如 but, because, if, when 等；

有时由副词来体现，如 however, as a result 等。句子间的关系主要有：并列、选择、时间先后、解释、扩展、举例、概括、因果、对比和排除。很多时候句子间并无表示关系的单词，这时标点就能帮助我们判断，如分号通常表示并列，而破折号常表示解释。此外，一些指示词如 this, that, such 等也能表明句子间的关系。接下来是根据上述线索猜测词义，再确认猜测是否接近。确认时先核对该词的词性是否与句子上下文要求一致，然后把猜测的词义放到句子中去理解，如果句子意思通顺，则猜测可能是对的。

　　猜测词义的第二种方法是根据构词法知识。英语中很大一部分单词是派生词，它们是通过在词根上加词缀构成。词缀主要分为前缀和后缀，通常前缀改变词义，后缀改变词性。掌握一般的构词法知识就可以将遇到的生词分解成前缀、词根和后缀，然后根据其意思推测整个单词的含义。猜测词义最好是先根据上下文推测，再运用构词法知识对猜测进行验证。

　　猜词策略对于词汇学习的重要作用与其对于阅读理解的作用不能分开，因为大部分词汇都是通过阅读而获得。培养学生的猜词技能可以提高他们的阅读速度，节省时间，省去时而停下查字典之苦，因此有利于激发他们的阅读兴趣，扩大词汇量，养成良好的词汇学习习惯。

参考文献

[1] Aghbar, A. *Fixed expression in written texts*: *Implications for assessing writing sophistication*. Paper presented at the Conference of the English Association of Pennsylvania State System Universities, 1990.

[2] Aitchison, J. *Words in the Mind*: *An Introduction to the Mental Lexicon*. 1st and 2nd ed. Oxford: Blackwell, 1987/1994.

[3] Alexander, R. J. Fixed expressions in English: Reference books and the teacher. *ELT Journal*, 1984 (38): 127 ~ 132.

[4] Altarriba, J. & K. Mathis. Conceptual and lexical development in second language acquisition. *Journal of Memory and Language*, 1997 (36): 550 ~ 568.

[5] Anderson, J. & G. Bower. *Human Associative Memory*. Washington: Hemisphere Publishing Corporation Press Division of Wiley, 1974.

[6] Anglin, J. M. *The Growth of Word Meaning*. Cambridge, Mass.: MIT Press, 1970.

[7] Ard, J. & S. Gass. Lexical constraints on syntactic acquisition. *SSLA*, 1987 (9): 235 ~ 255.

[8] Ausubel, D. A. *Educational Psychology*: *A Cognitive View*. New York: Holt, Rinehart & Winston, 1968.

[9] Bahns, J. & M. Eldaw. Should we teach EFL students collocations? *System*, 1993 (21): 101 ~ 114.

[10] Beck, J. New vocabulary and the association it provokes. *Polyglot*, 1981, 3 (3): C7 ~ F14.

[11] Beck, I. L., C. A. Perfetti & M. G. McKeown. Effects of text construction and instructional procedures for teaching word meanings on comprehension and recall. *Journal of Educational Psychology*, 1982 (74): 506 ~ 521.

[12] Benson, M., E. Benson & R. Ilson. *The BBI Dictionary of English Word Combinations.* John Benjamin Publishing Company, 1997

[13] Bialystok, E. *Bilingualism in Development: Language, Literacy, and Cognition.* New York: CUP, 2001.

[14] Biber et al. *Longman Grammar of Spoken and Written English.* Longman, 2000.

[15] Bock, K. & W. Levelt. Language production: Grammatical encoding. In Gernsbacher, M. A. ed. *Handbook of Psycholinguistics.* Academic Press, San Diego, CA, 1994: 945~984.

[16] Bogatz, H. The Advanced Reader's Collocation Searcher (ARCS). http://www.geocities.com/Athens/Acropolis/7033/ (April-3-2008).

[17] Brown, P. A small-scale exploration into the relationship between word-association and learners' lexical development. http://www.cels.bham.ac.uk/resources/essays/ Brown % 20 % Mod % 203. pdf (March-27-2008), 2006.

[18] Brown, R. & D. McNeill. The "tip of the tongue" phenomenon. *Journal of Verbal Learning and Verbal Behavior*, 1966 (5): 325~337.

[19] Brown, R. & J. Berko. Word association and the acquisition of grammar. *Child Development*, 1960 (31): 1~14.

[20] Brown, T. S. & F. L. Perry. A comparison of three learning strategies for ESL vocabulary acquisition. *TESOL Quarterly*, 1991, 25 (4): 655~670.

[21] Canale, M. & M. Swain. Theoretical bases of communicative approaches to second language teaching and testing. *Applied Linguistics*, 1980 (1): 1~47.

[22] Carroll, D. W. *Psychology of Language.* 3rd ed. Beijing: Foreign Language Teaching and Research Press, 2000.

[23] Carter, R. *Vocabulary: Applied Linguistic Perspectives.* 2nd ed. London: Routledge, 1998.

[24] Carter, R. & M. McCarthy. *Vocabulary and Language Teaching.* London: Routledge, 1988.

[25] Celce-Murcia, M. & F. Rosensweig. Teaching vocabulary in the ESL classroom. In M. Celce-Murcia & L. McIntosh. *Teaching English as a Second or Foreign Language.* Rowley, MA: Newbury House, 1979: 241~257.

[26] Channell, J. Psycholinguistic considerations in the study of L2 vocabulary acquisition. In R. Carter and M. McCarthy eds. *Vocabulary and Language Teaching.* London: Routledge, 1988: 83~96.

[27] Channel, J. Vocabulary acquisition and the mental lexicon. In J. Tomasczyk &

B. Lewandowska-Tomanczyk eds. *Meaning and Lexicography.* Amsterdam: Benjamins, 1990.

[28] Chen, H. & C. Ho. Development of stroop interference in Chinese-English bilinguals. *Journal of Experimental Psychology: Learning, Memory and Cognition*, 1986, 12 (3): 397~401.

[29] Chen, H. & Y. Leung. Patterns of lexical processing in a nonnative language. *Journal of Experimental Psychology: Learning, Memory and Cognition*, 1989 (15): 316~325.

[30] Coady, J. & H. Thomas. *Second Language Vocabulary Acquisition.* Shanghai: Shanghai Foreign Language Education Press, 1997.

[31] Collins, A. & E. F. Loftus. A spreading-activation theory of semantic processing. *Psychological Review*, 1975 (82): 407~428.

[32] Collins, A. & M. Quillian. Retrieval times from semantic memory. *Journal of Verbal Learning and Verbal Behavior*, 1969 (8): 240~247.

[33] Collins, A. & M. Quillian. Does category size affect categorization time? *Journal of Verbal Learning and Verbal Behavior*, 1970 (9): 432~438.

[34] Coulthard, M. et al. *Lexis.* Birmingham: University of Birmingham, 2000.

[35] Craik, F. I. M. & E. Tulving. Depth of processing and the retention of words in episodic memory. *Journal of Experimental Psychology*, 1975, 104 (3): 268~294.

[36] Craik, F. I. M. & R. S. Lockhart. Levels of processing: A framework for memory research. *Journal of Verbal Learning and Verbal Behavior*, 1972 (11): 671~684.

[37] Cronbach, L. J. An analysis of techniques for diagnostic vocabulary testing. Journal of Education Research, 1942 (36): 206~217.

[38] Cruse, D. A. *Meaning in Language: An Introduction to Semantics and Pragmatics.* Oxford: OUP, 2000.

[39] Cunningham, L. *L2 Vocabulary: A Study of the Word Association Responses of Beginning Learners of Irish.* M. Phil. Dissertation. Dublin: University of Dublin, 1990.

[40] Danesi, M. *Semiotics in Language Education.* New York: Mouton de Bruyter, 2000.

[41] De Bot, K., T. S. Paribakht & M. B. Wesche. Toward a lexical processing model for the study of second language vocabulary acquisition: Evidence from ESL reading. *Studies in Second Language Acquisition*, 1997 (19): 309~329.

[42] Deese, J. Form class and the determinants of association. *Journal of Verbal Learning*

and Verbal Behavior, 1962a (1): 79~84.

[43] Deese, J. On the structure of associative meaning. *Psychology Review*, 1962b (69): 161~175.

[44] Deese, J. The associative structure of some common English adjectives. *Journal of Verbal Learning and Verbal Behavior*, 1964 (3): 347~357.

[45] Deese, J. *The Structure of Associations in Language and Thought*. Baltimore: Johns Hopkins University Press, 1965.

[46] de Groot, A. Determinants of word translations. *Journal of Experimental Psychology: Learning, Memory and Cognition*, 1992 (18): 1001~1018.

[47] de Groot, A. & G. Nas. Lexical representation of cognates and non-cognates in compound bilinguals. *Journal of Meaning and Language*, 1991 (30): 90~124

[48] de Groot, A. & R. Poot. Word translation at three levels of proficiency in a second language: The ubiquitous involvement of conceptual memory. *Language Learning*, 1997 (47): 215~264.

[49] de Groot, A., L. Dannenburg & J. van Hell. Forward and backward word translation by bilinguals. *Journal of Memory and Language*, 1994 (33): 600~629.

[50] Dellar, H. & D. Hocking. *Innovation*. Hove: Language Teaching Publishers, 2000.

[51] Dijkstra, T., H. van Jaasveld & S. ten Brinke. Inter-lingual homograph recognition: Effects of task demands and language intermixing. *Bilingualism: Language and Cognition*, 1998 (1): 51~66.

[52] Dong, Y., S. Gui & B. MacWhinney. Shared and separate meanings in the bilingual mental lexicon. *Bilingualism: Language and Cognition*, 2005, 8 (3): 221~238.

[53] Elman, J. et al. *Rethinking Innateness: A Connectionist Perspective on Development*. Cambridge, MA: MIT Press, 1996.

[54] Entwisle, D. R. *Word Association of Young Children*. Baltimore: Johns Hopkins University Press, 1966.

[55] Entwisle, D. R., D. F. Forsyth & R. Muuss. The syntagmatic-paradigmatic shift in children's word association. *Journal of Verbal Learning and Verbal Behavior*, 1964 (3): 19~29.

[56] Entwisle, D. R. & R. Muuss. Word association of rural German children. *Journal of Verbal Learning and Verbal Behavior*, 1968 (7): 196~200.

[57] Ervin, S. Changes with age in the verbal determinants of word association. *The*

American Journal of Psychology, 1961, 74 (3): 361~372.

[58] Ervin, S. Correlates of associative frequency. *Journal of Verbal Learning and Verbal Behavior*, 1963 (1): 422~431.

[59] Fayez-Hussein, R. Collocations: The missing link in vocabulary acquisition amongst EFL learners. In J. Fisiak ed. *Papers and Studies in Contrastive Linguistics: The Polish English Contrastive Project*. Poznan: Adam Mickiewicz University, 1990: 123~136.

[60] Firth, J. R. *Papers in linguistics* 1934~1951. London: OUP, 1957.

[61] Fitzpatrick, T. Habits and rabbits: Word associations and the L2 lexicon. *EUROSLA Yearbook*, 2006 (6): 121~145.

[62] Fitzpatrick, T. Word association patterns: Unpacking the assumptions. *International Journal of Applied Linguistics*, 2007, 17 (3): 319~331.

[63] Forster, K. I. Accessing the mental lexicon. In F. Wales & E. Walker, eds. *New Approaches to Language Mechanism*. Amsterdam: North-Holland Publishing, 1976: 257~287.

[64] Forster, K. I. & N. Jiang. The nature of the bilingual lexicon: Experiments with the masked priming paradigm. In J. Nicol ed. One *Mind*, *Two Languages*: *Bilingual Language Processing*. Malden, Mass.: Blackwell, 2001.

[65] Francis, H. Toward an explanation of the syntagmatic-paradigmatic shift. *Child Development*, 1972, 43 (3): 949~958.

[66] Fraser, C. A. lexical processing strategy use and vocabulary learning through reading. *Studies in Second Language Acquisition*, 1999 (21): 225~241.

[67] Gairns, B. *Cognitive Processing in ESL Reading*. Ohio University, Athens, OH, 1992.

[68] Gairns, R. & S. Redman. *Working with Words*: *A Guide to Teaching and Learning Vocabulary*. Cambridge: CUP, 1986.

[69] Gass, S. & L. Selinker. *Language Transfer in Language Learning*. Philadelphia: Benjamins, 1994.

[70] Gass, S. & L. Selinker. *Second language acquisition*: *An Introductory Course*. Hillsdale, NJ: Erlbaum, 1994.

[71] Gitsaki, C. *Second Language Lexical Acquisition*: *A Study of the Development of Collocational Knowledge*. Bethesda: International Scholars Publications, 1999.

[72] Gleason, H. A. *An Introduction to Descriptive Linguistics*. New York: Holt & Rine-

hart, 1961.

[73] Greidanus, T. & L. Nienhuis. Testing the quality of word knowledge in L2 by means of word associations: Types of distracters and types of associations. *Modern Language Journal*, 2001 (85): 567~577.

[74] Gunstone, R. Word association and the description of cognitive structure. *Research in Science Education*, 1980, 10 (1): 45~53.

[75] Harley, B. Introduction: The lexicon in second language research. In B. Harley ed. *Lexical Issues in Language Learning*. New York: John Benjamins, 1995: 1~31.

[76] Hatch, E. & C. Brown. *Vocabulary, Semantics and Language Education*. Cambridge: CUP, 1995.

[77] Henderson, L. On mental representation of morphology and its diagnosis by measures of visual access speed. In W. Marslen-Wilson ed. *Lexical Representation and Process*. Cambridge: MIT Press, 1989: 357~391.

[78] Henriksen, B. Three dimensions of vocabulary development. *Studies in Second Language Acquisition*, 1999 (21): 303~317.

[79] Henriksen, B. Declarative lexical knowledge. In D. Albrechtsen, K. Haastrup & B. Henriksen eds. *Vocabulary and Writing in a First and Second Language: Processes and Development*. New York: Palgrave Macmillan, 2008.

[80] Herschensohn, J. *Language Development and Age*. Cambridge: CUP, 2007.

[81] Higa, M. Interference effects of intra-list word relationship in verbal learning. *Journal of Verbal Learning and Verbal Behavior*, 1963 (2): 170~175.

[82] Hill, J. & M. Lewis. *LTP Dictionary of Selected Collocations*, 1997.

[83] Hogben, D. & M. J. Lawson. Keyword and multiple elaboration strategies for vocabulary acquisition in foreign language learning. *Contemporary Educational Psychology*, 1994, 19 (1): 367~376.

[84] Honeyfield, J. Word frequency and the importance of context in vocabulary learning. *RELC Journal*, 1977, 8 (2): 35~42.

[85] Howatt, A. P. R. *A History of English Language Teaching*. Oxford: OUP, 1984.

[86] Hunt, A. & D. Beglar. Current research and practice in teaching vocabulary. *The Language Teacher Online*. lang. hyper. chubu. ac. jp/jalt/pub/tlt/98/jan/hunt. html, 1998.

[87] Jarvis, S. Methodological rigor in the study of transfer: Identifying L1 influence in the inter langauge lexicon. *Language learning*, 2000 (50): 245~309.

[88] Jiang, N. Lexical representation and development in a second language. *Applied linguistics*, 2000 (21): 47~77.

[89] Jiang, N. Form-meaning mapping in vocabulary acquisition in a second language. *Studies in Second Language Acquisition*, 2002 (24): 617~637.

[90] Jiang, N. Semantic transfer and its implications for vocabulary teaching in a second language. *The Modern Language Journal*, 2004 (88): 416~432.

[91] Jin, Y. Effects of concreteness on cross-language priming in lexical decisions. *Perceptual and Motor Skills*, 1990 (70): 1139~1154.

[92] Jung, C. G. *Studies in Word Association*. London: Heinemann, Moffat Yard, 1919.

[93] Kameenui, E. J., D. W. Caarnine & R. Freschi. Effects of text construction and instructional procedures for teaching word meanings on comprehension and recall. *Reading Research Quarterly*, 1982 (17): 367~388.

[94] Kelly, L. G. *Centuries of Language Teaching*. Rowley, MA: Newbury House, 1969.

[95] Kirkpatrick, E. *Roget's Thesaurus of English Words and Phrases*. London: Longman, 1987.

[96] Kiss, G. R. et al. An associative thesaurus of English and its computer analysis. In A. J. Aitken, R. W. Bailey & N. Hamilton-Smith eds. *The Computer and literary studies*. Edinburgh: University Press, 1973.

[97] Krashen, S. D. The case for free voluntary reading. The *Canadian Modern Language Review* 1993 (50): 72~82.

[98] Kroll, J. Accessing conceptual representations for words in a second language. In R. Schreuder & B. Weltens eds. *The Bilingual Lexicon*. Amsterdam: John Benjamins, 1993.

[99] Kroll, J. & A. de Groot. Lexical and conceptual memory in the bilingual: Mapping from form to meaning in two languages. In A. de Groot & J. Kroll eds. *Tutorials in Bilingualism: Psycholinguistic Perspectives*. Mahwah, NJ: Lawrence Erlbaum Associates, 1997: 169~199.

[100] Kroll, J. & A. Sholl. Lexical and conceptual memory in fluent and non-fluent bilinguals. In R. Harris ed. *Cognitive Processing in Bilinguals*. Amsterdam: Elsevier Science Publishers B. V, 1992: 191~204.

[101] Kroll, J. & E. Stewart. Category interference in translation and picture naming: Evidence for asymmetric connections between bilingual memory representations. *Journal of Memory and Language*, 1994 (33): 149~174.

[102] Kroll, J. & G. Sunderman. Cognitive processes in second language learners and bilinguals: The development of lexical and conceptual representations. In C. Doughty & M. Long eds. *The Handbook of Second Language Acquisition*. Malden, Mass.: Blackwell, 2003: 104~118.

[103] Kroll, J. & N. Tokowicz. The development of conceptual representation for words in a second language. In J. Nicol ed. *One Mind, Two Languages: Bilingual Language Processing*. Malden, Mass.: Blackwell, 2001: 49~71.

[104] Kruse, H., J. Pankhurst & M. S. Smith. A multiple word association probe in second language acquisition research. *Studies in Second Language Acquisition*, 1987 (9): 141~154.

[105] Lakoff, G. *Women, Fire and Dangerous Things*. Chicago: The University of Chicago Press, 1987.

[106] Lambert, W. & N. Moore. Word-association responses: Comparisons of American and French monolinguals with Canadian monolinguals and bilinguals. *Journal of Personality and Social Psychology*, 1966 (3): 313~320.

[107] Laufer, B. What causes avoidance in L2 learning: L1-L2 difference, L1-L2 similarity or L2 complexity? *SSLA*, 1993 (15): 35~48.

[108] Laufer, B. The lexical plight in second language reading: Words you don't know, words you think you know, and words you can't guess. In J. Coady and T. Huckin eds. *Second Language Vocabulary Acquisition*. Cambridge: CUP, 1997: 20~34.

[109] Laufer, B. What's in a word that makes it hard or easy: Some intra-lexical factors that affect the learning of words? In N. Schmitt & McCarthy eds. *Vocabulary: Description, Acquisition and Pedagogy*. Cambridge: CUP, 1997: 140~155.

[110] Laufer, B. The development of passive and active vocabulary in a second language: Same or different? *Applied Linguistics*, 1998 (19): 255~271.

[111] Laufer, B. & D. D. Sim. Measuring and explaining the threshold needed for English for academic purposes texts. *Foreign Language Annals*, 1995 (18): 405~413.

[113] Laufer, B. & J. H. Hulstijn. Incidental vocabulary acquisition in a second language: The construct of task-induced involvement load. *Applied Linguistics*, 2001, 22 (1): 1~26.

[113] Laufer, B. & P. Nation. Vocabulary size and use: Lexical richness in L2 written production. *Applied Linguistics*, 1995 (16): 307~322.

[114] Laufer, B. & T. S. Paribakht. The relationship between passive and active vocabularies: Effects of language learning context. *Language learning*, 1998, 48 (3): 365~391.

[115] Lengyel, Z. & J. Navracsics. *Second Language Lexical Progresses: Applied Linguistics and Psycholinguistic Perspectives*. Clevedon: Multilingual Matters Ltd., 2007.

[116] Levelt, W. J. M. *Speaking: From Intention to Articulation*. Cambridge, MA: MIT Press, 1989.

[117] Levelt, W. J. M. Accessing words in speech production: Stages, processes and representations. *Cognition*, 1992 (42): 1~22.

[118] Lewis, M. *The Lexical Approach: The State of ELT and a Way forward*. Hove, England: Language Teaching Publications, 1993.

[119] Lewis, M. *Implementing the Lexical Approach*. Hove, England: LTP, 1997.

[120] Li, X. Effects of contextual cues on inferring and remembering meanings of new words. *Applied Linguistics*, 1988, 9 (4): 401~413.

[121] Lotto, D. & A. de Groot. Effects of learning method and word type on acquiring vocabulary in an unfamiliar language. *Language Learning*, 1998 (48): 31~69.

[122] Maréchal, C. *The Bilingual Lexicon: Study of French and English Word Association Responses of Advanced Learners of French*. M. Phil. Dissertation. Dublin: University of Dublin, 1995.

[123] Marslen-Wilson, W. Functional parallelism in spoken word recognition. *Cognition*, 1987 (25): 71~102.

[124] Mason, B. & S. Krashen. Extensive reading in English as a foreign language. *System*, 1997, 25 (1): 91~102.

[125] McArthur, T. *Longman Lexicon of Contemporary English*. Harlow: Longman, 1981.

[126] McCarthy, M. *Vocabulary*. Oxford: OUP, 1990.

[127] McNeill, D. *The Acquisition of Language*. New York: Harper & Row, 1970.

[128] Meara, P. Learners' word associations in French. *Interlanguage Studies Bulletin-Utrecht*, 1978 (3): 192~211.

[129] Meara, P. Word associations in a foreign language: A report on the Birkbeck Vocabulary Project. *Nottingham Linguistic Circular*, 1983, 11 (2): 29~38.

[130] Meara, P. The study of lexis in interlanguage. In A. Davies, A. Howart & C. Criper eds. *Interlanguage*. Edinburgh: Edinburgh University Press, 1984: 225~235.

[131] Meara, P. & B. Buxton. An alternative to multiple choice vocabulary tests. *Language Testing*, 1987 (4): 142~154.

[132] Meara, P. Network structures and vocabulary acquisition in a foreign language. In P. Arnaud & H. Bejoint eds. *Vocabulary and Applied Linguistics*. London: MacMillan, 1992: 62~70.

[133] Meara, P. The dimensions of lexical competence. In G. Brown, K. Malmkjaer & J. Williams eds. *Performance and Competence in Second Language Acquisition*. Cambridge: CUP, 1996: 35~53.

[134] Meara, P. & B. Wolter. V-links: Beyond vocabulary depth. In D. Albrechtsen et al. eds. *Angles on the English-speaking World: Writing and Vocabulary in Foreign Language Acquisition*. Copenhagan: Museum Tusculanum Press, 2004.

[135] Meara, P. & G. Jones. *Eurocentres Vocabulary Size Tests 10KA*. Zurich: Eurocentres Learning Service, 1990.

[136] Meara, P. & T. Fitzpatrick. Lex30: An improved method of assessing productive vocabulary in an L2. *System*, 2000, 28 (1): 19~30.

[137] Miller, G. A. Nouns in WordNet. In C. Fellbaum ed. *WordNet——An Electronic Lexical Database*. Cambridge, MA: MIT Press, 1998: 23~46.

[138] Miller, G. & C. Fellbaum. Semantic networks of English. *Cognition*, 1991 (41): 197~229.

[139] Moore, J. C. & J. R. Surber. Effects of context and keyword methods on second language vocabulary acquisition. *Contemporary Educational Psychology*, 1992, 17 (2): 286~292.

[140] Moran, L. J. Generality of word-association response sets. *Psychological Monographs: General and Applied*, 1966 (80): 1~25.

[141] Morton, J. Interaction of information in word recognition. *Psychological Review*, 1969 (76): 165~178.

[142] Murphy, M. L. *Semantic Relations and the Lexicon*. Cambridge: CUP, 2003.

[143] Namei, S. *The Bilingual Lexicon from a Developmental Perspective: A Word Association Study of Persian-Swedish Bilinguals*. Center for Research on Bilingualism, Stockholm University, 2002.

[144] Namei, S. Bilingual lexical development: A Persian-Swedish word association study. *International Journal of Applied Linguistics*, 2004 (14): 363~388.

[145] Nation, P. Beginning to learn foreign language vocabulary: A review of the research. *RELC Journal*, 1982, 13 (1): 14~36.

[146] Nation, P. *Teaching and Learning Vocabulary*. New York: Newbury House, 1990.

[147] Nation, P. *Learning Vocabulary in another Language*. Cambridge: CUP, 2001.

[148] Nation, P. & A. Coxhead. RANGE. http://www.victoria.ac.nz/lals/staff/paul-nation.aspx, 2002.

[149] Nation, P. & P. Meara. Vocabulary. In N. Schmitt ed. *An Introduction to Applied Linguistics*. London: Arnold, 2002: 35~54.

[150] Nation, P. & R. Waring. Vocabulary size, text coverage and word list. In N. Schmitt & M. McCarthy eds. *Vocabulary: Description, Acquisition and Pedagogy*. Cambridge: CUP, 1997: 6~19.

[151] Navracsics, J. Word classes and the bilingual mental lexicon. In Z. Lengyel & J. Navracsics eds. *Second Language Lexical Progresses: Applied Linguistics and Psycholinguistic Perspectives*. Clevedon: Multilingual Matters Ltd., 2007: 17~35.

[152] Nelson, K. Structure and strategy in learning to talk. *Monographs of the Society for Research in Child Development*, 1973 (38): 1~135.

[153] Nelson, K. The syntagmatic-paradigmatic shift revisited: A review of research and theory. *Psychological Bulletin*, 1977 (84): 93~116.

[154] Nissen, H. B. & B. Henriksen. Word class influence on word association test results. *International Journal of Applied Linguistics*, 2006 (16): 389~408.

[155] Nunan, D. *Language Teaching Methodology: A Textbook for Teachers*. New York: Prentice Hall, 1991.

[156] O'Gorman, E. An investigation of the mental lexicon of second language learners. Teanga: *The Irish Year Book of Applied Linguistics*, 1996 (16): 15~31.

[157] Orita, M. Word associations of Japanese EFL learners and native speakers: Shifts in response type distribution and the associative development of individual words. *Annual Review of English Language Education in Japan*, 2002 (13): 111~120.

[158] Oxford, R. L. & R. C. Scarcella. Second language vocabulary learning among adults: State of the art in vocabulary instruction. *System*, 1994, 22 (2): 231~243.

[159] Palermo, D. & J. Jenkins. *Word Association Norms: Grade School through College*. Minneapolis: University of Minnesota Press, 1963.

[160] Palermo, D. S. Characteristics of word association responses obtained from children in Grades One through Four. *Developmental Psychology*, 1971 (5): 118~123.

[161] Paradis, M. The cognitive neuropsychology of bilingualism. In A. de Groot & J. Kroll eds. *Tutorials in Bilingualism: Psycholinguistic Perspectives*. Mahwah, NJ: Erlbaum, 1997: 331~354.

[162] Peppard, J. Exploring the relationship between word-association and learners' lexical development. http://www.cels.bham.ac.uk/resources/essays/Peppard-Mod22.pdf. (June－17－2009).

[163] Piper, T. H. & P. F. Leicester. Word association behavior as an indicator of English language proficiency. In *Educational Resources Information Center (ERIC) documents* [online]. Assession number ED 227651, 1980.

[164] Politzer, R. Paradigmatic and syntagmatic associations of first-year French students. In V. Honsa & M. J. Hardman-de-Bautista eds. *Papers on Linguistics and Child Language. Ruth Hirsch Weir Memorial Volume*. The Hague: Mouton, 1978.

[165] Postman, L. The California norms: Associations as a function of word frequency. In L. Postman & G. Keppel eds. *Norms of Word Association*. New York: Academic Press, 1970: 241~320.

[166] Potter, M. et al. Lexical and conceptual representation in beginning and proficient bilinguals. *Journal of Verbal Learning and Verbal Behavior*, 1984 (23): 23~38.

[167] Qian, D. D. Assessing the roles of depth and breadth of vocabulary knowledge in reading comprehension. *Canadian Modern Language Review*, 1999 (56): 282~308.

[168] Raimes, A. What unskilled ESL students do as they write: A classroom study of composing. *TESOL Quarterly*, 1985 (19): 229~258.

[169] Read, J. The development of a new measure of L2 vocabulary knowledge. *Language Testing*, 1993 (10): 355~371.

[170] Read, J. Validating a test to measure depth of vocabulary knowledge. In A. J. Kunnan ed. *Validation in Language Assessment*. Mahwah, NJ: Lawrence Erlbaum, 1998: 41~60.

[171] Read, J. *Assessing Vocabulary*. Cambridge: CUP, 2000.

[172] Read J. Research in teaching vocabulary. *Annual Review of Applied Linguistics*, 2004 (24): 146~161.

[173] Read, J. & C. Chapelle. A framework for second language vocabulary assess-

ment. Language Testing, 2001, 18 (1): 1~32.

[174] Richards, J. C. The role of vocabulary teaching. *TESOL Quarterly*, 1976, 10 (1): 77~89.

[175] Richards, J. C., J. Platt and H. Platt. *Longman Dictionary of Language Teaching and Applied Linguistics*. Beijing: Foreign Language Teaching and Research Press, 2000.

[176] Richards, J. C. & R. Schmidt. *Dictionary of Language Teaching & Applied Linguistics*. 3rd ed. London: Longman, 2002.

[177] Richards, J. C. & T. S. Rodgers. *Approaches and Methods in Language Teaching: A Description and Analysis*. New York: CUP, 1986.

[178] Riegel, K. & I. Zivian. A study of inter-and-intra-lingual associations in English and German. *Language Learning*, 1972, 22 (1): 51~63.

[179] Rivers, W. M. *Teaching Foreign-Language Skills*. 2nd ed. Chicago: University of Chicago Press, 1981.

[180] Rivers, W. M. *Speaking in Many Tongues: Essays in Foreign-Language Teaching*. 3rd ed. Cambridge: CUP. 1983.

[181] Rogers, T. Beyond the dictionary: The translator, the L2 learner and the computer. In G. Anderman & M. Rogers eds. *Words, Words, Words: The Translator and the Language Learner*. Multilingual Matters Ltd, 1996: 69~95.

[182] Rosch, E. On the internal structure of perceptual and semantic categories. In T. Moore ed. *Cognitive Development and the Acquisition of Language*. New York: Academic Press, 1973: 111~144.

[183] Rosch, E. Cognitive representations of semantic categories. *Journal of Experimental Psychology*, 1975 (104): 192~233.

[184] Rudman, M. *Longman Language Activator*. Harlow: Longman, 1993.

[185] Ruke-Dravina, V. Word associations in monolingual and multilingual individuals. *Linguistics*, 1971 (74): 66~85.

[186] Rumelhart, D. & J. McClelland. On learning the past tense of English verbs. In P. Bloom ed. *Language Acquisition: Core Readings*. Cambridge, MA: MIT Press, 1986: 216~271.

[187] Russell, W. & J. Jenkins. *The Complete Minnesota Norms for Responses to 100 Words from the Kent-Rosanoff Test*. Minneapolis: Tech. Rept. No. 11, University of Minnesota, 1954.

[188] Sanaoui, R. Adult learners' approaches to learning vocabulary in second languages. *Modern Language Journal*, 1995, 79 (1): 15~28.

[189] Schmitt, N. Quantifying word association responses: What is native-like? *System*, 1998a (26): 389~401.

[190] Schmitt, N. Tracking the incremental acquisition of second language vocabulary: A longitudinal study. *Language Learning*, 1998b (48): 281~317.

[191] Schmitt, N. The relationship between TOEFL vocabulary items and meaning, association, collocation and word-class knowledge. *Language Learning*, 1999 (48): 281~317.

[192] Schmitt, N. *Vocabulary in Language Teaching*. Cambridge: CPU, 2000.

[193] Schmitt, N. & M. McCarthy. *Vocabulary: Description, Acquisition and Pedagogy*. Cambridge: CUP, 1997.

[194] Schmitt, N. & P. Meara. Researching vocabulary through a word knowledge framework: Word associations and verbal suffixes. *Studies in Second Language Acquisition*, 1997 (19): 17~36.

[195] Schonpflug, U. *Bilingualism and memory*. Paper presented at the International Symposium on Bilingualism. Newcastle upon Tyne, England, 1997.

[196] Sharp, D. & M. Cole. Patterns of responding in the word associations of West African children. *Child Development*, 1972, 43 (1): 55~56.

[197] Singleton, D. *The TCD Modern Language Research Project: Objectives, Instruments and Preliminary Results*. Dublin: Trinity College, Centre for Language and Communication Studies (CLCS Occasional paper 26), and Alexandria, VA: ERIC Reports ED, 1990.

[198] Singleton, D. *Exploring the Second Language Mental Lexicon*. Cambridge: CUP, 1999.

[199] Singleton, D. and L. Ryan. *Language Acquisition: The Age Factor*. 2nd ed. Clevedon: Multi-lingual Matters, 2004.

[200] Sketch Engine. www. sketchengine. co. uk [WB /OL].

[201] Söderman, T. Word associations of foreign language learners and native speakers—A shift in response type and its relevance for a theory of lexical development. *Scandinavian Working Papers on Bilingualism*, 1989 (8): 114~121.

[202] Söderman, T. Word associations of foreign language learners and native speakers: The phenomenon of a shift in response type and its relevance to lexical develop-

ment. In H. Ringbom ed. *Near-Native Proficiency in English.* Abo: Abo Akademi, English Department Publications, 1993: 91~182.

[203] Sökmen, A. J. Current trends in teaching second language. In N. Schmitt & M. McCarthy eds. *Vocabulary: Description, Acquisition and Pedagogy.* Cambridge: CUP, 1997: 237~257.

[204] Stahl, S. Differential word knowledge and reading comprehension. *Journal of Reading Behavior,* 1983 (15): 33~50.

[205] Stevens, A. *Jung: A Very Short Introduction.* Oxford: OUP, 1994.

[206] Stolz, W. S. & J. Tiffany. The production of 'child-like' word associations by adults to unfamiliar adjectives. *Journal of Verbal Learning and Verbal Behavior,* 1972 (11): 38~46.

[207] Summers, D. *Longman Dictionary of Contemporary English.* London: Longman Group Ltd., 2003.

[208] Sunderman, G. & J. Kroll. First language activation during second language lexical processing: An investigation of lexical form, meaning, and grammatical class. *SSLA,* 2006 (28): 387~422.

[209] Taylor, J. R. *Linguistic Categorization: Prototypes in Linguistic Theory.* Oxford: CUP, 1995.

[210] Thornbury, S. *How to Teach Vocabulary.* Longman, 2002.

[211] Tomaszczyk, J. On bilingual dictionaries. In R. R. K. Hartmann ed. *Lexicography: Principle and Practice.* London: Academic Press, Inc., 1983.

[212] Treisman, A. M. Contextual cues in selective listening. *Quarterly Journal of Experimental Psychology,* 1960 (12): 242~248.

[213] Ulijn, J. M. & J. B. Strother. The effect of syntactic simplification on reading EST texts as L1 and L2. *Journal of Research in Reading,* 1990 (13): 38~54.

[214] van Hell, J. & A. de Groot. Conceptual representation in bilingual memory: Effects of concreteness and cognate status in word association. *Bilingualism: Language and Cognition,* 1998a (1): 193~211.

[215] van Hell, J. & A. de Groot. Disentangling context availability and concreteness in lexical decision and word translation. *Quarterly Journal of Experimental Psychology,* 1998b (51A): 41~63.

[216] Verhallen, M. & R. Schoonen. Lexical knowledge of monolingual and bilingual

children. *Applied Linguistics*, 1993, 14 (4): 344~363.

[217] Verhallen, M. & R. Schoonen. Lexical knowledge in L1 and L2 of third and fifth graders. *Applied Linguistics*, 1998, 19 (4): 452~470.

[218] Wallace, M. J. *Teaching Vocabulary*. London: Heinemann Educational Books, 1982.

[219] Wen, Q. F. *Advanced English Language Learning in China: The Relationship of Modifiable Learner Variables to Learning Outcomes*. PhD thesis, Hong Kong: Hong kong University, 1993.

[220] Wesche, M. & P. T. Sima. Assessing vocabulary knowledge: Depth vs. breadth. *The Canadian Modern Language Review*, 1996 (53): 13~40.

[221] West, M. *A General Service List of English Words*. London: OUP, 1953.

[222] Widdowson, H. *Teaching Language as Communication*. Oxford: OUP, 1953.

[223] Wilkins, D. A. *Linguistics in Language Teaching*. London: Edward Arnold, 1972.

[224] Wilks, C., P. Meara & B. Wolter. A further note on simulating word association behavior in a second language. *Second Language Research*, 2005, 21 (4): 359~372.

[225] Wolter, B. Comparing the L1 and L2 mental lexicon: A depth of individual word knowledge model. *Studies in Second Language Acquisition*, 2001, (23): 41~69.

[226] Wolter, B. Assessing proficiency through word associations: Is there still hope? *System*, 2002 (30): 315~329.

[227] Wolter, B. Lexical network structures and L2 vocabulary acquisition: The role of L1 lexical/conceptual knowledge. *Applied Linguistics*, 2006, 27 (4): 741~747.

[228] Zamel, V. The composition processes of advanced ESL students: Six case studies. *TESOL Quarterly*, 1983 (17): 165~187.

[229] Zareva, A. Structure of the second language mental lexicon: How does it compare to native speakers' lexical organization? *Second Language Research*, 2007, 23 (2): 123~153.

[230] Zimmerman, C. B. Historical trends in second language vocabulary instruction. In J. Coady and T. Huckin eds. *Second Language Vocabulary Acquisition*. Cambridge: CUP, 1997: 5~19.

[231] 白人立. 词汇联想反应 [J]. 外语与外语教学, 2005 (1): 28~31.

[232] 蔡虹. 英语学生写作中的词类混用现象 [J]. 解放军外国语学院学报, 2002 (3): 58~61.

[233] 崔艳嫣. 中国英语专业学生词汇能力发展研究 [D]. 上海：上海交通大学，2006.

[234] 付玉萍. 二语心理词汇发展模式的历时研究 [D]. 聊城：山东聊城大学，2008.

[235] 付玉萍、崔艳嫣、陈慧. 二语心理词汇发展模式的历时研究 [J]. 外国语言文学，2009 (1)：16~23.

[236] 付玉萍. 中国英语学习者心理词汇发展路径实证研究——共时和历时角度 [J]. 中国应用语言学，2010 (6)：71~90.

[237] 董燕萍. 关于双语心理词典的共享（分布式）非对称模型 [J]. 现代外语，1998 (3)：4~29.

[238] 董燕萍、桂诗春. 关于双语心理词库的表征结构 [J]. 外国语，2002 (4)：23~29.

[239] 董燕萍. 心理语言学与外语教学 [M]. 北京：外语教学与研究出版社，2005.

[240] 高等学校外语专业教学指导委员会英语组. 高等学校英语专业教学大纲 [M]. 北京：外语教学与研究出版社，2000.

[241] 高敏. 自然拼读法在小学英语教学中的应用 [J]. 山东师范大学外国语学院学报（基础英语教育），2005 (6)：62~64.

[242] 桂诗春. 新编心理语言学 [M]. 上海：上海外语教育出版社，2002.

[243] 桂诗春、李葳. 中国学生词汇检索的语音编码问题 [A]. 载于桂诗春（主编）《中国学生英语学习心理》[C]. 长沙：湖南教育出版社，1992.

[244] 桂诗春、李葳. 中国英语学生的心理词汇研究 [A]. 载于桂诗春（主编）《中国学生英语学习心理》[C]. 长沙：湖南教育出版社，1992.

[245] 国玮秋. 论英语词汇教学中的"反教"现象 [J]. 外语学刊，1996 (4)：105~107.

[246] 黄建滨等. 大学英语课程教学要求词表修订探讨 [J]. 外语界，2004 (1)：2~9.

[247] 教育部高等教育司. 大学英语课程教学要求 [M]. 北京：清华大学出版社，2007.

[248] 李观仪. 新编英语教程学生用书（第二版）[M]. 上海：上海外语教育出版社，1999.

[249] 李国南. 辞格与词汇 [M]. 上海：上海外语教育出版社，2001.

[250] 李红. 语义提取－基于第二语言词汇能力角度的研究 [D]. 广州：广东外语外贸大学，2004.

[251] 李军. 英语同义聚合的语用研究 [J]. 外语教学，1998 (1)：13~16.

[252] 李永才、付玉萍. 英语学习者心理词汇发展规律调查 [J]. 外语电化教学，2009 (5)：32~38.

[253] 刘绍龙. 二语词汇深度习得及发展特征 [J]. 外语教学与研究，2001 (6)：436~441。

[254] 刘绍龙. 英语词汇知识的维间发展与习得特征 [J]. 解放军外国语学院学报，2002 (2)：66~69.

[255] 吕文澎. 英语难词记忆法的实验研究 [J]. 外语教学与研究，2000 (5)：362~367.

[256] 吕文澎. 英语难词记忆法 — 调查与分析 [J]. 外语教学，2001 (3)：75~80.

[257] 马文惠. 二语词汇知识理论框架 [J]. 外语与外语教学，2007 (4)：22~24.

[258] 马文惠、文秋芳. 大学生英语写作能力的影响因素研究 [J]. 外语教学与研究，1999 (4)：34~39.

[259] 牛津英语搭配词典（英汉双解版） [Z]. 北京：外语教学与研究出版社，2006.

[260] 钱瑗. 对 collocation 的再认识 [J]. 外语教学与研究，1997 (3)：43~47.

[261] 束定芳、庄智象. 现代外语教学——理论、实践与方法 [M]. 上海：上海外语教育出版社，1996.

[262] 汪榕培. 标准英语和核心词汇 [J]. 外语与外语教学，2000 (2)：2~5.

[263] 汪榕培. 英语词汇学高级教程 [M]. 上海：上海外语教育出版社，2002.

[264] 汪榕培、卢晓娟. 英语词汇学教程 [M]. 上海：上海外语教育出版社，1997.

[265] 王文昌. 英语搭配大词典 [Z]. 南京：江苏教育出版社，1988.

[266] 王颖. 基于语料库的大学英语词汇教学——《新视野大学英语》教材语料库使用初探 [J]. 长沙大学学报，2005 (1)：125~127.

[267] 吴霞、王蔷. 非英语专业本科学生词汇学习策略 [J]. 外语教学与研究，1998 (1)：55~59.

[268] 吴旭东、陈晓庆. 中国英语学生课堂环境下词汇能力的发展 [J]. 现代外语，2000 (4)：349~360.

[269] 吴自选、李欣. 英语词汇分级突破：英语专业八级 [M]. 上海：世界图书

出版公司，2002.

[270] 杨慧中．语料库语言学导论［M］．上海：上海外语教育出版社，2002.

[271] 杨节之．语料库搭配检索与英语同义词辨析［J］．外语电化教学，2007（8）：
41～46.

[272] 杨晓荣．从答卷看教学——TEM4－93 阅卷手记［J］．外语教学与研究，
1993（4）：70～72.

[273] 杨玉晨、闻兆荣．中国学生英语写作的句子类型及分析［J］．现代外语，
1994（1）：39～42.

[274] 杨亦明、曹明、沈兴安，国外大脑词库研究概观［J］．当代语言学，2001
（2）：90～108.

[275] 张鸽．Sketch Engine 工具在词汇搭配和同义词辨析教学上的应用［J］．外语
电化教学，2008（2）：75～78.

[276] 张萍．中国英语学习者心理词汇联想模式研究［M］．南京：东南大学出版
社，2009.

[277] 张淑静．中国英语学习者心理词汇：性质与发展模式［M］．郑州：河南大
学出版社，2004.

[278] 章进培．一个能同时检索近千部在线词典的搜索引擎［J］．上海翻译，
2005（1）：69～70.

[279] 中华人民共和国教育部．九年义务教育全日制初级中学英语教学大纲［M］．
北京：人民教育出版社，2000.

[280] 中华人民共和国教育部．全日制义务教育普通高级中学英语课程标准［M］．
北京：北京师范大学出版，2001.

[281] 赵彦春、黄建华．隐喻——认知词典学的眼睛［J］．现代外语，2000（4）：
152～162.

[282] 赵艳芳．认知语言学概论［M］．上海：上海外语教育出版社，2001.

附　录

附录 1

词汇联想测试卷

Class _____ name _____ number _____

Directions：There is a list of 40 words. After each word write the first word that it makes you think of. Use only a single word for each stimulus；do not skip any word；work rapidly until you have finished all 40 words. There is no right or wrong answers，so try not to take a long time considering your responses. Now practice the following four items first：

说明：同学们，本词汇联想测试只是一个实验，与你们的考试和学习成绩没有关系，所以请大家积极配合，谢谢！屏幕上会依次呈现 40 个刺激词，每看到一个刺激词，请写出你最先想到的第一个反应词，你有 25 秒钟的考虑时间，要求每个刺激词只给出一个反应词。答案没有对错之分，故不要考虑太长时间。先来练习一下：

Mountain _____ needle _____ dig _____ hungry _____

	stimulus	response		stimulus	response
1.			21.		
2.			22.		

续表

	stimulus	response		stimulus	response
3.			23.		
4.			24.		
5.			25.		
6.			26.		
7.			27.		
8.			28.		
9.			29.		
10.			30.		
11.			31.		
12.			32.		
13.			33.		
14.			34.		
15.			35.		
16.			36.		
17.			37.		
18.			38.		
19.			39.		
20.			40.		

附录 2

实验 1 中用到的刺激词：swan, screech, blare, ruby, legacy, lobby, breach, tunnel, verse, stripe, complexion, awe, ferry, shudder, grace, predict, shrew, conviction, hitch, grunge, inaugurate, supposition, jumpsuit, estate, moat, thriving, parallel, chic, bundle, inspire, psyche, beet, reverie, literary, baptize, scramble, scheme, parish, confirm, baggy.

附录 3

实验 2 中用到的刺激词：music，deep，mountain，comfort，hand，fruit，butterfly，wish，river，beautiful，window，citizen，foot，red，sleep，anger，carpet，working，earth，bread，city，bed，trouble，soldier，cabbage，yellow，justice，health，memory，sheep，dream，head，ocean，child，doctor，thief，lion，joy，baby，moon，quiet，cheese，afraid，thirsty，sweet。

附录 4

实验 1 中 40 个刺激词的前三个高频反应词

刺激词	语义反应		非语义反应
	聚合反应	组合反应	
awe	respect 56		awful 12，owe 8
baggy	loose 12	clothes 16	bag 43
baptize	religion 6		born 11，size 9
beet	vegetable 20	field 17	beet 19
blare	light 10，noise 9		glare 52
breach			break 17，reach 17，beach 11
bundle	bunch 17	flower 12	bound 5
chic	fashion 12		chicken 15，chip 10
complexion	face 23，skin 23		complex 18
confirm	sure 32，prove 11		firm 7

续表

刺激词	语义反应		非语义反应
	聚合反应	组合反应	
conviction	sure 17		convict 18，convince 16
estate	legacy 12，land 9		east 8
ferry	boat 15		worry 9，afraid 7
grace	beautiful 10	lady 7	graceful 16
grunge		foot 23	ground 8，orange 5
hitch	connect 13	hike 28	catch 9
inaugurate	ceremony 17，begin 8		graduate 9
inspire	encourage 36		courage 10，inspiration 9
jumpsuit	clothes 40		jump 20，suit 8
legacy	estate 22		leg 19，legal 16
literary	book 18，works 12		literature 7
lobby	hall 25，hotel 8		hobby 20
moat	river 28		meat 13，coat 10
parallel	equal 7，unparallel 4	line 61	
parish			punish 25，paris 7，rich 5
predict	foresee 9	future 16	prediction 6
psyche	mind 27，physical 24		heart 22
reverie	dream 15，daydream 14		review 13
ruby	red 29，diamond 9		rude 6
scheme	plan 38，schedule 19		time 15
scramble	climb 23，crawl 11		scram 9
screech	sound 16，scream 13		reach 10
shrew	woman 10		shower 29，throw 24
shudder	tremble 16，shake 10	body 17	
stripe	line 17，star 11		strike 7
supposition	guess 30，imagination 5		suppose 40
swan	animal 16，bird 12	swim 33	

续表

刺激词	语义反应		非语义反应
	聚合反应	组合反应	
thriving	prosperous 40		thrive 13，exciting 7
tunnel	channel 66，chunnel 26		road 20
verse	poem 26，poet 8		very 6

附录 5

实验 1 中 40 个刺激词诱发反应词的形次比分布

测试	测试 1	测试 2	测试 3
刺激词	形次比%	形次比%	形次比%
awe	31.71	53.66	36.59
baggy	46.34	29.27	36.59
baptize	48.78	65.85	46.34
beet	39.02	31.71	31.71
blare	39.02	41.46	34.15
breach	53.66	48.78	46.34
bundle	58.54	65.85	56.1
chic	56.1	63.41	53.66
complexion	39.02	46.34	34.15
confirm	46.34	56.1	43.9
conviction	58.54	43.9	48.78
estate	43.9	60.98	56.1
ferry	56.1	53.66	65.85
grace	56.1	61.46	56.1
grunge	53.66	65.85	73.17

续表

测试	测试 1	测试 2	测试 3
刺激词	形次比%	形次比%	形次比%
hitch	46. 34	31. 71	46. 34
inaugurate	51. 22	63. 41	63. 41
inspire	41. 46	56. 1	46. 34
jumpsuit	46. 34	39. 02	36. 59
legacy	34. 15	48. 78	48. 78
literary	48. 78	51. 22	51. 22
lobby	48. 78	56. 1	58. 54
moat	41. 46	60. 98	48. 78
parallel	43. 9	39. 02	36. 59
parish	43. 9	39. 02	51. 22
predict	56. 1	70. 74	65. 85
psyche	53. 66	36. 59	36. 59
reverie	46. 34	56. 1	46. 34
ruby	53. 66	65. 85	46. 34
scheme	34. 15	46. 34	36. 59
scramble	46. 34	41. 46	53. 66
screech	51. 22	51. 22	48. 78
shrew	41. 46	36. 59	41. 46
shudder	51. 22	53. 66	53. 66
stripe	51. 22	60. 98	51. 22
supposition	31. 71	43. 9	31. 71
swan	41. 46	34. 15	39. 02
thriving	46. 34	48. 78	41. 46
tunnel	19. 51	26. 83	24. 39
verse	48. 78	73. 17	51. 22
总计	1846. 33	2020	1875. 63
平均值	46. 16	50. 5	46. 89

附录6

实验2中45个刺激词的前三个高频反应词

刺激词	语义反应		非语义反应
	聚合反应	组合反应	
Afraid	brave 7，worried 6	dark 9	
Anger	happy 34，smile 6		angry 23
Baby	mother 11	lovely 33，beautiful 10	
Beautiful	ugly 19	girl 45，flower 15	
Bed		sleep 82，comfortable 15	bad 8
Bread	milk 39，breakfast 8	eat 17	
Butterfly		beautiful 50	fly 34，butter 9
Cabbage	vegetable 19	eat 11	bag 11
Carpet	floor 7	red 7	car 31
Cheese	bread 9，milk 7		choose 21
Child	adult 8	lovely 32	children 31
Citizen	city 36，people 28，country 9		
City	country 52，town 16	big 8	
Comfort	happy 8	home 7	comfortable 43
Deep	high 9	Water 18，sea 13	
Doctor	patient 38，nurse 23	ill 8	
Dream	sleep 24	true 13，good 7	
Earth	moon 35，mother 5	round 10	
Foot	hand 68	walk 22	feet 17
Fruit	apple 75	eat 21，delicious 7	
Hand	foot 63，leg 10，finger 8		
Head	hair 40，hand 9	clever 7	

续表

刺激词	语义反应		非语义反应
	聚合反应	组合反应	
Health	sport 8	good 14	healthy 25
Joy	happy 37, fun 6		enjoy 23
Justice	fair 17		just 43, drink 5
Lion	tiger 49, king 9	afraid 10	
Memory	forget 18, remember 16	good 18	
Moon	sun 55, earth 10	moon-cake 9	
Mountain	hill 31, tree 15	High 50	
Music	song 11	Dance 15, popular 6	
Ocean	sea 39, water 13	blue 27	
Quiet	noise 14, noisy 13		quite 15
Red	green 29, blue 25, yellow 13		
River	water 40, fish 18, sea 16		
Sheep	cow 13	white 15	sleep 15
Sleep	wake 11	bed 43	sheep 14
Soldier	army 17, war 12	brave 13	
sweet	salt 5	candy 25, sugar 25	
Thief	police 27, policeman 11	bad 12	
Thirsty	hungry 25	water 81, drink 11	
Trouble	difficult 14	solve 10, bad 5	
Window	door 63	open 14	wind 7
Wish	hope 87, dream 10	good 6	
Working	job 17	hard 50, tired 16	
Yellow	blue 17, red 17, color 9		

附录 7

实验 2 中 45 个刺激词诱发反应词的形次比分布

被试 刺激词	高三 50 人 形次比	大一 50 人 形次比	大三 50 形次比	教师 30 形次比
afraid	70	78	74	83.33
anger	50	56	56	86.67
baby	52	46	48	53.33
beautiful	48	36	46	43.33
bed	36	36	42	36.67
bread	70	44	50	60
butterfly	50	42	42	36.67
cabbage	64	66	62	66.67
carpet	50	60	76	63.33
cheese	56	62	80	50
child	44	46	50	63.33
citizen	54	48	68	71.33
city	48	48	52	63.33
comfort	66	46	60	76.67
deep	68	58	58	60
doctor	54	58	54	43.33
dream	66	60	70	71.33
earth	70	58	52	66.67
foot	34	40	32	43.33
fruit	32	34	32	40
hand	44	42	52	43.33
head	56	52	42	60

被试 刺激词	高三 50 人 形次比	大一 50 人 形次比	大三 50 形次比	教师 30 形次比
health	46	44	50	66. 67
joy	48	64	56	43. 33
justice	26	48	56	76. 67
lion	40	62	54	60
memory	52	68	72	60
moon	42	42	54	53. 33
mountain	40	36	40	26. 67
music	70	60	58	76. 67
ocean	54	38	42	40
quiet	62	72	52	60
red	36	40	54	60
river	46	56	36	53. 33
sheep	54	52	54	76. 67
sleep	44	50	46	63. 33
soldier	60	60	68	53. 33
sweet	56	68	64	46. 67
thief	52	54	52	56. 67
thirsty	34	34	32	30
trouble	68	74	68	71. 33
window	30	56	44	53. 33
wish	34	32	42	46. 67
working	46	42	44	53. 33
yellow	40	58	58	63. 33
总计	2262	2326	2394	2573. 98
平均值	50. 26667	51. 68889	53. 2	57. 19956

附录 8

实验 2 中 45 个刺激词的前三个高频反应词与母语联想常模对比

刺激词	大一组给出的反应词及百分比	大三组给出的反应词及百分比
Music	Song12, dance6, like 6	**Popular12**, song10, sound8
Deep	High12, **sea8**, sheep8	**Water14**, **sea10**, high6
mountain	**High34**, **hill18**, tree16	**High26**, tree14, river10
comfort	Comfortable32, **home10**, happy8	Comfortable28, relax6, bed4
Hand	**Foot44**, help6, leg6	**Foot26**, head10, **finger8**
Fruit	**Apple38**, eat10, delicious8	**Apple54**, vegetable8, eat6
butterfly	Beautiful28, fly16, bird8	Beautiful30, fly20, dragonfly6
Wish	**Hope52**, best10, cloth4	**Hope46**, dream6, good6
River	**Water22**, boat8, long8	**Water18**, sea16, fish10
beautiful	**Girl38**, **ugly8**, handsome8	Flower12, **girl12**, **pretty10**
Window	Door32, open8, **glass4**	Door30, **glass12**, sunshine8
citizen	City20, people20, country14	People18, city10, resident4
Foot	**Shoes20**, hand12, feet10	Walk24, feet14, hand12
Red	**Green16**, **blue14**, black14	Yellow16, **blue14**, **green10**
Sleep	**Bed26**, sheep10, **dream6**	**Bed26**, sheep10, **wake6**
Anger	Happy18, angry14, angle4	Angry20, happy18, ugly4
Carpet	Car20, pet8, cat4	Car10, red8, floor6
working	**Hard34**, rest8, job6	Job18, **hard14**, tired12
Earth	**Moon18**, blue10, mother10	**Moon26**, round8, sky6
Bread	Milk28, eat18, food6	Milk30, breakfast8, eat6
City	Country38, big8, citizen6	Country16, **town16**, beautiful4
Bed	**Sleep50**, comfortable8, bad8	**Sleep38**, comfortable12, lie4
trouble	Bad10, hard6, wrong6	Solve16, matter8, difficult6

续表

刺激词	大一组给出的反应词及百分比	大三组给出的反应词及百分比
soldier	Brave8，handsome8，army8	Brave10，**war10**，army10
cabbage	Vegetable12，bag8，tomatoes6	Eat14，vegetable12，delicious6
Yellow	Blue10，color10，banana10	**Red10**，blue8，river8
justice	Just26，drink10，fair6	Fair16，just14，**judge8**
Health	Healthy20，body14，**good10**	Healthy16，important12，ill10
Memory	Good16，remember8，**forget6**	Good10，**forget8**，remember6
Sheep	Cow14，white12，sleep12	Lovely14，white12，deer8
Dream	**Sleep20**，good8，true6	True12，**sleep10**，good6
Head	Hair20，eye8，foot10	Hair24，clever14，face8
Ocean	**Blue20**，sea16，water14	**Sea30**，blue16，fish6
Child	Children22，lovely18，**adult8**	Lovely22，children12，adult8
Doctor	Patient22，**ill8**，**nurse6**	Patient18，**nurse16**，hospital6
Thief	Bad14，hate10，police10	Police12，hate12，money8
Lion	**Tiger20**，big12，afraid3	**Tiger26**，afraid8，king8
Joy	**Happy16**，enjoy8，play8	**Happy22**，enjoy16，like6
Baby	Beautiful20，boom10，climb10	Lovely28，child8，cry6
Moon	**Sun34**，mooncake10，**moonlight6**	Sun26，earth8，round8
Quiet	**Noise14**，quit6，quite6	**Noisy20**，quite12，**noise6**
Cheese	Choose14，**bread6**，mouse6	Cheer8，milk6，**bread4**
Afraid	**Fear6**，worried6，dark4	Brave6，horrible6，worry6
Thirsty	**Water38**，hungry24，**drink4**	**Water52**，hungry14，**drink4**
Sweet	Cake6，salt6，**sugar6**	Candy16，**sugar14**，tast6

后 记

　　本书的出版凝结了本人多年的心血，撰写期间得到许多老师、朋友及同事的帮助。实验 1 基于本人的硕士论文，导师崔艳嫣教授渊博的学识和高尚的人格让我终生受益，她独到的见解和超前的意识不断引导并激励我独辟蹊径，向崭新的方向努力。实验 2 主要基于对海南琼州学院外语学院师生的调查，在此要感谢学院诸位领导、同事和同学的无私帮助和积极配合，使得本实验得以顺利进行。我将以更勤奋的工作回报各位领导和恩师的栽培。此外，英国斯旺西大学的 Paul Meara 教授和美国爱达荷州立大学的 Brent Wolter 先生以及山东大学的刘振前教授都对本书的写作给予了帮助和鼓励，在此一并表示衷心的感谢。本书在撰写过程中，我爱人张宗杰和儿子张童飞表现出极大的理解，给予积极的支持，并做出了很多牺牲，使我能够全身心地投入写作，在此向他们表示深深的歉意和由衷的感谢。

付玉萍

2013 年 12 月